Tätertypologien in der Wirtschaftskriminologie

Schriften zum Strafrecht und Strafprozeßrecht

Herausgegeben von Manfred Maiwald
und Carsten Momsen

Band 123

PL ACADEMIC RESEARCH

Julia Hugendubel

Tätertypologien in der Wirtschaftskriminologie

Instrument sozialer Kontrolle

PL ACADEMIC RESEARCH

Bibliografische Information der Deutschen Nationalbibliothek
Die Deutsche Nationalbibliothek verzeichnet diese Publikation in der Deutschen Nationalbibliografie; detaillierte bibliografische Daten sind im Internet über http://dnb.d-nb.de abrufbar.

Zugl.: Konstanz, Univ., Diss., 2015

D 352
ISSN 0938-6181
ISBN 978-3-631-67596-0 (Print)
E-ISBN 978-3-653-06916-7 (E-Book)
DOI 10.3726/978-3-653-06916-7

PL Academic Research ist ein Imprint der Peter Lang GmbH.

Peter Lang – Frankfurt am Main · Bern · Bruxelles · New York · Oxford · Warszawa · Wien

Diese Publikation wurde begutachtet.

www.peterlang.com

Die vorliegende Arbeit wurde im Wintersemester 2015/2016 vom Fachbereich Rechtswissenschaft der Universität Konstanz als Dissertation angenommen. Das Promotionsverfahren wurde mit der mündlichen Prüfung am 18.11.2015 abgeschlossen.

Ich möchte mich herzlich bei allen Personen bedanken, die mich während der Erstellung dieser Arbeit unterstützt haben:

Insbesondere danke ich meinem Doktorvater Prof. Dr. Hans Theile, LL.M., der mich von Beginn der Arbeit an hervorragend unterstützt und betreut hat. Seine wertvollen Anregungen und Hinweise haben dic Arbeit erst ermöglicht und den Weg dafür bereitet, dass diese erfolgreich abgeschlossen werden konnte. Ganz besonders der fachübergreifende Weitblick war eine große Bereicherung. Ebenfalls danke ich Prof. Dr. Andreas Popp, MA, für die Zweitbegutachtung meiner Arbeit. Herrn Prof. Dr. Carsten Momson danke ich herzlich für die Aufnahme in der Schriftenreihe „*Schriften zum Strafrecht und Strafprozeßrecht*".

Ich danke zudem von Herzen Frau Rechtsanwältin Anne Ohlen für die enorme Unterstützung im dissertationsbegleitenden Arbeitsalltag und das entgegengebrachte Vertrauen, wodurch mir die Realisation der Dissertation erst ermöglicht wurde.

Darüber hinaus gilt mein besonderer Dank Dorte Hühnert, die mir mit ihrer herausragenden fachlichen Kompetenz eine große Hilfe war und der ich es im Wesentlichen zu verdanken habe, dass ich die Arbeit in der vorliegenden Form vollenden konnte.

Dr. Carsten Sauer danke ich ebenfalls für den ausgezeichneten und unersetzlichen fachlichen sowie beratenden Beistand über den gesamten Zeitraum der Doktorarbeit.

Rechtsanwalt Dr. Clemens Muñoz, Janina Gatter und Maximilian Hugendubel danke ich ganz herzlich für die wertvollen Anregungen und die große Unterstützung am Ende meiner Arbeit. Nicht zuletzt danke ich meinen Eltern, Geschwistern und Freunden für den Beistand und die Unterstützung während der Realisationsphase der Dissertation.

Köln, Dezember 2015
Julia Hugendubel

Inhaltsverzeichnis

Tabellenverzeichnis 13

Abkürzungsverzeichnis 15

A. Einleitung 17

B. Theoretischer Bezugsrahmen, methodisches Vorgehen und zentrale Begriffe der Untersuchung 25

I. Theoretischer Bezugsrahmen und methodisches Vorgehen 25

II. Begriffsbestimmung 28

1. Zum Begriff der Typologie 28
2. Zum Begriff der Wirtschaftskriminologie 34
3. Zum Begriff der sozialen Kontrolle 40

III. Zusammenfassung 45

C. Wirtschaftsstraftätertypologien als Phänomen 47

I. Publikationen zu Wirtschaftsstraftätertypen 47

1. Konzeptionelle Studien 49
   a) Der white-collar criminal nach *Sutherland* 49
   b) Motivationstypen wirtschaftskriminellen Verhaltens nach *Wheeler* 51
   c) Vier Idealtypen wirtschaftskrimineller Täter nach *Becker* und *Holzmann* 53
2. Empirische Studien 55

a) Persönlichkeitseigenschaften von Wirtschaftsstraftätern nach *Collins* und *Schmidt* ... 56
b) Persönlichkeitseigenschaften von Wirtschaftsstraftätern nach *Blickle et al.* ... 57
c) Charakterisierung von Wirtschaftsstraftätern nach *Bannenberg* ... 59
d) "Global profiles of the fraudster" nach *KPMG International* ... 63
e) Zum typischen Wirtschaftsstraftäter nach *PricewaterhouseCoopers* ... 66
f) „Der Wirtschaftsstraftäter in seinen sozialen Bezügen" nach *Schneider* und *RölfsPartner* ... 68
g) Zu Motiven der Wirtschaftskriminalität nach *Cleff*, *Naderer* und *Volkert* ... 72
h) „Normalpopulation" und „Wirtschaftskriminelle" nach *Schlegel* ... 77
3. Ergebnisse ... 80
II. Vergleich der Wirtschaftsstraftätertypenbildung ... 85
1. Zielsetzungen der Studien zur wirtschaftskriminologischen Tätertypenbestimmung ... 85
a) Differenzierung zwischen anwendungsbezogenen und rein wissenschaftlichen Studien mit präventiver oder repressiver Ausrichtung ... 86
b) Kontrolle von Betriebs- oder Unternehmenskriminalität ... 90
2. Motivationen für eine wirtschaftskriminologische Tätertypenbestimmung ... 94
3. Ergebnisse ... 99
III. Zusammenfassung ... 102

D. Wirtschaftsstraftätertypologien als präventiv legitimiertes Instrument privater sozialer Kontrolle ... 105

I. Nutzungsmöglichkeit von Wirtschaftsstraftätertypologien als Instrument sozialer Kontrolle ... 106

1. Soziale Kontrolle durch Compliance-Maßnahmen ... 106

2. Tätertypologien als Baustein von Compliance-Maßnahmen ... 111

3. Ergebnisse ... 115

II. Analyse des methodologischen und methodischen Vorgehens der Studien zur Wirtschaftsstraftätertypenbestimmung ... 116

1. Schwierigkeiten der einzelnen konzeptionellen Studien ... 116

a) Bestimmung der Prüfkriterien für die Analyse der konzeptionellen Studien ... 116

(1) Bestimmung des Untersuchungsgegenstandes und der empirischen Überprüfbarkeit ... 116

(2) Theoretische Annahmen der konzeptionellen Studien zu wirtschaftskriminologischen Tätertypologien ... 117

(3) Ideal- und Realtypen zur Bestimmung von Wirtschaftsstraftätern ... 118

b) Analyse der konzeptionellen Studien ... 120

(1) Analyse der Studie von *Wheeler* ... 120

(2) Analyse der Studie von *Becker* und *Holzmann* ... 121

2. Schwierigkeiten der einzelnen empirischen Studien ... 122

a) Bestimmung der Prüfkriterien für die methodische und methodologische Analyse der empirischen Studien ... 122

(1) Qualitative und quantitative Datenerhebung ... 123

(2) Repräsentativität ... 124

(3) Theoriebildung, Operationalisierung der Variablen, Replizierbarkeit der Ergebnisse ... 126
(4) Kreuzvalidierung ... 127
(5) Kausalität ... 128
b) Analyse der einzelnen empirischen Studien ... 129
(1) Analyse der Studie von *Collins* und *Schmidt* ... 129
(2) Analyse der Studie von *Blickle et al* ... 132
(3) Analyse der Studie von *Bannenberg* ... 134
(4) Analyse der Studie von *KPMG* ... 136
(5) Analyse der Studie von *PricewaterhouseCoopers* ... 138
(6) Analyse der Studie von *Schneider* und *RölfsPartner* ... 140
(7) Analyse der Studie von *Cleff*, *Naderer* und *Volkerts* ... 143
(8) Analyse der Studie von *Schlegel* ... 147
3. Zusammenfassung der Ergebnisse ... 152

III. Tätertypen zur Prävention von Wirtschaftskriminalität – ein probates Instrument? ... 157
1. Sozialdaten als Unterscheidungskriterium ... 158
2. Persönlichkeitseigenschaften als Unterscheidungskriterium ... 159
3. Werteeinstellungen als Unterscheidungskriterium ... 164
4. Ergebnisse ... 167

IV. Tätertypologien als Labels ... 169
1. Labeling-Effekte einer wirtschaftskriminologischen Tätertypisierung ... 170
2. Auswirkungen des Labeling-Effekts ... 174
3. Ergebnisse ... 178

V. Zusammenfassung ... 179

E. **Kritische Würdigung** ... 183
I. Bedenken gegen eine präventiv legitimierte Wirtschaftsstraftätertypenbestimmung aus rechtlicher Perspektive ... 183
1. Einfachgesetzliche Bestimmungen ... 184
2. Verfassungsrechtliche Prinzipien aus normativer Perspektive ... 191
3. Ergebnisse ... 196
II. Bedenken gegen eine präventiv legitimierte Tätertypenbestimmung aus diskursiver Perspektive ... 197
1. Kriminologische Bedenken ... 198
2. Kriminalpolitische Bedenken ... 199
3. Ergebnisse ... 201
III. Zusammenfassung ... 202
F. **Schlussbetrachtung** ... 205
Literaturverzeichnis ... 213

Tabellenverzeichnis

Tabelle 1: Kriterien der einzelnen Studien für die Bestimmung von Wirtschaftsstraftätertypen 82

Tabelle 2: Zielsetzungen der Studien zu wirtschaftskriminologischen Tätertypologien 101

Tabelle 3: Prüfkriterien für die methodische und methodologische Analyse der empirischen Studien 123

Tabelle 4: Ergebnisse der methodologischen Prüfkriterien zu den empirischen Studien 154

Tabelle 5: Ergebnisse der methodischen Prüfkriterien zu den empirischen Studien 156

Abkürzungsverzeichnis

a.F.	alte Fassung
AGG	Allgemeines Gleichbehandlungsgesetz
AktG	Aktiengesetz
BAG	Bundesarbeitsgericht
BDSG	Bundesdatenschutzgesetz
Beschl.	Beschluss
BGB	Bürgerliches Gesetzbuch
BGBl.	Bundesgesetzblatt
BGH	Bundesgerichtshof
BKA	Bundeskriminalamt
BT	Bundestag
BVerfG	Bundesverfassungsgericht
BVerfGE	Entscheidung des Bundesverfassungsgerichts
CPI	California Psychological Inventory
DNWE	Deutsches Netzwerk für Wirtschaftsethik
Drs.	Drucksache
DSM	Diagnostisches und Statistisches Manual zu Psychischen Störungen
GG	Grundgesetz
GmbHG	Gesetz betreffend die Gesellschaften mit beschränkter Haftung
GVG	Gerichtsverfassungsgesetz
HRRS	Onlinezeitschrift für Höchstrichterliche Rechtsprechung zum Strafrecht
i.d.R.	in der Regel
i.E.	im Ergebnis
i.S.v.	im Sinne von
i.V.m.	in Verbindung mit
JZ	Juristen Zeitung
KrWG	Gesetz zur Förderung der Kreislaufwirtschaft und Sicherung der umweltverträglichen Bewirtschaftung von Abfällen
KWG	Gesetz über das Kreditwesen
MschrKrim	Monatsschrift für Kriminologie und Strafrechtsreform
m.w.Nachw.	mit weiteren Nachweisen
Neo-FFI	NEO-Fünf-Faktoren-Inventar
n.F.	neue Fassung

NJW	Neue Juristische Wochenschrift
o.A.	ohne Angabe
PDI-EI	PDI Employment Inventory
RGBl.	Reichsgesetzblatt
StGB	Strafgesetzbuch
StV	Strafverteidiger
StVollZG	Strafvollzugsgesetz
str.	streitig
Urt.	Urteil
UWG	Gesetz gegen den unlauteren Wettbewerb
WpHG	Gesetz über den Wertpapierhandel
zfwu	Zeitschrift für Wirtschafts- und Unternehmensethik
ZHW	Zeitschrift für Wirtschaftsstrafrecht und Haftung im Unternehmen
ZIS	Zeitschrift für Internationale Strafrechtsdogmatik
ZRFC	Zeitschrift Risk, Fraud & Compliance
ZStW	Zeitschrift für die gesamte Strafrechtswissenschaft
ZZP	Zeitschrift für Zivilprozess

A. Einleitung

> „Spätes Einstiegsalter in die Wirtschaftsdelinquenz und fehlende Vorstrafenbelastung kennzeichnen den Wirtschaftsstraftäter als ‚latecomer to crime' […]. Der sonst sozial unauffällige Täter kann nicht an seinem äußeren Erscheinungsbild identifiziert werden. Er hat keine unsanierten Zähne, keine ungepflegte Garderobe und keine Tätowierung auf dem Handrücken und fällt morgens nicht durch Alkoholgeruch auf. Er hat Zugang zu legitimen Erwerbsmöglichkeiten und verfügt deshalb auch über die jeweiligen Accessoires seines Berufsstandes, z.B. Garderobe, Uhr, Haarschnitt, Fahrzeug und Visitenkarte."[1]

Die Mehrzahl der Wirtschaftsstraftäter unterscheidet sich *Hendrik Schneider* zufolge „signifikant von den Tätern aus dem Spektrum der Elends- und Straßenkriminalität"[2]. Trotz dieser geschilderten sozialen Unauffälligkeit gibt es eine Vielzahl von Studien, welche die Bestimmung von Wirtschaftsstraftätertypen zum Gegenstand haben.

Es existiert ein großes staatliches und privatwirtschaftliches Interesse an der sozialen Kontrolle von Wirtschaftskriminalität. Dieses Interesse folgt aus den durch Wirtschaftskriminalität verursachten großen betriebs- und volkswirtschaftlichen Schäden.[3] So betrug die kriminalstatistisch registrierte Schadenssumme allein im Jahr 2014 in Deutschland fast 5 Mrd. Euro und damit mehr als die Hälfte des Gesamtschadensvolumens aller in der polizeilichen Kriminalstatistik erfassten Straftaten in Höhe von rund 8 Mrd. Euro.[4] Konservativen Schätzungen zufolge werden in den USA die finanziellen Kosten jährlich sogar

---

1 *Schneider*, NStZ 27 (2007), 555 (557 f.).

2 *Schneider*, NStZ 27 (2007), 555 (558).

3 Vgl. *Bundeskriminalamt (BKA)*, Wirtschaftskriminalität, Bundeslagebild 2014, http://www.bka.de/nn_193360/DE/Publikationen/ JahresberichteUndLagebilder/ Wirtschaftskriminalitaet/wirtschaftskriminalitaet__node.html?__nnn=true (Stand: 12.12.2015); so auch *Richter*, in: *Alexander/Hebenstreit* (Hrsg.), Wirtschaftsstrafrecht, 2011, S. 139 (146–148); *Dannecker*, in: *Wabnitz/Janovsky* (Hrsg.), Handbuch des Wirtschafts- und Steuerstrafrechts, 2007, S. 1 (16); *Boers*, MschrKrim 84 (2001), 335 (336); *Heinz*, in: *Gropp* (Hrsg.), Wirtschaftskriminalität und Wirtschaftsstrafrecht in einem Europa auf dem Weg zu Demokratie und Privatisierung, 1998, S. 13 (25 f.).

4 Vgl. *BKA*, Wirtschaftskriminalität, Bundeslagebild 2014, http://www.bka.de/nn_193360/DE/Publikationen/JahresberichteUnd Lagebilder/Wirtschaftskriminalitaet/wirtschaftskriminalitaet__node.html?__nnn=true (Stand: 12.12.2015).

auf 500 Milliarden Dollar beziffert.[5] Das tatsächliche Ausmaß von Wirtschaftskriminalität ist dabei nicht bekannt, da von einem großen Dunkelfeld in diesem Kriminalitätsbereich ausgegangen wird.[6]

Neben Vermögensschäden wie den Kosten für das Management einer solchen Tat und etwaigen Rechtsstreitigkeitskosten werden durch Wirtschaftsstraftaten auch enorme immaterielle Schäden herbeigeführt.[7] Als solche sind insbesondere Vertrauensschäden zu nennen, wie der Reputationsverlust und Imageschäden, die Beeinträchtigung von Geschäftsbeziehungen oder die Demoralisierung von Mitarbeitern des Unternehmens.[8] Darüber hinaus besteht nicht nur ein erhebliches Schädigungspotential für Unternehmer oder Unternehmen, sondern auch für ganze Staaten. Denn Wirtschaftskriminalität kann eine überteuerte Infrastruktur, Umweltschäden, Staatsverschuldung und ein schrumpfendes Bruttoinlandsprodukt verursachen.[9]

---

5 *Ragatz/Fremouw*, Journal of Forensic Psychology Practice 10 (2010), 373 (374) m.w.Nachw. Bei einem Wechselkurs von 1 Dollar = 0,80 Euro, ergibt dies eine Summe von 399.201.615.000,00 Euro. Die Schwierigkeit die Schadenshöhe zu beziffern, zeigt sich damit auch in den erheblichen Abweichungen der für Deutschland im Vergleich zur USA verfügbaren Zahlen.

6 Wirtschaftsdelinquenz stellt einen klassischen Fall der Überwachungs- und Kontrolldelikte dar, denn wirtschaftsstrafrechtliches Handeln gelangt regelmäßig nur durch Ermittlungen der Strafverfolgungsorgane zur Kenntnis der Öffentlichkeit, vgl. *Bock*, in: *Bock* (Hrsg.), Göppinger, Kriminologie, 6. Aufl. (2008), S. 345 (432); *Eisenberg*, 6. Aufl. (2005), Kriminologie, S. 257; *Kaiser*, 9. Aufl. (1993), Kriminologie, S. 840 f.

7 *Tiedemann* (Hrsg.), Die Verbrechen in der Wirtschaft, 1970, S. 10. Zum hohen materiellen und immateriellen Schaden bereits *Sutherland*, American Sociological Review 5 (1940), 1 (4 f.).

8 Vgl. dazu *PricewaterhouseCoopers/Martin-Luther-Universität Halle Wittenberg*, Wirtschaftskriminalität 2009, www.pwc.de/de/ risiko-management/assets/Studie-Wirtschaftskriminal-09.pdf (Stand: 20.01.2013); *Hofmann*, Handbuch Anti-Fraud-Management: Bilanzbetrug erkennen – vorbeugen – bekämpfen, 2008, S. 46 f.; *Heinz*, in: *Gropp* (Hrsg.), Wirtschaftskriminalität und Wirtschaftsstrafrecht in einem Europa auf dem Weg zu Demokratie und Privatisierung, 1998, S. 13 (27).

9 *Faust*, Compliance-Management – ein Patentrezept gegen Korruption?, www.ethos-wirtschaft.de (Stand: 21.04.2013). Neben den großen Schäden, welche durch Wirtschaftskriminalität verursacht werden, kann die besondere Sog- und Spiralwirkung von Wirtschaftskriminalität als weiterer Grund für deren Sozialschädlichkeit genannt werden, vgl. *Richter*, in: *Alexander/Hebenstreit* (Hrsg.), Wirtschaftsstrafrecht, 2011, S. 139 (148); *Dannecker*, in: *Wabnitz/Janovsky* (Hrsg.), Handbuch des Wirtschafts- und Steuerstrafrechts, 2007, S. 1 (17–20); *Schneider*, Kriminologie für das 21. Jahrhundert,

Wirtschaftsstraftaten galten lange Zeit als Kavaliersdelikte und die Ausgeprägtheit des Normbewusstseins sowie die Existenz sozialer Kontrollmechanismen hinken noch heute der rasanten Entwicklung der Wirtschaft hinterher.[10] Dem Strafrecht kommt damit in puncto Wirtschaftskriminalität eine Grenzsetzungsfunktion zu, indem es nicht nur von der Gesellschaft missbilligtes Handeln wie den Betrug verbietet, sondern auch unklare Bereiche gesetzlich klärt.[11] Das Strafrecht kann im heutigen Wirtschaftsleben allerdings nur beschränkt als Instrument sozialer Kontrolle fungieren. Als Grund ist neben dem ultima ratio-Prinzip anzuführen, dass wirtschaftliches Handeln oft mit dem Ausnutzen von gesetzlichen Regelungslücken verknüpft wird.[12] Diese sind gerade im Strafrecht bedingt durch den verfassungsrechtlichen Bestimmtheitsgrundsatz vorzufinden.[13] Auch ist es nicht einfach, in unternehmerische Tätigkeiten strafrechtlich einzugreifen, da das deutsche Strafrecht, trotz heftig geführter Debatten, lediglich die Sanktionierung natürlicher Personen vorsieht und nicht die von Verbänden.[14] Darüber hinaus können Konzerne aufgrund von unübersichtlichen Unternehmensstrukturen oder globalem Handeln nur schwer und nicht allein durch repressive strafrechtliche Maßnahmen kontrolliert werden.[15] Allgemein bietet es sich daher an, dass im Wirtschaftsleben selbst präventive

---

2001, S. 23; *Heinz*, in: *Gropp* (Hrsg.), Wirtschaftskriminalität und Wirtschaftsstrafrecht in einem Europa auf dem Weg zu Demokratie und Privatisierung, 1998, S. 13 (27).

10 Vgl. *Faust*, Compliance-Management – ein Patentrezept gegen Korruption?, www.ethos-wirtschaft.de (Stand: 21.04.2013). So werden Wirtschaftsstraftäter etwa noch in einer Publikation von 1968 von sonstigen Straftätern dadurch unterschieden, dass sie nicht in krimineller Absicht gegen das Gesetz verstoßen, und dass diese zu respektablen gesellschaftlichen Gruppen gehören, vgl. *Driver*, The Sociological Quarterly 9 (1968), 356 (369). Vgl. zu dieser Entwicklung im Bereich der Kriminalität allgemein *Sieber*, ZStW 119 (2007), 1 (4 ff.).

11 Zu diesen strukturellen Besonderheiten *Heinz*, in: *Gropp* (Hrsg.), Wirtschaftskriminalität und Wirtschaftsstrafrecht in einem Europa auf dem Weg zu Demokratie und Privatisierung, 1998, S. 13 (29 f.).

12 *Bussmann*, in: *Hellmann/Christian Schröder* (Hrsg.), Festschrift für Hans Achenbach, 2011, S. 57 (73).

13 Vgl. *Hefendehl*, MschrKrim 86 (2003), 27 (27 ff.).

14 Vgl. *Hefendehl*, MschrKrim 86 (2003), 27 (27 ff.); *Alwart*, in: *Alwart* (Hrsg.), Verantwortung und Steuerung von Unternehmen in der Marktwirtschaft, 1998, S. 75; *Heine*, in: *Alwart* (Hrsg.), Verantwortung und Steuerung von Unternehmen in der Marktwirtschaft, 1998, S. 90. Zum aktuellen Gesetzgebungsvorhaben hinsichtlich eines Unternehmensstrafrechts des Landes Nordrhein-Westfalen, vgl. *Jahn/Pietsch*, ZIS 10 (2015), 1 (1 ff.).

15 Vgl. so i.E. *Theile*, StV 2011 (31), 381 (382).

Vorkehrungen getroffen werden, welche wiederum gesetzgeberisch angeregt werden können.[16] Neben der formellen Kontrolle durch das Strafrecht kommt daher unternehmerischen Compliance-Maßnahmen eine wachsende Bedeutung zur Kontrolle von Wirtschaftskriminalität zu. Compliance wird im Deutschen Corporate Governance Kodex definiert als die Pflicht des Vorstandes, über die Beachtung und „die Einhaltung der gesetzlichen Bestimmungen und der unternehmensinternen Richtlinien“[17] Sorge zu tragen. Im Wirtschaftsstrafrecht versteht man unter Criminal Compliance „sämtliche notwendigen und zulässigen Maßnahmen zur Vermeidung der strafrechtlichen Verantwortlichkeit von Unternehmensmitarbeitern aufgrund unternehmensbezogenen Verhaltens“[18]. Compliance-Maßnahmen sollen präventiv auf die Unterbindung von Betriebs-[19] und Unternehmenskriminalität ausgerichtet sein. In der Praxis hat dies eine vielfältige Ausgestaltung zur Folge. So werden neben einzelnen Maßnahmen, wie der Einführung von Unternehmensrichtlinien, ganze Compliance-Managementsysteme entwickelt.[20]

Die staatlichen und wirtschaftsunternehmerischen Anregungen zur Einführung von Compliance-Programmen sind miteinander verzahnt.[21] Unter Staat wird dabei ein sich aus der Gesellschaft zusammensetzendes Gebilde aus

---

16 Vgl. *Hefendehl*, JZ 2006, 119 (119); *Heinz*, in: *Gropp* (Hrsg.), Wirtschaftskriminalität und Wirtschaftsstrafrecht in einem Europa auf dem Weg zu Demokratie und Privatisierung, 1998, S. 13 (30, 44). Ohnehin ist die generalpräventive Wirkung des Strafrechts allenfalls hinsichtlich einer gegebenen Entdeckungswahrscheinlichkeit anzunehmen, vgl. *Albrecht*, 3. Aufl. (2005), Kriminologie, S. 54 ff.; *Kunz*, 4. Aufl. (2004), Kriminologie, S. 323; *Hefendehl*, MschrKrim 86 (2003), 27 (38). Zur Zurückdrängung des Strafrechts und zu Steuerungsmitteln außerhalb des Strafrechts im Bereich der Wirtschaftskriminalität, vgl. *Ransiek*, in: *Gropp* (Hrsg.), Wirtschaftskriminalität und Wirtschaftsstrafrecht in einem Europa auf dem Weg zu Demokratie und Privatisierung, 1998, S. 203 (203 ff., 212); *Pieth*, in: *Lüderssen* (Hrsg.), Festschrift für Klaus Lüderssen, 2002, S. 317 (321, 325 f.).

17 Ziff. 4.1.3 des Deutschen Corporate Governance Kodex in der Fassung vom 05.05.2015, http://www.dcgk.de/de/kodex/aktuelle -fassung/vorstand.html (Stand: 28.1.2015).

18 *Rotsch*, in: Handbuch Wirtschaftsstrafrecht, 2012, S. 45 (48).

19 *Kölbel*, ZStW 125 (2013), 499 (512); *Bock*, in: *Rotsch* (Hrsg.), Wissenschaftliche und praktische Aspekte der nationalen und internationalen Compliance-Diskussion, 2012, S. 63 (63).

20 Bspw. der Standard für Compliance Management Systeme, TR CMS 101:2011, des TÜV Rheinland, Köln, www.tuv.com/ de/deutschland/gk/managementsysteme/nachhaltig keit_csr/compliance_management_zertifizierung/compliance_management_zertifiz ierung.html (Stand: 21.04.2013).

21 Vgl. *Kölbel*, ZStW 125 (2013), 499 (502).

demokratisch legitimiert regierenden Organen verstanden. Der Staat wird durch die Gesellschaft konstituiert und durch die Gesellschaft und der von ihr gewählten Organe beeinflusst. Dagegen sind Unternehmen von Einzelpersonen oder Organen regierbare, wirtschaftliche und rechtliche Komplexe mit einer wirtschaftlichen Zweckrichtung, die nicht auf demokratische Mehrheitsverhältnisse angewiesen sind.[22]

Während die Einführung von Compliance in Großbritannien und den USA gesetzlich vorgeschrieben ist,[23] finden sich in Deutschland nur vereinzelte gesetzliche Vorgaben.[24] Compliance-Maßnahmen haben sich in Deutschland jedoch durch die Rechtsprechung zur Enthaftung von Unternehmensverantwortlichen zunehmend etabliert.[25] Unternehmen oder ihren persönlich haftenden Organen drohen bei Missachtung von Compliance-Standards Geldsanktionen oder die persönliche Haftung.[26] Im Zuge der Verbreitung von Compliance-Programmen in Unternehmen hat das Interesse an der sozialen Kontrolle von Wirtschaftskriminalität auch dazu geführt, dass neben der Tat vermehrt die einzelne Person, also der Täter, in den Fokus gerückt wird. Hierzu werden sowohl wissenschaftlich als auch privatwirtschaftlich angeleitete Untersuchungen durchgeführt, die sich auf die Bestimmung von Wirtschaftsstraftätertypen anhand von Sozialdaten, Persönlichkeitseigenschaften und Werteeinstellungen konzentrieren. Die Fokussierung auf die Person wird damit legitimiert, dass bestimmte Charakterstrukturen sowohl die Betriebs- als auch die Volkswirtschaft bedrohen. Es wird deshalb gefordert, „solche Individuen frühzeitig zu erkennen, am besten, bevor sie Schaden angerichtet haben“[27]. Zwar wird Compliance-Maßnahmen in der Praxis unter bestimmten Voraussetzungen bereits eine kriminalitätspräventive Wirkung zugesprochen,[28] allerdings gibt es bis heute keine Untersuchung zu der tatsächlichen Wirkweise einer Tätertypenbestimmung als Kontrollinstrument von Wirtschaftskriminalität. Dies ist jedoch von besonderer Bedeutung für die

---

22 Vgl. *Springer Gabler Verlag* (Hrsg.), Gabler Wirtschaftslexikon, http://wirtschaftslexikon.gabler.de/Archiv/2942/unternehmen-v11.html (Stand: 09.11.2014).

23 Sarbanes-Oxley Act of 2002, Public Law 107–204 – 116 Stat. 745, enacted July 30, 2002; Bribery Act 2010 CHAPTER 23.

24 Z. B. § 33 WPHG, § 161 AktG, §§ 25a ff., 55a KWG.

25 *LG München I*, Urt. v. 10.12.2013 – 5HK O 1387/10, 5HK O 1387/10; *BGH*, Urt. v. 17. Juli 2009 – 5 StR 394/08; *BayObLG*, Beschl. v. 10.08.2001, wistra 2001, 478 (479).

26 Vgl. *Stamer/Kuhnke*, in: *Plath/Becker* (Hrsg.), BDSG, 2013, S. 741 (779 f.). Hier kommt insbesondere § 130 OWiG Bedeutung zu.

27 *Knecht*, Psychiatrie 9 (2009), 25 (29).

28 *Pieth*, in: *Lüderssen* (Hrsg.), Festschrift für Klaus Lüderssen, 2002, S. 317 (318 f., 325).

kriminologische Forschung und unternehmerische Praxis, da nur so Aussagen über den Nutzen der wirtschaftskriminologischen Tätertypisierung als Instrument sozialer Kontrolle getroffen werden können.

Die Konzentration auf bestimmte Tätertypen als Anknüpfungspunkt sozialer Kontrollmaßnahmen ist dabei kritisch zu betrachten. Schließlich ist es fraglich, ob die Tätertypenbestimmung aufgrund der einleitend von *Schneider* geschilderten sozialen Unauffälligkeit überhaupt ein probates Instrument zur Unterbindung von Wirtschaftskriminalität darstellt. Hierzu müsste der typische Wirtschaftsstraftäter von sonstigen Vergleichspersonen seines Berufszweiges unterschieden werden können. Im Hinblick darauf sind sowohl die einzelnen Studien zu Wirtschaftsstraftätertypen auf ihre Aussagekraft hin zu untersuchen als auch grundlegend der Mehrwert einer Tätertypenbestimmung gegenüber einer situationsorientierten sozialen Kontrolle abzuwägen.

Ausgehend von der geschilderten Problemstellung der Sozialschädlichkeit von Wirtschaftskriminalität sowie der Forschungslücke, welche Bedeutung hierbei den Tätertypologien zukommt, ist die zentrale Fragestellung der Untersuchung: Wie fungieren Wirtschaftsstraftätertypologien als Instrument sozialer Kontrolle und welche Auswirkungen sind damit verbunden? Zur Beantwortung dieser Hauptfrage ist die Klärung der folgenden Unterfragen erforderlich: Welche Arten von Wirtschaftsstraftätertypologien gibt es und welcher Zweck wird mit der Tätertypenbestimmung verfolgt? Wie soll die mit der Tätertypenbildung verfolgte Zielsetzung erreicht werden und ist dies realisierbar? Werden möglicherweise andere, nicht intendierte Effekte mit der Tätertypenbestimmung erzielt und welche Konsequenzen sind gegebenenfalls damit verbunden? Wie sind diese Folgen aus rechtlicher, kriminalpolitischer und kriminologischer Perspektive zu bewerten?

Die Beantwortung der aufgeworfenen Fragen erfolgt anhand einer Dokumentenanalyse von Studien zu Wirtschaftsstraftätertypen sowie unter Zugrundelegung eines konstruktivistischen Verständnisses von Kriminalität. Dabei wird keine empirische Überprüfung angestrebt, sondern die Betrachtung des Phänomens der Tätertypenbildung unter dem Gesichtspunkt der sozialen Kontrolle. Zunächst werden der theoretische Bezugsrahmen, das methodische Vorgehen sowie die relevanten Begriffsbestimmungen der Arbeit aufgezeigt. Anschließend wird das Phänomen der Wirtschaftsstraftätertypenbildung beleuchtet. Hierzu werden Publikationen, die sich auf die Bestimmung von Wirtschaftsstraftätertypen konzentrieren, hinsichtlich ihrer Aussagen zu den Tätertypen und den damit verbundenen Zielsetzungen dargestellt und verglichen. Unterschieden wird zwischen konzeptionellen und empirischen Untersuchungen zu Wirtschaftsstraftätertypen.

Während die konzeptionellen Arbeiten auf eine theoriebasierte Tätertypisierung setzen, basieren die Tätertypen der empirischen Arbeiten auf Daten aus der Wirtschaftspraxis.

Für die Untersuchung der Fragestellung, wie Wirtschaftsstraftätertypologien als Instrumente privater sozialer Kontrolle fungieren und welche Auswirkungen damit verbunden sind, wird auf die grundsätzliche Wirkungsweise einer Tätertypenbestimmung als Instrument sozialer Kontrolle eingegangen. In der Arbeit wird hierzu Bezug auf die staatlich angeleitete Selbstregulierung von Unternehmen durch Compliance-Maßnahmen genommen, theoretisch orientiert am Gouvernementalitätsansatz von *Foucault*. Davon ausgehend wird auf die Tätertypenbestimmung als Kriminalpräventionsinstrument und die Aussagekraft hierzu unternommener empirischer Studien eingegangen. Darüber hinaus erfolgt anhand der aktuellen Persönlichkeitsforschung und Aussagen von allgemeinen Handlungs- sowie Kriminalitätstheorien eine Analyse, ob sich eine Tätertypenbestimmung grundsätzlich zur Prävention von Wirtschaftskriminalität eignet.

Neben dem angestrebten Einsatz wirtschaftskriminologischer Tätertypologien als kriminalpräventives Instrument kommen weitere, nicht intendierte Effekte in Betracht. Aufgrund der mit einer Tätertypenbestimmung einhergehenden Zuschreibung wird mithilfe des Labeling Approach theoretisch analysiert, ob Wirtschaftsstraftätertypologien als Etikettierungsinstrument fungieren können. Durch die Möglichkeit der Bestimmung einer Person als Wirtschaftsstraftätertypus können Unternehmen versucht sein, Mitarbeiter nach Tätertypen zu unterscheiden. Auswirkungen davon kann die Diskriminierung bis hin zum Unternehmensausschluss von Mitarbeitern sein, die dem Typus entsprechen. Bei einer fehlerhaften Bestimmung von Wirtschaftsstraftätertypen können Personen als Wirtschaftsstraftäter etikettiert werden, ohne dass diese je in Berührung mit einer Wirtschaftsstraftat gekommen sind. Die Tätertypenbildung kann demnach weit über die Verhinderung von Wirtschaftskriminalität hinausgehende Konsequenzen haben, sowohl für Unternehmensmitarbeiter als auch für Unternehmen selbst. Die mithilfe des Labeling Approach festgestellten Effekte einer wirtschaftskriminologischen Tätertypenbestimmung werden deshalb auf ihre möglichen Auswirkungen auf Unternehmen und deren Mitarbeiter hin untersucht.

Schließlich findet eine Auseinandersetzung mit der Tätertypenbestimmung in rechtlicher Hinsicht bezüglich bereits erfolgter kriminologischer Tätertypenbildung statt. Denn bei der Bestimmung von wirtschaftskriminologischen Täterpersönlichkeiten sind datenschutzrechtliche und aus normativer Perspektive auch verfassungsrechtliche Aspekte von großer Relevanz. Dies liegt insbesondere in der kriminalpräventiven Ausrichtung der Tätertypenbildung begründet, mit der die Bestimmung von Wirtschaftsstraftätern anhand von Persönlichkeitseigenschaften im Vorfeld einer Straftat angestrebt wird. Dies widerspricht dem heutigen grundsätzlich tatorientierten Strafrecht, nach dem für die Strafbarkeit zunächst nicht die Täterpersönlichkeit, sondern die Tathandlung maßgeblich ist. Hier werden Berührungspunkte mit der aktuellen Debatte aufgezeigt, die sich um ein stärker spezialpräventiv ausgerichtetes Strafrecht entsponnen hat.[29] Darüber hinaus wird aus einer diskurstheoretischen Perspektive auf mögliche Auswirkungen der wirtschaftskriminologischen Tätertypenbestimmung für die Kriminalpolitik und die kriminologische Forschung eingegangen.

Die gewonnenen Ergebnisse der Untersuchung zu Wirtschaftsstraftätertypologien als Instrument sozialer Kontrolle und deren Auswirkungen werden in einer Schlussbetrachtung zusammengefasst und es wird eine Empfehlung hinsichtlich der künftigen wirtschaftskriminologischen Täterforschung abgegeben. Ziel der Untersuchung ist es, den tatsächlichen Nutzen einer wirtschaftskriminologischen Tätertypenbildung als Instrument sozialer Kontrolle zu analysieren und damit verbundene Risiken aufzuzeigen.

---

29 Vgl. *Theile*, StV 34 (2014), 310 (310 ff.); *Lüderssen*, StV 31 (2011), 377 (377 ff.); *Hefendehl*, JZ 2006, 119 (121 ff.); *Jakobs*, HRRS 7 (2006), 289 (289 ff.); *Jakobs*, HRRS 5 (2004), 88 (88 ff.); *Jakobs*, ZStW 97 (1985), 751 (751 ff.).

B. Theoretischer Bezugsrahmen, methodisches Vorgehen und zentrale Begriffe der Untersuchung

Nachfolgend werden der theoretische Bezugsrahmen und das methodische Vorgehen aufgezeigt für die Untersuchung der Frage, wie Wirtschaftsstraftätertypologien als Instrument sozialer Kontrolle fungieren und welche Auswirkungen damit verbunden sind. Daran anschließend wird auf die für die Eingrenzung des Untersuchungsgegenstandes relevanten Begriffsbestimmungen eingegangen.

I. Theoretischer Bezugsrahmen und methodisches Vorgehen

Grundsätzlich kann zwischen einem ätiologischen und einem konstruktivistischen Forschungsparadigma in der Kriminologie differenziert werden. Während nach ersterem Kriminalität für gegeben erachtet und aus einer naturwissenschaftlichen Perspektive die Persönlichkeit und das Verhalten des Täters ergründet wird, zielt letzteres auf die Analyse der Kriminalisierungsprozesse, die dazu führen, dass eine Person kriminell wird.[30]

Innerhalb dieser Forschungsparadigmen werden eine Vielzahl von Kriminalitäts- und Kriminalisierungstheorien zur Erklärung von Devianz verortet.[31] *David Garland*, einer der einflussreichsten Kriminologen der Gegenwart im Bereich der Verbrechenskontrolle, unterscheidet in seinem Buch „Kultur der Kontrolle"[32] die „Kriminologie des Anderen" und die „Kriminologie des Alltags". Die „Kriminologie des Anderen" wird als Phänomen von öffentlichkeitswirksamen extremen Strafen beschrieben, die auf „Bilder, Archetypen und Ängste" setzt, die Ursachenanalyse von Straftaten in den Hintergrund drängt und in „dem kriminellen Typus" selbst die Auslöser für Kriminalität sieht. Kennzeichnend für

30 Vgl. *Singelnstein*, Diskurs und Kriminalität, 2009, S. 13, 29.

31 Vgl. zur grundlegenden Unterteilung kriminologischer Theorien in Kriminalitäts- und Kriminalisierungstheorien, *Kunz*, 4. Aufl. (2004), Kriminologie, S. 101.

32 Das Werk „Kultur der Kontrolle" trägt in der ursprünglichen Fassung den Titel „The Culture of Control". Es bildet den letzten Teil der Triologie der Untersuchungen zur Verbrechenskontrolle von *Garland*. In "The Culture of Control" wird inspiriert von *Foucault* aus historischer, pönologischer und soziologischer Perspektive eine Analyse der Verbrechenskontrolle der Gegenwart aufgezeigt, nur stärker soziologisch und weniger philosophisch orientiert. Vgl. *Garland*, Kultur der Kontrolle, 2008, S. 35, 42.

diesen Ansatz sind politische Strategien der Abschreckung und eine Stereotypisierung des „gefährlichen Anderen“ als Feindbild.[33] Die „Kriminologie des Alltags“ geht demgegenüber, bedingt durch die hohen Kriminalitätsraten, von einer Normalität der Kriminalität aus, ohne dass eine Veranlagung, Abnormität oder Pathologie erforderlich wäre.[34] Kriminalität ist demnach ein normales gesellschaftliches Phänomen, das überall auftreten kann und sich mithilfe theoretischer Annahmen, wie denen des Labeling Approach[35], des Rational Choice Ansatzes,[36] des Routineverhaltens[37] oder gelegenheitsorientierten Ansätzen,[38] erklären lässt. Darüber hinaus wird auf weitere Kriminalitätserklärungsansätze Bezug genommen. Da diese jedoch nur mit einzelnen Aussagen als Argumentationsstütze zur Untersuchung von Wirtschaftsstraftätertypologien als Instrument sozialer Kontrolle herangezogen werden, wird hierauf an den konkreten Stellen der vorliegenden Untersuchung eingegangen.

Während die kriminologische Tätertypenbildung ursprünglich von einer ätiologischen Kriminalitätsanschauung ausgeht, nach der die Ursachen für Kriminalität im Menschen selbst begründet sind, basiert die vorliegende Arbeit auf einem konstruktivistischen Verständnis von Kriminalität. Es wird davon ausgegangen, dass Menschen grundsätzlich frei entscheiden können, ob sie eine Straftat begehen oder nicht.

Ausgehend von den veröffentlichten Studien und dem theoretischen Bezugsrahmen, ist das methodische Vorgehen dieser Arbeit deduktiv, auf die kritische Auseinandersetzung mit der Tätertypenbestimmung angelegt. Für die Untersuchung werden die zu Wirtschaftsstraftätertypen erschienen Veröffentlichungen durch die definitorische Bestimmung von „Typologie“ und „Wirtschaftskriminologie“ eingegrenzt und nach vorab festgelegten Kriterien für die vorliegende Untersuchung ausgewählt.[39] Die dadurch in Betracht kommenden Studien werden angelehnt an die zusammenfassende qualitative Inhaltsanalyse untersucht, nach

---

33 *Garland*, Kultur der Kontrolle, 2008, S. 30 f., 35 f., 236–242, 250, 253 f., 328 ff.

34 *Garland*, Kultur der Kontrolle, 2008, S. 237, 249 f., 253.

35 Siehe dazu ausführlich Kapitel D. IV. 1.

36 Vgl. *Becker*, 2. Aufl. (1993), Der ökonomische Ansatz zur Erklärung menschlichen Verhaltens, S. 3 ff., 41.

37 Vgl. *Cohen/Felson*, American Sociological Review 44 (1979), 588 (588 ff.).

38 Siehe zu den für die Untersuchung argumentativ herangezogenen gelegenheitstheoretischen Ansätzen, Kapitel D. III. 2.

39 Siehe zu diesen Auswahlkriterien, Kapitel C. I.

der Texte anhand von festgelegten Kategorien analysiert werden.[40] In einem ersten Schritt wird also erst einmal das Phänomen der Wirtschaftsstraftätertypenbestimmung dargestellt und kategorisiert. Die Studien werden dazu zunächst inhaltlich auf ihre wesentlichen Aussagen zu Wirtschaftsstraftätertypen sowie ihre Zielsetzungen zusammengefasst und verglichen.[41] Daran anschließend wird in einem zweiten Schritt die Analyse des Phänomens der Wirtschaftsstraftätertypenbestimmung durchgeführt. Der Vergleich erfolgt anhand vorab festgelegter Kategorien von Zielsetzungen, die mit den Studien zu Wirtschaftsstraftätertypen angegeben werden.[42]

In einem weiteren Schritt wird die Aussagekraft der ausgewählten konzeptionellen und empirischen Studien zu Wirtschaftsstraftätertypen nach methodologischen und methodischen Prüfkriterien analysiert. Die methodologische Analyse konzentriert sich auf die Wahl der Methode zur Datengewinnung für die Tätertypenbestimmung. Die methodische Analyse hat hingegen die konkrete Datenerhebung und -auswertung zum Gegenstand.[43] Daran anschließend wird die grundsätzliche Eignung der Tätertypenbestimmung zur Prävention von Wirtschaftskriminalität überprüft. Hierzu wird auf aktuelle Ergebnisse der Persönlichkeitsforschung sowie auf einzelne Aussagen von Handlungstheorien und konstruktivistischen Kriminalitätstheorien Bezug genommen.[44]

Für die Untersuchung der Etikettierungswirkung von Wirtschaftsstraftätertypologien wird der Labeling Approach in drei Aussagen kategorisiert. Mithilfe dieser Kategorisierung soll die Untersuchung erleichtert werden, welche tatsächlichen Auswirkungen mit der Tätertypenbestimmung verbunden sein können.[45] Für die rechtliche Analyse der wirtschaftskriminologischen Tätertypenbestimmung wird als Prüfungsmaßstab die geltende Rechtsordnung in Deutschland herangezogen.[46] Die kriminalpolitische und kriminologische Betrachtung am Ende der Untersuchung basiert auf einer kritischen Würdigung der Ergebnisse zu Wirtschaftsstraftätertypologien als Instrument sozialer Kontrolle.

---

40 Vgl. dazu *Mayring*, 11. Aufl. (2010), Qualitative Inhaltsanalyse, S. 67–85; *Gläser/Laudel*, Experteninterviews und qualitative Inhaltsanalyse: als Instrumente rekonstruierender Untersuchungen, 2009, S. 197.

41 Vgl. Kapitel C. I.

42 Siehe Kapitel C. II.

43 Siehe Kapitel D. II.

44 Siehe Kapitel D. III.

45 Siehe Kapitel D. IV.

46 Siehe Kapitel E. I.

II. Begriffsbestimmung

Nach dem im vorherigen Abschnitt der theoretische Bezugsrahmen und das methodische Vorgehen aufgezeigt worden sind, werden in diesem die zentralen Begriffe der Untersuchung von Wirtschaftsstraftätertypologien als Instrument sozialer Kontrolle erläutert. Die Ausführungen dienen der Eingrenzung des Untersuchungsgegenstandes durch die Konkretisierung der Begriffe der einleitend aufgeworfenen Untersuchungsfrage, inwiefern mit Wirtschaftsstraftätertypologien soziale Kontrolle ausgeübt wird.[47] Die zu klärenden Hauptbegriffe der Untersuchung sind damit „Typologie", „Wirtschaftskriminologie" und „soziale Kontrolle".

1. Zum Begriff der Typologie

Schon in der Antike bei *Platon*[48] und *Aristoteles*[49] wurden Typologien gebildet.[50] Etymologisch betrachtet kommt der Begriff des Typus aus dem Griechischen und bedeutet „Schlag; Eindruck; Muster, Modell".[51] Mit dem griechischen Substantiv „týpos" ist ursprünglich der „prägende Schlag" des Münzmeisters oder des Bildhauers gemeint.[52] Der Begriff ist in das Lateinische mit der Bedeutung „Gepräge, Figur, Bild; Muster" übernommen worden. Seit dem 16. Jahrhundert

---

47 Vgl. zum grundsätzlichen Erfordernis der Begriffsbestimmung von wissenschaftlichen Untersuchungen, *Schnell/Hill/Esser*, 8. Aufl. (2008), Methoden der empirischen Sozialforschung, S. 50.

48 Vgl. *Plato*, Der Staat (2004). *Platon* zeigt im VIII. Buch [543a-569c] eine politische Typologie auf, welche aus unterschiedlichen Staatstypen wie auch dem Schema den der Staatsformen entsprechenden Menschentypen besteht.

49 Vgl. *Fülleborn*, Die Politik des Aristoteles, 1799. III. Buch, 5. Kap. S. 213–218 und IV. Buch, 4. Kap. S. 301–315. *Aristoteles* Typologie der politischen Systeme gilt als klassisches Beispiel für eine klassifikatorische Typologie, vgl. *Gschwend*, Forschungsdesign in der Politikwissenschaft: Probleme - Strategien - Anwendungen, 2007, S. 95.

50 Vgl. auch *Winkelmann*, in: *Bernsdorf* (Hrsg.), Wörterbuch der Soziologie, 1969, S. 438 (438).

51 Vgl. Duden Online, http://www.duden.de/suchen/dudenonline/%5BGriechisch%5D%2Btyp (Stand: 22.05.2013); *Zwahr*, in: *Zwahr/Andora* (Hrsg.), Meyers großes Taschenlexikon, 2003, S. 7751 (7751).

52 Vgl. dazu *Klaus Bartels*: Was die Philologen lieben – 27 Wortgeschichten. Darmstadt 1996, http://home.schule.at/cometo/ latein-griechisch/html/diverses_entyposis.html (Stand: 17.05.2013).

ist das Wort „Typus“ auch in der deutschen Sprache zu finden. In der Klassik leitete man von dem Substantiv týpos das Verb typún, „prägen, formen, bilden“ ab.[53]

Strafrechtliche Tätertypen finden sich bereits im Alten Testament, wie der „Dieb“ oder die „Hexe“.[54] Ende des 18. Jahrhunderts wurde in der strafrechtlichen Literatur die Tätertypisierung bei *Karl Ludwig v. Grolman* mit einer konzeptionellen Beschreibung des Verbrechers als gefährlichem Tätertypus aufgegriffen.[55] Erste empirisch begründete kriminologische Tätertypen wurden Ende des 19. Jahrhunderts von *Cesare Lombroso*[56] zu biologischen Prägungen von Kriminellen gebildet.[57] Er unterschied zwischen dem „geborenen Verbrecher“, dem „Verbrecher aus Leidenschaft“ und dem „irren Verbrecher“,[58] erkannte jedoch später selbst die Unzulänglichkeit seiner sich an biologischen Merkmalen orientierenden Tätertypologisierung.[59]

Die Bestimmung von Straftätertypen in der jüngeren Geschichte wurde in der Zeit des Nationalsozialismus[60] pervertiert. *Lombrosos* Lehre vom „geborenen Verbrecher“ wurde als Anlagedenken ohne wissenschaftlich fundierte Belege übernommen und entsprechend der nationalsozialistischen Ideologie erweitert.[61] So wurde etwa der „Volksschädling“ oder der „Gewohnheitsverbrecher“

---

53 Vgl. *Kluge*, Empirisch begründete Typenbildung, 1999, S. 26.

54 Altes Testament, 2. Buch Mose, Kap. 22, Vers 1, 2, und 17.

55 *Grolman*, Über die Begründung des Strafrechts und der Strafrechtsgesetzgebung, 1799, S. 107, 125, 128–162; vgl. auch *Lüderssen*, StV 2011 (31), 377 (378); *Lüderssen*, in: *Stammler/Erler/Kaufman* (Hrsg.), Handwörterbuch zur deutschen Rechtsgeschichte, 1971, S. Sp. 1808–1814.

56 *Lombroso*, Der Verbrecher, 1894, S. 136–242.

57 Dieser anthropologischen Schule sind auch die Tätertypen von *Garofallo* und *Ferri* zuzuordnen, vgl. *Garofalo/Carelli*, Criminologia: studio sul delitto e sulla teoria della repressione, 1891, S. 65 ff.; *Ferri*, (1896), Sociologia criminale. Vgl. dazu insgesamt *Driver*, The Sociological Quarterly 9 (1968), 356 (356); *Musolff*, in: *Musolff/Hoffmann* (Hrsg.), Täterprofile bei Gewaltverbrechen, 2006, S. 1 (7).

58 *Lombroso*, Der Verbrecher, 1894, S. 136–242.

59 *Lombroso*, Neue Verbrecherstudien, 1907, S. 116–123. „Die Lehre vom ›geborenen Verbrecher‹ und einer biologischen Sichtbarkeit bestimmter Merkmale gilt heute als widerlegt“, vgl. *Musolff*, in: *Musolff/Hoffmann* (Hrsg.), Täterprofile bei Gewaltverbrechen, 2006, S. 1 (7). Bereits *Seelig* war der Ansicht, dass „der Verbrecher“ nicht existiert und es daher verfehlt ist, „die geistige oder körperliche Eigenart „des Verbrechers“ erforschen zu wollen“, vgl. *Seelig/Weindler Karl*, Die Typen der Kriminellen, 1949, S. 4 und 6.

60 Zu Daten, die den Beginn des Dritten Reichs markieren, vgl. *Münch*, 3. Aufl. (1994), Gesetze des NS-Staates, S. 12 f.

61 Vgl. *Dölling*, in: *Dreier/Sellert* (Hrsg.), Recht und Justiz im „Dritten Reich“, 1989, S. 194; *Ritter*, Monatsschrift für Kriminalbiologie und Strafrechtsreform 1940, 197; *Freisler*, Monatsschrift für Kriminalbiologie und Strafrechtsreform 1939, 209.

in das Strafrecht eingeführt.[62] Es wurde vertreten, dass „gewisse formale psychische Anlagen des Menschen ‚im strengsten Sinn vererbt'"[63] seien. Gelegentlich „angestellte empirische Untersuchungen unter typologischem Vorzeichen waren methodisch so unzureichend",[64] dass ihnen jeglicher Beweiswert abgesprochen wird. Willkürliche staatliche Maßnahmen kamen darin zum Ausdruck, dass sich Kriminalitätsbekämpfung nicht in repressiven strafrechtlichen Reaktionen erschöpfte und es zu einer „Vermischung von Prävention und Reaktion"[65] kam. Nach *Georg Dahm* und *Friedrich Schaffstein* galt es nicht mehr, die Tat zu bestrafen, sondern den bösen Willen und die Gesinnung. Dies führte zur Tätertypenlehre mit „dem Verbrecher" als solchem.[66]

Auch nach der Zeit des Nationalsozialismus blieb die Tätertypenbildung in der Kriminologie ein verbreitetes Phänomen. *Ernst Kretschmer* bildete mit seinem naturwissenschaftlichen Typusbegriff konstitutionsbiologische Typen, bei denen er körperliche und psychische Merkmale kombinierte.[67] *Edmund Mezger* unterteilte Verbrecher in zwei Hauptkategorien, den Situations- und den Charakterverbrecher. Beim Situationsverbrecher unterschied er zwischen Konflikts-, Entwicklungs- und Gelegenheitsverbrechern und beim Charakterverbrecher zwischen Neigungs-, Hang- und Zustandsverbrechern.[68] Es finden sich noch

---

62 „Verordnung gegen Volksschädlinge" RGBl. I, 1939, 1679; „Gesetz gegen gefährliche Gewohnheitsverbrecher und über Maßregeln der Sicherung und Besserung", RGBl. 1933, 995–999.

63 *Scheerer*, in: *Herrmann/Lantermann* (Hrsg.), Persönlichkeitspsychologie, 1985, S. 59 (61).

64 *Scheerer*, in: *Herrmann/Lantermann* (Hrsg.), Persönlichkeitspsychologie, 1985, S. 59 (61).

65 *Wolff*, Zeitschrift für Neuere Rechtsgeschichte 1991, 41 (50, 63).

66 *Dahm/Schaffstein*, Liberales oder autoritäres Strafrecht?, 1933, S. 41; zit. nach *Wesel*, 3. Aufl. (2006), Geschichte des Rechts, S. 502. Zum „Übergang vom Tatstrafrecht zum Tätertypenstrafrecht", vgl. *Wolff*, Zeitschrift für Neuere Rechtsgeschichte 1991, 41 (55, 63).

67 Vgl. etwa die Körperbautypen: Leptosomer (asthenischer) Typus, Athletischer Typus und Pyknischer Typus oder die Bestimmung vorwiegend hyperästhetische Temperamente, wie den empfindsamen-affektlahmen Typus, den feinsinnig-kühlen Aristokratentypus oder den pathetischen Idealistentypus; *Kretschmer*, 24. Aufl. (1956), Körperbau und Charakter, S. 14–34, 192 f. Vgl. dazu insgesamt *Schöch*, in: *Kaiser* (Hrsg.), Kleines kriminologisches Wörterbuch, 1993, S. 214 (188 f.). Vgl. auch *Häcker*, in: *Pawlik* (Hrsg.), Grundlagen und Methoden der differentiellen Psychologie, 1996, S. 158 (173).

68 *Mezger*, Sitzungsberichte der Bayrischen Akademie der Wissenschaften 4 (1955), 3. Zu den Typen im Einzelnen, vgl. auch *Mergen*, 2. Aufl. (1978), Die Kriminologie, S. 168 f.

viele weiterer Typologien in der Kriminologie, welche teilweise differieren, teilweise aber auch große Ähnlichkeiten miteinander aufweisen.[69]

Auch heute werden in der Kriminologie theoretische Ansätze verfolgt, nach denen Tätertypen etwa anhand von körperlichen Auffälligkeiten, Vererbung oder genetischen Anomalien ausgemacht werden sollen.[70] Tätertypologien haben insbesondere im Sexualstrafrecht an Bedeutung gewonnen, um beim sogenannten Profiling anhand des modus operandi einer Straftat, also der Art und Weise der Tatbegehung, ex post die Individualisierung des Täters zu erleichtern.[71] Im Bereich der Fahrlässigkeitsdelikte wird mit dem „besonnenen und gewissenhaften Verkehrsteilnehmer" als Typus gearbeitet. Der umstrittene § 211 StGB[72] enthält ebenfalls Tätertypisierungen, wie den aus Habgier oder aus niederen Beweggründen handelnden Gesinnungstypus. Die kriminologischen Typologien lassen sich dabei in tat- und täterorientierte Ansätze einteilen.

Über die kriminologischen Tätertypen hinausgehend lassen sich heute je nach angestrebter Funktion verschiedene Arten von Typen unterscheiden. Durch *Max Weber* wurde die Bildung von Idealtypen verbreitet.[73] Dabei handelt es sich um eine theoretische Konstruktion unter illustrativer Benutzung des Empirischen.[74] Idealtypen sollen dazu dienen, einen „Realitätsausschnitt partiell und in operationalisierbarer Gestalt zu analytischen oder experimentellen Zwecken prägnant zu benennen und denkbar zu machen".[75] Die Bildung von

---

69 *Schafer*, Theories in Criminology, 1969, S. 143 ff. Bei *Mergen* findet sich die Einschätzung, fast jeder Kriminologe habe seine eigene Typologie aufgestellt, vgl. *Mergen*, 2. Aufl. (1978), Die Kriminologie, S. 167.

70 Vgl. dazu ausführlich *Kröber/Wendt*, in: *Bock* (Hrsg.), Göppinger, Kriminologie, 6. Aufl. (2008), S. 85 (88–98); *Kaiser*, 10. Aufl. (1997), Kriminologie, S. 237; *Lösel*, in: *Kaiser* (Hrsg.), Kleines kriminologisches Wörterbuch, 1993, S. 529 (530–538); *Göppinger*, Der Täter in seinen sozialen Bezügen, 1983, S. 125–138.

71 *Mokros*, in: *Musolff/Hoffmann* (Hrsg.), Täterprofile bei Gewaltverbrechen, 2006, S. 129 (131); *Hoffmann*, in: *Musolff/Hoffmann* (Hrsg.), Täterprofile bei Gewaltverbrechen, 2006, S. 65 (85); *Gerst*, 2. Aufl. (2005), Profiler – Vom Täterprofilersteller in den USA und der Implementierbarkeit einzelner Aspekte seiner Tätigkeit in das deutsche Rechtssystem, S. 29–40; *Harbort*, Kriminalistik 1997, 569.

72 *Hähnchen*, Rechtsgeschichte: Von der Römischen Antike bis zur Neuzeit, 2012, S. 368. Vgl. zur Abschaffung des § 211 StGB z.B. die Stellungnahme des Deutschen Anwaltvereins durch den Ausschuss Strafrecht im Januar 2014, http://anwaltverein.de/de/newsroom/sn-01-14 (Stand: 30.12.2015).

73 *Weber*, 5. Aufl. (1979), Wirtschaft und Gesellschaft, S. 1 ff.

74 *Weber*, 5. Aufl. (1979), Wirtschaft und Gesellschaft, S. 205.

75 *Weber*, 5. Aufl. (1976), Wirtschaft und Gesellschaft, S. 2.

Idealtypen soll also empirische Forschung erleichtern.[76] Um Verwechslungen zu unterbinden, es handle sich bei dem „Idealtypus" um einen tatsächlich existierenden idealen Typ, benutzte *Weber* später anstelle des „Idealtypus" den Begriff des „reinen Typus".[77] Heute wird der Begriff des Idealtypus zur begrifflichen Erfassung komplexer sozialer Sachverhalte und als Ansatz zur Erklärung sozialer und historischer Phänomene verwendet.[78] Neben Idealtypen existieren weitere Möglichkeiten einer Typenbildung, wie den Real- oder Durchschnittstypen.[79]

Susanne Kluge unterscheidet zwischen zwei Zielrichtungen, die mit Typologien verfolgt werden. Erstens fungieren sie zur „Strukturierung eines Untersuchungsbereichs"[80], damit dieser übersichtlicher wird.[81] Zweitens kommen Typologien „heuristische und theoriebildende Funktionen"[82] zu. Dies soll der Analyse inhaltlicher Sinnzusammenhänge von Typologien dienen.[83] Typen können dabei sowohl deduktiver als auch induktiver Natur sein. Mit den angeführten Funktionen, zum einen als Strukturierungsinstrument empirischer Untersuchungen, zum anderen als Basis einer Theorie, sind auch die in der Kriminologie relevanten Anwendungsgebiete von Typologien aufgezeigt. So besteht etwa die Funktion von Idealtypen darin, komplexe soziale Sachverhalte zu erfassen und zu veranschaulichen, indem bestimmte empirische Erkenntnisse überzeichnet werden. Typologien dienen somit der Komplexitätsreduktion der Wirklichkeit. Während Idealtypen eine überzeichnete Konstruktion von Typen

---

76 Vgl. *Kluge*, Empirisch begründete Typenbildung, 1999, S. 61.

77 *Weber*, Schriften 1894–1922, 2002, S. 654; *Weber*, 5. Aufl. (1979), Wirtschaft und Gesellschaft, Kap. 3 § 2; vgl. auch *Winkelmann*, in: *Bernsdorf* (Hrsg.), Wörterbuch der Soziologie, 1969, S. 438 (438).

78 Vgl. *Kluge*, Empirisch begründete Typenbildung, 1999, S. 61 m.w.Nachw.

79 Vgl. *Kluge*, Empirisch begründete Typenbildung, 1999, S. 23; *Schöch*, in: *Kaiser* (Hrsg.), Kleines kriminologisches Wörterbuch, 1993, S. 214 (214); *Weber*, 2. Aufl. (1925), Wirtschaft und Gesellschaft, S. 10.

80 Vgl. *Kluge*, Empirisch begründete Typenbildung, 1999, S. 43.

81 Eine Funktion zur Strukturierung von empirischen Studien kommt auch dem Typusbegriff nach *Schnell* zu *Schnell/Hill/Esser*, 8. Aufl. (2008), Methoden der empirischen Sozialforschung, S. 169. Vgl. zu der Funktion als Untersuchungsinstrument auch *Lindesmith/Dunham*, Social Forces 19 (1941), 307 (308).

82 Vgl. *Kluge*, Empirisch begründete Typenbildung, 1999, S. 43. Vgl. zur Unterteilung in empirische und heuristische Typologien auch *Winch*, American Sociological Review 12 (1947), 68 (68).

83 Vgl. *Kluge*, Empirisch begründete Typenbildung, 1999, S. 43–51. Der heuristische Wert wird darin gesehen, dass Typologien vor der expliziten Theoriebildung zu Erkenntnissen und Forschungsproblemen stimulieren.

sind, die in ihrer Reinform in der Realität kaum auftreten, werden Realtypen gebildet, um möglichst in der Lebenswirklichkeit anzutreffende Typen wiederzugeben.[84]

Der Begriff der „Typologie" variiert je nach Epoche und Wissenschaftsdisziplin und wird auch innerhalb einzelner Forschungsbereiche unterschiedlich bestimmt. Dies ist auf das unterschiedliche Erkenntnisinteresse zurückzuführen, welches mit der jeweiligen Typologie verfolgt wird.[85]

In der Soziologie versteht man heute unter Typologien das Ergebnis eines Gruppierungsprozesses, „bei dem ein Objektbereich anhand eines oder mehrerer Merkmale in Gruppen bzw. Typen eingeteilt wird"[86] mit größtmöglicher interner Homogenität bei gleichzeitig möglichst starker externer Heterogenität. Der einzelne Typus besteht aus einer Kombination von Merkmalen. Mehrere Typen werden zu einer Typologie, wenn sie durch einen inhaltlichen Sinnzusammenhang verbunden sind.[87] Typen sollen sich demnach innerhalb einer Typologie möglichst gleichen und von anderen Typologien möglichst stark unterscheiden.[88] In der psychologischen Fachliteratur wird der Typus als „eine durch einen bestimmten Merkmalskomplex charakteristische Gruppe" von Individuen definiert oder als „ein Mensch, der alle Merkmale seiner Gruppe in besonders ausgeprägter Weise besitzt".[89] Diejenigen Individuen, welche die jeweilige Merkmalskombination aufweisen, repräsentieren die jeweiligen Typen innerhalb einer Typologie.[90]

---

84 Vgl. *Kluge*, Empirisch begründete Typenbildung, 1999, S. 23, 25, 34, 58 ff., 61.

85 Vgl. *Kluge*, Empirisch begründete Typenbildung, 1999, S. 13.

86 Vgl. *Kluge*, Empirisch begründete Typenbildung, 1999, S. 26 ff., 30, 42.

87 Vgl. *Kluge*, Empirisch begründete Typenbildung, 1999, S. 35, 86. Dieses Verständnis von einer Typologie findet sich auch in der differentiellen Psychologie, vgl. *Moosbrugger/Frank*, in: *Pawlik* (Hrsg.), Grundlagen und Methoden der differentiellen Psychologie, 1996, S. 731 (734).

88 Vgl. *Kluge*, Empirisch begründete Typenbildung, 1999, S. 26 ff., 30, 42. vgl. auch *Kluge*, Qualitative Social Research 1 (2000); *Kelle*, Vom Einzelfall zum Typus, 1999, S. 77 f.; *Lenk*, in: *Bernsdorf* (Hrsg.), Wörterbuch der Soziologie, 1969, S. 1088 (1088).

89 *Gachowetz*, in: *Dorsch* (Hrsg.), Psychologisches Wörterbuch, 1994, S. 820 (820, 824).

90 Vgl. *Seelig/Weindler Karl*, Die Typen der Kriminellen, 1949, S. 5. Die Typologie ist dabei von einer Klassifikation abzugrenzen. Die Klassifikation unterteilt abschließend auf höherem Abstraktionsniveau sämtliche Einheiten des Forschungsgegenstandes und ermöglicht grundsätzlich eine eindeutige Zuordnung des Individuums zu ausschließlich einer Klasse. Die Typologie ist demgegenüber meist mehrdimensional angelegt, weist fließende Übergänge und etwaige offene Restgruppen oder Mehrfachzuordnungen des Individuums auf. Vgl. *Schöch*, in: *Kaiser* (Hrsg.), Kleines kriminologisches Wörterbuch,

Der kriminologischen Literatur nach bezweckt eine Typologie ebenfalls „die Gruppenzuordnung aufgrund einer Kombination von Merkmalen. In einer begrenzten Zahl von Typen sollen Personen, Taten oder Objekte mit vergleichbaren körperlichen, psychischen oder sozialen Merkmalsausprägungen zusammengefasst werden."[91] Kriminologische Typologien sollen dazu dienen, Straftäter und Straftaten, Verbrechensopfer und Täter-Opfer-Beziehungen zu systematisieren, zu gruppieren und zu kennzeichnen.[92]

Für die folgende Untersuchung ergibt sich nach den aufgezeigten Typologie-Definitionen in der Soziologie, der Psychologie und der die Erkenntnisse aus diesen Fachdisziplinen aufgreifenden interdisziplinären Kriminologie zusammengefasst folgendes Begriffsverständnis: eine Typologie ist als eine Zusammenfassung einzelner Typen anzusehen, die durch den inhaltlichen Sinnzusammenhang – hier der Wirtschaftskriminalität – eine innere Verbundenheit erfahren. Ein Typus besteht dabei aus einer Kombination von Merkmalen. Die Merkmalskombinationen sind ausgehend von den Studien zu Wirtschaftsstraftätern personenbezogene Eigenschaften, die für die Beschreibung eines Täters herangezogen werden. Typologien im Sinne der vorliegenden Untersuchung sollen damit die Funktion aufweisen, dass durch diese bestimmte Tätertypen ausgemacht werden können, von denen ausgegangen wird, dass sie Wirtschaftsstraftaten begehen werden.

2. Zum Begriff der Wirtschaftskriminologie

Für die Konkretisierung der Untersuchung von Tätertypologien in der Wirtschaftskriminologie ist, neben der aufgezeigten Begriffsbestimmung von Tätertypologien, zu klären, was unter Wirtschaftskriminologie an sich zu verstehen ist. Wirtschaftskriminologie ist eine spezielle Forschungsrichtung innerhalb der Kriminologie. Kriminologie befasst sich mit dem Zustandekommen, der Begehung sowie der

---

1993, S. 214 (214). Zur Abgrenzung von „Typologie" und „Klassifizierung", vgl. auch *Gerst*, 2. Aufl. (2005), Profiler – Vom Täterprofilersteller in den USA und der Implementierbarkeit einzelner Aspekte seiner Tätigkeit in das deutsche Rechtssystem, S. 25; *Kluge*, Empirisch begründete Typenbildung, 1999, S. 31 ff.; *Clinard/Quinney*, Criminal Behavior Systems, 1967, S. 2.

91 *Schöch*, in: *Kaiser* (Hrsg.), Kleines kriminologisches Wörterbuch, 1993, S. 214 (214). Zu einem vergleichbaren Ansatz für die Bildung einer Typologie, *Gibbons*, British Journal of Criminology 15 (1975), 140 (143 f.). Zu den Voraussetzungen für eine Typologie im Bereich abweichenden Verhaltens vgl. *Kinch*, The Journal of Criminal Law, Criminology, and Police Science 53 (1962), 323 (326). Ähnliche Erfordernisse für eine Typologie in der Kriminologie nennt auch *Driver*, The Sociological Quarterly 9 (1968), 356 (357).

92 *Schöch*, in: *Kaiser* (Hrsg.), Kleines kriminologisches Wörterbuch, 1993, S. 214 (214).

Verhinderung von Delinquenz;[93] Wirtschaftskriminologie als Teildisziplin der Kriminologie hat Wirtschaftskriminalität zum Forschungsgegenstand. Das Begriffsverständnis von Wirtschaftskriminalität ist jedoch sehr unterschiedlich.[94] Im Folgenden wird daher lediglich ein Überblick über einige der Definitionen gegeben.

Zur Bestimmung von Wirtschaftskriminalität wird in Deutschland, etwa bei der Bildung von Kriminalstatistiken, eine Orientierung an der Zuständigkeitsnorm des § 74c GVG vorgenommen.[95] Andere versuchen Wirtschaftskriminalität nach Rechtsgütern zu bestimmen, welche von den einzelnen Straftatbeständen geschützt werden. Gegen eine begriffliche Orientierung an strafrechtlich geschützten Rechtsgütern[96] und an Straftatbeständen, wie sie in § 74c GVG aufgezählt werden, spricht, dass die Aufzählung nicht alle Tatbestände umfasst, die durch das zweite Gesetz zur Bekämpfung der Wirtschaftskriminalität[97] eingeführt wurden und de lege lata der Wirtschaftskriminalität zuzurechnen sind.[98] Die Begriffsbestimmung

---

93 *Schneider*, 3. Aufl. (1993), Einführung in die Kriminologie, S. 3; *Bock*, in: *Bock* (Hrsg.), Göppinger, Kriminologie, 6. Aufl. (2008), S. 1 (1). Nach *Sutherland* setzt sich die kriminologische Forschung mit Kriminalität als sozialem Phänomen auseinander. Untersucht wird dabei der Prozess „of making laws, breaking laws, and reacting to the breaking of laws", *Sutherland*, 11. Aufl. (1992), Principles of criminology, S. 3.

94 *Bock*, in: *Bock* (Hrsg.), Göppinger, Kriminologie, 6. Aufl. (2008), S. 345 (422–423); *Liebl*, MschrKrim 87 (2004), 1 (9 f.); *Heinz*, in: *Gropp* (Hrsg.), Wirtschaftskriminalität und Wirtschaftsstrafrecht in einem Europa auf dem Weg zu Demokratie und Privatisierung, 1998, S. 13 (22 f.). Nach *Achenbach* ist der Begriff des Wirtschaftsstrafrechts nicht überzeugend mit einem Kriterium definierbar, vgl. *Achenbach*, in: *Feltes/Schwind* (Hrsg.), Kriminalpolitik und ihre wissenschaftlichen Grundlagen, 2006, S. 177 (189). Vgl. zur Begriffspluralität und zur Abhängigkeit einer Definition von dem jeweils dahinter stehenden Anwendungs- oder Erkenntnisinteresse; *Theile*, Wirtschaftskriminalität und Strafverfahren, 2009, S. 27 f.

95 Vgl. www.bka.de/DE/ThemenABisZ/Deliktsbereiche/Wirtschaftskriminalität (Stand: 28.12.2012).

96 *Richter*, in: *Alexander/Hebenstreit* (Hrsg.), Wirtschaftsstrafrecht, 2011, S. 139; *Lampe*, in: *Albers* (Hrsg.), Handwörterbuch der Wirtschaftswissenschaft. 9. Wirtschaft und Politik bis Zölle, 1982, S. 310 (310 f.).

97 2. WiKG vom 15.05.1986 (BGBl. I, 721).

98 Vgl. zur Kritik *Heinz*, in: *Gropp* (Hrsg.), Wirtschaftskriminalität und Wirtschaftsstrafrecht in einem Europa auf dem Weg zu Demokratie und Privatisierung, 1998, S. 13 (19). Auch eine Eingrenzung des Begriffs der Wirtschaftskriminalität durch „besondere Kenntnisse des Wirtschaftslebens" wird vertreten, orientiert an § 74c GVG. Zur Bestimmung von Wirtschaftskriminalität anhand von § 74c GVG, vgl. *Tiedemann*, 3. Aufl. (2010), Wirtschaftsstrafrecht, S. 17. Dies ist jedoch als zu unpräzise abzulehnen, vgl. *Heinz*, in: *Gropp* (Hrsg.), Wirtschaftskriminalität und Wirtschaftsstrafrecht in einem Europa auf dem Weg zu Demokratie und Privatisierung, 1998, S. 13 (19).

von Wirtschaftskriminalität nach nationalen Gesetzesvorgaben, wie in § 74c GVG, verhindert für kriminologische Untersuchungen zudem eine internationale Gültigkeit. Denn Kriminalität ist relativ, da Strafbarkeiten sich von Rechtsordnung zu Rechtsordnung unterscheiden und von Epoche zu Epoche variieren.[99] Diese Relativität wird aufgrund des rasanten Wandels der Wirtschaft besonders im Bereich des Strafrechts deutlich: erst wenn das Wissen über ein verwerflich erscheinendes Verhalten vorhanden ist, können Straftatbestände auch darauf ausgerichtet werden.[100]

Sutherland prägte den Begriff des white-collar crime, mit dem er als Folge seiner empirisch untersuchten Theorie "the process of differential association"[101] im Jahr 1939 erstmals die öffentliche Aufmerksamkeit darauf lenkte, dass Kriminalität auch ein Phänomen der gesellschaftlichen Oberschicht ist.[102] Nach *Sutherland* versteht man unter white-collar crime "a crime committed by a person of respectability and high social status in the course of his occupation"[103]. Hierbei handelt es sich nicht um eine Personenbeschreibung, sondern um ein sozialisationstheoretisches Konzept, welches den sozialen Status in den Vordergrund stellt, um aufzuzeigen, dass Kriminalität in allen gesellschaftlichen Schichten vorkommt.[104] An *Sutherlands* Begriffsbestimmung wird der personale Bezug kritisiert, was grundsätzlich aufgrund

---

99 Vgl. *Boers*, MschrKrim 84 (2001), 335 (335).

100 Ein weiterer Ansatz bezieht sich zur Bestimmung von Wirtschaftskriminalität auf übergeordnete Schutzgüter, die allerdings keinen Anknüpfungspunkt im positiven Recht finden, vgl. *Heinz*, in: *Gropp* (Hrsg.), Wirtschaftskriminalität und Wirtschaftsstrafrecht in einem Europa auf dem Weg zu Demokratie und Privatisierung, 1998, S. 13 (20 f.). Zur Kritik, vgl. *Theile*, Wirtschaftskriminalität und Strafverfahren, 2009, S. 30 ff.

101 *Sutherland*, American Sociological Review 5 (1940), 1 (10 f.); *Sutherland*, in: *Sack* (Hrsg.), Kriminalsoziologie, 1974, S. 395. Nach diesem Ansatz wird Kriminalität durch Kommunikation mit anderen Personen erlernt. Vgl. *Eisenberg*, 6. Aufl. (2005), Kriminologie, S. 53 f.

102 *Theile*, Wirtschaftskriminalität und Strafverfahren, 2009, S. 38 ff. White-collar crime nach *Sutherland* erfasst ebenfalls Betriebskriminalität, vgl. "in the course of his occupation", *Sutherland*, 2. Aufl. (1961), White collar crime, S. 9.

103 *Sutherland*, American Sociological Review 5 (1940), 1 (1–12); *Sutherland*, 2. Aufl. (1961), White collar crime, S. 9. Unter "white-collar crime" nach *Sutherland* ist folglich eine Straftat von einer Person von Ansehen und hohem sozialen Status in der Ausübung ihres Berufes zu verstehen.

104 *Sutherland*, 2. Aufl. (1961), White collar crime, S. 17. Vgl. *Kaiser*, 9. Aufl. (1993), Kriminologie, S. 847.

des heute maßgeblichen tatorientierten Strafrechts angebracht ist.[105] Da es in der folgenden Untersuchung allerdings nicht um Taten im Bereich der Wirtschaftskriminalität geht, sondern vielmehr um die kriminologische Analyse von Studien zu Wirtschaftsstraftätertypen, greift dieser Kritikpunkt insoweit nicht. Für eine Begriffsorientierung an *Sutherland* sprechen seine „Dynamik" und „Bildhaftigkeit",[106] die es ermöglichen einen einheitlichen Untersuchungsgegenstand auf dem Gebiet der Kriminologie hinsichtlich der „Tätertypologie" zu bestimmen. So werden Friktionen mit unterschiedlichen nationalen Strafnormen vermieden und es wird eine gewisse Offenheit gegenüber dem Wandel der Rechtsordnungen gewahrt.[107] Das Erfordernis einer gewissen Dynamik der Begriffsbestimmung für die folgende Untersuchung ergibt sich daraus, dass unterschiedliche Publikationen zu Tätertypenbildung mit verschiedenen Begriffsverständnissen von Wirtschaftskriminalität analysiert werden.

Als Einwand gegen die Begriffsbestimmung von *Sutherland* wird allerdings geltend gemacht, dass Wirtschaftskriminalität mit der Zuschreibung „high social status" auf wenige Fälle beschränkt wird. Gleichzeitig werden mit der Beschreibung „in the course of his occupation" alle Arten von Straftaten umfasst, auch wenn diese keinen wirtschaftlichen Bezug aufweisen.[108] Der Begriff ist daher einerseits wegen der Begrenzung auf einen hohen sozialen Status als zu eng, andererseits aber wegen der Erfassung von allen Straftaten während der Berufsausübung auch als zu weit gefasst anzusehen. Die Definition des white-collar crime

---

105 Vgl. *Boers/Theile/Karliczek*, Ritsumeikan Law Review 21 (2004), 109 (110); *Boers*, MschrKrim 84 (2001), 335 (338 f.); *Heinz*, in: *Gropp* (Hrsg.), Wirtschaftskriminalität und Wirtschaftsstrafrecht in einem Europa auf dem Weg zu Demokratie und Privatisierung, 1998, S. 13 (20); *Tiedemann*, 3. Aufl. (2010), Wirtschaftsstrafrecht, S. 16.

106 Vgl. *Kaiser*, 9. Aufl. (1993), Kriminologie, S. 847 m.w.Nachw.

107 So wurde der Sanktionenkatalog z.B. in Deutschland durch das 1. WiKG vom 29.07.1976 (BGBl. I, S. 2034) und das 2. WiKG vom 15.05.1986 (BGBl. I, S. 721) erweitert.

108 Vgl. *Gottfredson/Hirschi*, A General Theory of Crime, 1990, S. 191. Vgl. dazu *Boers/Theile/Karliczek*, Ritsumeikan Law Review 21 (2004), 109 (110); *Boers*, MschrKrim 84 (2001), 335 (338) m.w.Nachw.; *Heinz*, in: *Gropp* (Hrsg.), Wirtschaftskriminalität und Wirtschaftsstrafrecht in einem Europa auf dem Weg zu Demokratie und Privatisierung, 1998, S. 13 (18). Auch *Sutherland* selbst spricht in seiner Arbeit zum white-collar crime von occupational crime und konzentriert sich in erster Linie auf die Sanktionierung von Unternehmen und nicht auf die für das Unternehmen handelnden Personen. Vgl. *Sutherland*, 2. Aufl. (1961), White collar crime, S. 20–28.

von *Sutherland* wird deshalb heute als unzureichend für die Bestimmung von Wirtschaftskriminalität angesehen.[109]

Verbreitet auf kriminologisch-soziologischer Ebene ist die begriffliche Einteilung von Wirtschaftskriminalität in "occupational crime", die Betriebskriminalität, und "corporate crime", die Unternehmens- oder Verbandskriminalität.[110] Unter Betriebskriminalität versteht man Normverstöße, die „von Mitarbeitern des Betriebs, im Betrieb und gegen den Betrieb durchgeführt werden oder an denen sie beteiligt sind, wobei Voraussetzung strafwürdiges, nicht in jedem Einzelfall aber zur Zeit strafbares Verhalten ist"[111]. Mit dem Begriff der Unternehmenskriminalität hingegen ist der „Gesamtbereich der Wirtschaftsstraftaten gemeint, bei denen durch ein Handeln für ein Unternehmen externe Rechtsgüter und Interessen einschließlich der eigenen Rechtsgüter und Interessen der Unternehmensmitarbeiter verletzt werden."[112] Während Betriebskriminalität folglich dadurch gekennzeichnet ist, dass Straftaten im eigenen Interesse begangen werden, kennzeichnet Unternehmenskriminalität, dass das Handeln gerade im Interesse des Unternehmens erfolgt.

Die Begriffsbestimmungen von Betriebs- und Unternehmenskriminalität weisen beide einen Unternehmensbezug auf. Betriebskriminalität weist im

---

109 Vgl. *Dannecker*, in: *Wabnitz/Janovsky* (Hrsg.), Handbuch des Wirtschafts- und Steuerstrafrechts, 2007, S. 1 (14).

110 *Karliczek, Kari-Maria*, Strukturelle Bedingungen von Wirtschaftskriminalität, 2007, S. 18; *Tiedemann* (Hrsg.), Die Verbrechen in der Wirtschaft, 1970, S. 11.

111 *von zur Mühlen*, Betriebswirtschaftliche Forschung und Praxis 37 (1985), 43 (43); *Clinard/Quinney*, Criminal Behavior Systems, 1967. Nach *Marshall Barron Clinard* und *Richard Quinney* versteht man unter Betriebskriminalität beziehungsweise occupational crime "offenses committed by individuals for themselves in the course of their occupations and the offenses of employees against their employers", *Clinard*, 2. Aufl. (1973), Criminal Behavior Systems, S. 188. Betriebskriminalität sind demnach Delikte, die von Personen in eigenem Interesse in Ausübung ihres Berufs begangen werden und Delikte von Arbeitnehmern gegen ihren Arbeitgeber.

112 *Schünemann*, wistra 1 (1982), 41 (41); *Clinard/Quinney*, Criminal Behavior Systems, 1967. Vgl. *Braithwaite*, Annual Review of Sociology 11 (1985), 1 (19) m.w.Nachw. Zur Unternehmenskriminalität als Handeln im Unternehmensinteresse, vgl. auch *Theile*, Wirtschaftskriminalität und Strafverfahren, 2009, S. 38, 42. Noch spezieller bestimmen *Clinard* und *Quinney* die Unternehmenskriminalität, also corporate crime, als "offenses committed by corporate officials for their corporation and the offenses of the corporation itself", *Clinard*, 2. Aufl. (1973), Criminal Behavior Systems, S. 188. Unternehmenskriminalität meint demnach Delikte, die Unternehmensmitarbeiter im Interesse ihres Unternehmens begehen und Delikte von Unternehmen selbst. Letzteres ist im deutschen Strafrecht noch nicht vorgesehen.

Gegensatz zum Begriffsverständnis von white-collar crime nach *Sutherland* darauf hin, dass sich Wirtschaftskriminalität in einem wirtschaftsstrukturellen Kontext abspielt.[113] Eine Differenzierung zwischen Betriebs- und Unternehmenskriminalität ist relevant, da es sich um strukturell unterschiedliche Kriminalitätsphänomene handelt, die eine darauf bezogene Prävention und soziale Kontrolle beeinflussen.[114] Für die Eingrenzung der Studien zu Tätertypen geben die Definitionen von Betriebs- und Unternehmenskriminalität zum einen aufgrund des wirtschaftsunternehmerischen Bezugs klare Anhaltspunkte, um diese von Studien zu Tätertypen anderer Kriminalitätsarten abzugrenzen. Die Unterscheidung zwischen Betriebs- und Unternehmenskriminalität ermöglicht zum anderen eine kategorisierte Zuordnung der mit den Tätertypologien verfolgten Zielsetzungen, ob diese im Interesse des Unternehmens oder im eigenen Interesse handeln und damit eine Aussage über die mit der Tätertypenbestimmung verbundenen sozialen Kontrollmaßnahmen. Daher wird für die Eingrenzung des Untersuchungsgegenstandes auf die Differenzierung der aufgezeigten Definition von Betriebs- und Unternehmenskriminalität zurückgegriffen.

Fraglich ist darüber hinaus, ab wann eine Person überhaupt als „Wirtschaftsstraftäter“ bezeichnet werden kann.[115] Die Unschuldsvermutung[116] als Ausprägung des Rechtsstaatsgrundsatzes führt dazu, dass das Verdikt „Straftäter“ bei einem fehlenden rechtskräftigen Urteil rechtlich nicht legitimiert ist.[117] Grenzt man jedoch Untersuchungen zu Tätern einer Wirtschaftsstraftat dahingehend

113 *Karliczek, Kari-Maria*, Strukturelle Bedingungen von Wirtschaftskriminalität, 2007, S. 18 f. Kritisch betreffend die Differenzierung von Wirtschaftskriminalität anhand von occupational crime und corporate crime wird eingewandt: occupational crime erfasst nicht nur Delinquenz mit wirtschaftlichem Bezug, sondern etwa auch den einfachen Diebstahl während der Berufsausübung und ist daher grundsätzlich zu weit gefasst; der Begriff des corporate crime hingegen ist, sofern eine Begrenzung auf kriminelle Handlungen durch Unternehmen oder deren Organe erfolgt, regelmäßig nicht weit genug gefasst. Vgl. *Heinz*, in: *Gropp* (Hrsg.), Wirtschaftskriminalität und Wirtschaftsstrafrecht in einem Europa auf dem Weg zu Demokratie und Privatisierung, 1998, S. 13 (18); *Dannecker*, in: *Wabnitz/Janovsky* (Hrsg.), Handbuch des Wirtschafts- und Steuerstrafrechts, 2007, S. 1 (14); *Bock*, in: *Bock* (Hrsg.), Göppinger, Kriminologie, 6. Aufl. (2008), S. 345 (421).

114 *Theile*, in: *Rotsch* (Hrsg.), Criminal Compliance, 2015, S. 1219 (1221).

115 *Clinard/Quinney*, Criminal Behavior Systems, 1967, S. 6.

116 *BVerfGE* 74, 358, 370; vgl. zur Heranziehung von Art. 6 Abs. 2 EMRK, auch *BVerfGE* 74, 358, 370; 111, 307, 322 ff.

117 Vgl. dazu *Hefendehl*, StV 2005 (25), 156 (161), *Geis* (Hrsg.), White-collar crime, (1977), S. 277.

ein, dass man eine rechtskräftige Verurteilung fordert, ist es nicht möglich, das Dunkelfeld einzubeziehen. Da dieses Dunkelfeld bei Wirtschaftskriminalität, wie eingangs erwähnt, als sehr groß geschätzt wird, lässt sich ohne dessen Berücksichtigung kein repräsentatives Bild des typischen Wirtschaftsstraftäters zeichnen. Zum Gegenstand der Untersuchung zählen folglich auch Studien zu Personen, welche eine Wirtschaftsstraftat begangen haben, ohne von den Instanzen formeller sozialer Kontrolle registriert worden zu sein.

3. Zum Begriff der sozialen Kontrolle

Im Folgenden wird zunächst ein Überblick über die Entwicklung sozialer Kontrolle von Kriminalität gegeben und daran anknüpfend wird auf das Begriffsverständnis der sozialen Kontrolle eingegangen, um dieses für die nachfolgende Untersuchung festzulegen. Für das Verständnis von sozialer Kontrolle in der Kriminologie spielen die unterschiedlichen Ausprägungen in deren Genese eine maßgebliche Rolle.

Im 18. Jahrhundert legte der Rechtsphilosoph *Cesare Beccaria* den Grundstein für einen auf Resozialisierung und Prävention gerichteten Umgang mit Kriminalität. Er wandte sich gegen die Missstände der damaligen Strafrechtspraxis. In seiner Schrift „Dei delitti e delle pene“ forderte er eine rationale, auf Prävention gerichtete Kriminalpolitik.[118] Das leitgebende Menschenbild war das eines vernünftigen Menschen, der frei ist, sein eigenes Schicksal kontrolliert und freibestimmt handelt.[119] Anfang des 19. Jahrhunderts wurde das spezialpräventive Vorgehen dann durch die Veröffentlichungen *Franz von Liszts* verbreitet.[120] Die Kriminalpolitik war davon ausgehend auf Resozialisierung und Integration gerichtet.[121]

Mitte des 20. Jahrhunderts rückten in der Kriminologie das Verbrechensopfer und die Sozialkontrolle in das Zentrum der Aufmerksamkeit. Die Ursachen von Kriminalität werden seitdem überwiegend nicht mehr nur im Täter selbst gesehen, sondern im gesamten Sozialisationsprozess, an dem auch die Opfer und die Gesellschaft beteiligt sind. Zudem sind auch Prozesse und Institutionen, die abweichendes Verhalten definieren, in den Fokus der kriminologischen Debatte

---

118 *Beccaria*, (1988), Über Verbrechen und Strafen, S. 84, 120 ff., 167 ff., 177; *Beccaria/Firpo/Francioni*, Dei delitti e delle pene, 1984.

119 *Schneider*, 3. Aufl. (1993), Einführung in die Kriminologie, S. 9.

120 *Liszt*, Strafrechtliche Aufsätze und Vorträge (1970a), S. 147, 152, 161–164.

121 Vgl. *Singelnstein*, Diskurs und Kriminalität, 2009, S. 34.

gerückt.[122] Das konstruktivistische Verständnis von Devianz als empirisch normalem, statistisch berechenbarem Sachverhalt hat dazu geführt, dass soziale Kontrollmaßnahmen zunehmend bereits greifen sollen, bevor zu einem kriminellen Verhalten angesetzt werden kann.[123] Diese Vorverlagerung im Bereich der Kriminalkontrolle ist aktuell immer stärker zu beobachten.[124]

Soziale Kontrolle wird heute sowohl durch formelle staatliche als auch durch informelle private Mechanismen und Techniken realisiert.[125] Neben einer formellen General- und Spezialprävention wird außerstrafrechtlich versucht, deliktsfördernden Gegebenheiten entgegenzuwirken. Es wird dabei zum einen zwischen einer täter-, opfer- oder situationsbezogenen Prävention und zum anderen zwischen primärer, sekundärer sowie tertiärer Prävention unterschieden.[126] Primäre Präventionsmaßnahmen richten sich an die Allgemeinheit und sollen Kriminalitätsursachen im sozialen, kulturellen und wirtschaftlichen Bereich bekämpfen. Auf der Ebene der sekundären Prävention werden Maßnahmen ergriffen, „die auf die Vereitelung von Tatgelegenheiten bzw. auf sozialisationsfördernde Hilfeleistung“[127] zielen. Auf dieser Ebene wird versucht Prävention durch Beratung, der Einrichtung von technischen Schutzvorkehrungen und Gefahrenabwehr zu leisten. Unter tertiärer Prävention versteht man rückfallverhütende Maßnahmen gegenüber bereits

---

122 *Schneider*, 3. Aufl. (1993), Einführung in die Kriminologie, S. 10.

123 *Singelnstein*, Kritische Justiz 2011, 7 (8); *Hess* (Hrsg.), Kontrollkulturen, 2007, S. 217 f., 259, 291, 307; *Peters*, (2002), Soziale Probleme und soziale Kontrolle, S. 181.

124 *Singelnstein*, Diskurs und Kriminalität, 2009, S. 189 f. Nach wie vor ist der Resozialisierungsgedanke das leitende Ziel rechtsstaatlichen Strafens, vgl. etwa *BVerfGE* 35, 202, 235 und *BVerfGE* 98, 169, 200 f., sowie § 2 StVollZG. Aktuelle Studien verzeichnen jedoch eine tatsächliche Verdrängung von Resozialisierungsmaßnahmen zu Gunsten von Sicherungsinstrumenten; vgl. *Singelnstein/Stolle*, 3. Aufl. (2012), Die Sicherheitsgesellschaft; *Singelnstein/Stolle*, in: *Zurawski/Elsbergen* (Hrsg.), Surveillance Studies, 2007, S. 47; *Albrecht*, in: *Liebl* (Hrsg.), Kriminologie im 21. Jahrhundert, 2007, S. 177; *Garland*, Kultur der Kontrolle, 2008, S. 315 f.; *Nullmeier*, Die Transformation der Sozialpolitik, 1993; vgl. insbesondere auch die aktuelle Terrorismusgesetzgebung.

125 Vgl. *Singelnstein/Stolle*, 3. Aufl. (2012), Die Sicherheitsgesellschaft, S. 11, 125 f., 137; *Singelnstein*, Diskurs und Kriminalität, 2009, S. 33. Die Unterscheidung zwischen formeller und informeller sozialer Kontrolle ist weit verbreitet. Formelle Sozialkontrolle meint dabei diejenige, die durch Polizei, Staatsanwaltschaft und Gericht durchgeführt wird, informelle soziale Kontrolle hingegen die, welche durch private Institutionen wie Familie, Schule oder Unternehmen erfolgt.

126 Vgl. *Eisenberg*, 6. Aufl. (2005), Kriminologie, S. 833; *Kaiser*, 3. Aufl. (1996), Kriminologie, S. 246 ff; *Schneider*, 3. Aufl. (1993), Einführung in die Kriminologie, S. 323 f.

127 *Eisenberg*, 6. Aufl. (2005), Kriminologie, S. 833.

straffällig gewordenen Personen, worunter auch die strafrechtliche Spezial- und Generalprävention fallen.[128]

Die Analyse sozialer Kontrollmechanismen wurde maßgeblich durch *Michel Foucault* angestoßen.[129] Soziale Kontrolle wird von *Foucault*, ohne Beschränkung auf den politischen Sektor, das Regieren genannt, als „die Gesamtheit der Institutionen und Praktiken, mittels deren man die Menschen lenkt, von der Verwaltung bis zur Erziehung".[130] Regierung kann damit gleichgesetzt werden mit „unterschiedlichen Formen der Führung von Menschen".[131] Diese Führung erfolgt durch ein feines Netz an unterschiedlichen, sich wechselseitig bedingenden Kontrollmechanismen.[132] *Foucault* hat in diesem Zusammenhang den Begriff der „Gouvernementalität" geprägt. Gouvernementalität meint das Prinzip der „Führung der Führungen"[133] als „Regierung aus Distanz", wonach der moderne Staat dazu neigt, sich die Fähigkeit des Bürgers sein eigenes Verhalten zu steuern, zunutze zu machen.[134] Dies kann sowohl Techniken der „Fremdführung", als auch Formen der „Selbstführung" umfassen.[135] *Foucault* verdeutlicht diese Möglichkeit sozialer Kontrolle, dem machttheoretischen Ansatz der Gouvernementalität entsprechend, am Beispiel des Panopticons.[136] Das von *Jeremy Bentham* als

---

128 Vgl. *Eisenberg*, 6. Aufl. (2005), Kriminologie, S. 833.

129 So analysiert *Foucault* etwa in seinem Werk „Überwachen und Strafen" die Veränderung der staatlichen Strafe von brutalen körperlichen Martern hin zu äußerlich nicht sichtbaren, seelischen Einwirkungen. Vgl. *Foucault*, 9. Aufl. (1991), Überwachen und Strafen.

130 *Foucault*, (2003), Der Mensch ist ein Erfahrungstier, S. 118–120; *Lemke/Krasmann/Bröckling*, in: *Lemke/Krasmann/Bröckling* (Hrsg.), Gouvernementalität der Gegenwart, (2000), S. 7.

131 *Lemke/Krasmann/Bröckling*, in: *Lemke/Krasmann/Bröckling* (Hrsg.), Gouvernementalität der Gegenwart, (2000), S. 10.

132 Vgl. *Singelnstein*, Kritische Justiz 2011, 7 (8).

133 *Foucault*, Geschichte der Gouvernementalität II, 2004; *Foucault*, in: *Rabinow* (Hrsg.), Michel Foucault, 1994, S. 251 (255); zit. nach *Lemke*, 4. Aufl. (2003), Eine Kritik der politischen Vernunft, S. 85, 304; vgl. auch *Singelnstein/Stolle*, 3. Aufl. (2012), Die Sicherheitsgesellschaft, S. 56; *Singelnstein*, Kritische Justiz 2011, 7 (7); *Singelnstein*, Diskurs und Kriminalität, 2009, S. 177; *Lemke/Krasmann/Bröckling*, in: *Lemke/Krasmann/Bröckling* (Hrsg.), Gouvernementalität der Gegenwart, (2000), S. 8.

134 *Krasmann*, Kriminologisches Journal 1999, 107 (109 ff.). Vgl. zur Strategie der Kriminalitätskontrolle aus Distanz auch *Garland*, British Journal of Criminology 36 (1996), 445.

135 *Lemke/Krasmann/Bröckling*, in: *Lemke/Krasmann/Bröckling* (Hrsg.), Gouvernementalität der Gegenwart, (2000), S. 8, 10, 28.

136 *Foucault*, 9. Aufl. (1991), Überwachen und Strafen, S. 319 ff.

ideales Gefängnis konzipierte Panopticon ermöglicht die permanente Überwachung, indem die Gefängnisräume kreisförmig um einen Überwachungsturm herum angeordnet sind. Die Gefangenen müssen dabei mit einer steten Überwachung rechnen, ohne dass sie tatsächlich wissen, ob sie überwacht werden. Durch die potentielle Überwachung werden die Gefangenen in ihrem Verhalten beeinflusst, da sie bei Normverstößen damit rechnen müssen, jederzeit gesehen und bestraft werden zu können.[137]

Da mit dem Prinzip der Gouvernementalität eine genaue Einordnung der Machtstrukturen zwischen Staat und Unternehmen oder Unternehmen und Mitarbeiter ermöglicht wird, erscheint es in besonderem Maße als Argumentationsgrundlage geeignet, um die Wirkungsmechanismen einer Tätertypenbestimmung aufzuzeigen. So kann das Potential sozialer Kontrolle mit Wirtschaftsstraftätertypologien aus einer machttheoretischen Perspektive aufgezeigt werden. Auch Unternehmen selbst können sich die Ökonomie der Selbstregulierung im eigenen Betrieb zunutze machen, indem sie durch Anreize oder Sanktionen eine Selbstkontrolle der Mitarbeiter bewirken.

Der Selbstregulierung von Unternehmen kommt nach *Mark Pieth* ein zunehmendes Gewicht zu, was wiederum auf das strafrechtliche Normprogramm zurückwirkt.[138] Regieren durch Selbstführungstechniken ermöglicht es etwa, privatwirtschaftliche Unternehmen gesetzlich anzuhalten, Regulierungsinstrumente zur Prävention von abweichendem Verhalten zu schaffen. So versucht der Staat beispielsweise durch die Vorgabe von Compliance-Maßnahmen, Unternehmen in unterschiedlicher Ausprägung anzuhalten, sich selbst zu regulieren.[139]

Das Begriffsverständnis von sozialer Kontrolle wird heute unterschiedlich weit verstanden. Teilweise werden hierunter sämtliche Mechanismen und Erscheinungsformen gefasst, „die auf das Individuum zwecks seiner sozialen Aus- und

---

137 Der machttheoretische Ansatz der Gouvernementalität von *Foucault* wird von *Garland* in seinen Arbeiten zur Verbrechenskontrolle aufgegriffen und für die Kriminalität konkretisiert. Vgl. *Garland*, Theoretical Criminology 1 (1997), 173; *Garland*, Kultur der Kontrolle, 2008, S. 216, 311 f., 362. *Garland* sieht in dem Gouvernementalitätsansatz von *Foucault* die Möglichkeit, Kriminalitätskontrolle als ein Feld von „Beziehungen“ und „Subjektivierungen“ zu analysieren, sowohl zwischen „Regierenden“ als auch zwischen „Regierenden“ und „Regierten“. Vgl. *Garland*, Theoretical Criminology 1 (1997), 173 (188 f.).

138 *Pieth*, in: *Lüderssen* (Hrsg.), Festschrift für Klaus Lüderssen, 2002, S. 317 (318 f., 325).

139 Siehe hierzu Kapitel D. I.

Abrichtung einwirken“[140]. Teilweise wird auch ein enger Begriff bevorzugt, „der von der Reaktion auf abweichendes Verhalten ausgeht und dabei nur solche Reaktionen einschließt, die der Form nach als negative Sanktionen erscheinen und behandelt werden“[141].

Für die nachfolgende Untersuchung wird ein zwischen diesen beiden Positionen zu verortender Ansatz gewählt. Unter Berücksichtigung der *Foucaultschen* Machtanalyse wird unter sozialer Kontrolle verstanden „diejenigen Mittel, mit denen die Gesellschaft Herrschaft über die sie bildenden Menschen ausübt und Verhaltenskonformität erreicht. Sie betrifft besonders die Antworten auf abweichendes Verhalten und ist zentraler Bestandteil aller Prozesse sozialer Integration.“[142] Der Begriff umfasst dabei die Verbrechenskontrolle und, dem aufgezeigten primären, sekundären und tertiären Präventionsverständnis entsprechend, die Reaktionen auf gegenwärtiges sowie auf zukünftiges abweichendes Verhalten. Die Unterbindung von Wirtschaftskriminalität und insbesondere die Kriminalprävention sind ein bedeutender Teil sozialer Kontrolle[143] und spielen bei der wirtschaftskriminologischen Tätertypenbestimmung eine zentrale Rolle. Ausgehend von der aufgezeigten Definition sozialer Kontrolle und den genannten Führungstechniken nach *Foucault*, konzentriert sich die nachfolgende Untersuchung auf die Wirkungsmechanismen, die mit Wirtschaftsstraftätertypologien verbunden sind.

---

140 *Sack*, in: *Kaiser* (Hrsg.), Kleines kriminologisches Wörterbuch, 1993, S. 416 (417). Der Begriff der „sozialen Kontrolle“ ist von *Ross* durch seine Publikationsreihe im American Journal of Sociology ab dem Jahre 1896 eingeführt worden. Vgl. etwa *Ross*, American Journal of Sociology 1 (1896), 513 (513 ff.); *Ross*, American Journal of Sociology 1 (1896), 753 (753 ff.); *Ross*, American Journal of Sociology 2 (1896), 96 (96 ff.); *Ross*, American Journal of Sociology 2 (1896), 255 (255 ff.), der in seinen ersten Arbeiten in der amerikanischen Soziologie das Konzept einer weitgefassten sozialen Kontrolle entwickelte.

141 *Sack*, in: *Kaiser* (Hrsg.), Kleines kriminologisches Wörterbuch, 1993, S. 416 (418).

142 *Kaiser*, 10. Aufl. (1997), Kriminologie, S. 40. In diesem Sinne auch *Eisenberg*, 6. Aufl. (2005), Kriminologie, S. 2.

143 *Peters*, (2002), Soziale Probleme und soziale Kontrolle, S. 189 f. Vgl. zu einem weiter gefassten Begriffsverständnis von sozialer Kontrolle, *Singelnstein/Stolle*, 3. Aufl. (2012), Die Sicherheitsgesellschaft, S. 11.

III. Zusammenfassung

Die vorliegende Arbeit basiert auf einem konstruktivistischen Verständnis von Kriminalität. Methodisch wird mithilfe der zusammenfassenden qualitativen Inhaltsanalyse zunächst auf bereits veröffentlichte Publikationen zur Bestimmung von Wirtschaftsstraftätertypen eingegangen. Zudem werden konstruktivistische theoretische Erklärungsansätze als argumentative Stütze herangezogen, um die zentrale Frage der Untersuchung zu beantworten, inwiefern Wirtschaftsstraftätertypologien als Instrument sozialer Kontrolle fungieren und welche Auswirkungen damit verbunden sind.

Die Untersuchung konzentriert sich dabei auf das Phänomen der wirtschaftskriminologischen Tätertypenbestimmung als Instrument sozialer Kontrolle anhand folgender Definitionen: Eine Typologie von Wirtschaftsstraftätern ist als eine Zusammenfassung einzelner Typen anzusehen, die durch den inhaltlichen Sinnzusammenhang – der Wirtschaftskriminalität – eine innere Verbundenheit erfahren. Ein Typus besteht dabei aus einer Kombination von Merkmalen. Die Merkmalskombinationen sind Eigenschaften von Personen, die bereits eine Wirtschaftsstraftat begangen haben oder den Studien zufolge eine Wirtschaftsstraftat begehen werden. Hinsichtlich der Begriffsbestimmung von Wirtschaftskriminalität wird auf die Unterscheidung zwischen Betriebs- und Unternehmenskriminalität Bezug genommen. Unter Wirtschaftskriminalität wird eine Gesetzesverletzung durch eine Person verstanden, die sich entweder gegen die Interessen eines Unternehmens richten (Betriebskriminalität) oder die im Unternehmensinteresse erfolgen (Unternehmenskriminalität). Das Begriffsverständnis der sozialen Kontrolle bezieht sich auf die Mittel, mit denen eine Gesellschaft Herrschaft über die sie bildenden Menschen ausübt und auf abweichendes Verhalten reagiert. Erfasst sind davon insbesondere die Verbrechenskontrolle und als deren Teilbereich die Kriminalprävention. Der Fokus der sozialen Kontrolle liegt dabei auf der Kontrolle von Wirtschaftskriminalität mit Tätertypologien.

C. Wirtschaftsstraftätertypologien als Phänomen

Für die Untersuchung des Phänomens von Wirtschaftsstraftätertypologien als Instrument sozialer Kontrolle wird zunächst auf hierzu publizierte Studien eingegangen. Diese werden nach vorab dargelegten Kriterien ausgewählt und entsprechend der zusammenfassenden Inhaltsanalyse ausgewertet. Dazu werden im folgenden Abschnitt die in den Studien gebildeten wirtschaftskriminologischen Tätertypen und die damit verfolgten Zielsetzungen und Empfehlungen aufgeführt, sofern diese angegeben wurden.[144] Die Informationen der einzelnen Studien werden zusammengefasst wiedergegeben, wobei der Umfang der Zusammenfassung je nach Menge der veröffentlichten Daten variiert. Daran anschließend werden die Tätertypen und die damit verfolgten Intentionen verglichen und in verschiedene Zielrichtungskategorien eingeordnet. Das methodische Vorgehen der Studien wird davon gesondert im nächsten Untersuchungsabschnitt zu Wirtschaftsstraftätertypologien als Instrument privater sozialer Kontrolle analysiert.[145]

I. Publikationen zu Wirtschaftsstraftätertypen

Die Analyse der Publikationen zu Wirtschaftsstraftätertypen wird durchgeführt, um das Phänomen der Tätertypenbildung und die verschiedenen Ausprägungen aufzuzeigen.[146] Bei den Publikationen differenziert die Untersuchung zwischen konzeptionellen und empirischen Studien. Während die konzeptionellen

---

144 Siehe Kapitel C. I. Um die zusammenfassende Wiedergabe der Studie präzise zu gestalten, ist eine Konzentration auf die Ergebnisse zu Wirtschaftsstraftätertypen erfolgt, unter Vernachlässigung sonstiger Ausführungen wie der einzelnen Taten oder der Umstände.

145 Siehe Kapitel D. II.

146 Hierzu sind die Datenbanken KonSearch der Universität Konstanz, JStore und Google-Scholar durch Eingabe der Suchbegriffe „Wirtschaftskriminalität", „Wirtschaftskriminologie", „Wirtschaftsstraftäter", "white-collar crime", "white-collar criminal", „Tätertypus" sowie „Tätertypologie" ausgewertet worden. Die Suche ist auf deutsch- und englischsprachige Literatur begrenzt worden. Ziel ist es einen Überblick über das aktuelle Phänomen der wirtschaftskriminologischen Tätertypenbildung zu geben. Es wird kein Anspruch verfolgt, alle unter den Untersuchungsgegenstand fallenden Studien darzustellen.

Studien lediglich aus theoretischer Perspektive unterschiedliche Tätertypologien aufzeigen, haben die empirischen Studien die Auswertung von bei Wirtschaftsstraftätern oder Wirtschaftsunternehmen erhobenen Daten zum Gegenstand, um Aussagen über Wirtschaftsstraftätertypen zu treffen.

Für die Darstellung der konzeptionellen Wirtschaftsstraftätertypenbildung wird zunächst auf die Frage eingegangen, ob mit *Sutherlands* white-collar criminal ein eigener Tätertypus in die Wirtschaftskriminologie eingezogen ist. Daran anschließend werden beispielhaft zwei aktuelle konzeptionelle Veröffentlichungen zu Wirtschaftsstraftätertypen und acht empirischen Studien angeführt.

Zunächst erfolgt damit die Analyse und Kategorisierung der Inhalte, Zielsetzungen und Motivationen der Studien zu Wirtschaftsstraftätertypen. Die Operationalisierbarkeit der Studien, also inwiefern die angegebenen Ziele erreicht werden können, wird in dem daran anschließenden Teil der Untersuchung zu Wirtschaftsstraftätertypologien als präventiv legitimiertes Instrument privater sozialer Kontrolle analysiert.[147]

Die Auswahlkriterien für die Einbeziehung der Veröffentlichungen zu Wirtschaftsstraftätertypen in die Untersuchung waren:

1. Der Untersuchungsgegenstand muss entsprechend der aufgezeigten Definition von Betriebs- und Unternehmenskriminalität in den Bereich der Wirtschaftskriminalität fallen und Personen charakterisieren, welche als Wirtschaftsstraftäter in Betracht kommen.[148]
2. Es muss sich um Publikationen handeln, die nicht nur allgemeine Aussagen über Wirtschaftsstraftätertypen treffen, ohne jegliche Abgrenzungsmöglichkeit zwischen einem Tätertypus und einer nicht strafrechtlich in Erscheinung tretenden Vergleichsperson.
3. Die Veröffentlichungen müssen einer Plausibilitätskontrolle standhalten, sie dürfen also nicht offensichtlich unplausibel sein oder auf tatsachenfernen Annahmen beruhen. So wurde etwa von der Einbeziehung der Publikation von *Mergen* Abstand genommen, der auf unklarer Datenanalyse basierend Wirtschaftsstraftäter wie folgt beschreibt:

   > „Wirtschaftsdelinquenten haben keine Freunde; ihre Beziehungen zum anderen Geschlecht sind oberflächlich; sie können nur nehmen und sind unfähig, auch zu geben.

---

147 Vgl. Kapitel D. I. und II.

148 Vgl. zur dieser Arbeit zugrundeliegenden Begriffsbestimmung Kapitel B. II. 2. Die Untersuchung konzentriert sich unter Zugrundelegung der aufgezeigten Begriffsbestimmung sowohl auf Tätertypologien als auch auf einzelne Tätertypen, die nicht Teil einer Typologie sind.

Viele meiner Probanden waren in der sexuellen Potenz gestört, manche ausgesprochene Don-Juan-Typen, ein Syndrom, das wegen der ‚impotentia amoris' als Spielart der Impotenz angesehen werden kann. Tiefenpsychologisch gesehen mag in dem gestörten Kontaktbereich eine gewisse Kastrationsangst mitspielen; fast immer finden sich tiefgreifende Frustrationen im Umgang mit Bezugspersonen in der Kindheit."[149]

4. Der Veröffentlichungszeitraum der einbezogenen Studien wurde auf 20 Jahre begrenzt, von 1993 bis 2013.[150]
5. Die Studie muss auf Primärdaten basieren. Einbezogenen wurden keine Studien von Autoren, wenn diese bereits mit einer anderen Studie in die Untersuchung einbezogen sind.[151]

Die nach diesen Kriterien ausgewählten Studien werden nachfolgend hinsichtlich der Tätertypenbestimmung, der Zielsetzungen und etwaiger Empfehlungen zusammengefasst.[152]

1. Konzeptionelle Studien

a) *Der white-collar criminal nach* Sutherland

Tätertypologien sind in der Wirtschaftskriminologie erst nach *Sutherlands* Veröffentlichung zum white-collar criminal gebildet worden.[153] Davor war die Ansicht vorherrschend, dass Kriminalität maßgeblich ein armutsgeprägtes Phänomen der Unterschicht ist.

Der Begriff des "white-collar criminal" wird in der wirtschaftskriminologischen Literatur heute verbreitet als Synonym für den „Wirtschaftsstraftäter"

149 *Mergen*, in: *Mergen* (Hrsg.), Aktuelle Beiträge zur Wirtschaftskriminalität, 1974, S. 13 (17–22).

150 Der Fokus ist dabei auf die jeweils aktuellste Studie gerichtet, wenn von einem Autor mehrere Studien publiziert wurden.

151 Ausgeschlossen wurde deshalb z.B. *Bussmann/Salvenmoser*, NStZ 26 (2006), 203 ff. Eine Ausnahme von diesem Auswahlkriterium wurde gemacht, wenn im Rahmen einer Studie auf eigene frühere Studien Bezug genommen wird oder wenn der Autor kein Erstautor der Studie ist.

152 Ein Anspruch auf vollständige Wiedergabe der in diesem Bereich veröffentlichten Studien besteht jedoch nicht.

153 *Sutherland*, American Sociological Review 5 (1940), 1 (1 ff.). Vgl. z.B. *Mergen*, Tat und Täter, 1971; *Liebl*, Die bundesweite Erfassung von Wirtschaftsstraftaten nach einheitlichen Gesichtspunkten, 1984; *Wheeler/Weisburd/Waring et al.*, American criminal law review 25 (1988), 331 ff.; *Collins/Schmidt*, Personnel Psychology 46 (1993), 295.

gebraucht.[154] Damit mögen gewisse Verselbstständigungen des Begriffsverständnisses einhergegangen sein. Daher ist fraglich, ob mit dem Begriff des white-collar criminal[155] selbst ein Tätertypus in die Kriminologie eingezogen ist.

So hat etwa *Don Gibbons* eine Tätertypologie entwickelt, die neben acht weiteren Typen aus dem "white-collar criminal" besteht[156] und *Ralph Berthel* schreibt, dass *Sutherland* sich bemühte mit den Attributen "respectably" und "high social status in the course of his occupation" den „Wirtschaftsstraftätertypus" zu benennen.[157] Bei der Verwendung der Begrifflichkeiten von "white-collar crime" oder "white-collar criminal" wird regelmäßig *Sutherland* zitiert.[158] Für sich betrachtet kann diese Definition allerdings als ausschließlich personenbezogene Beschreibung unter Außerachtlassung der sozialisationstheoretischen Bedeutung verstanden werden. Geht man bei dieser Definition von einer personellen Beschreibung „des Wirtschaftsstraftäters" aus, wie es etwa die Aussage von *Berthel* als naheliegend erscheinen lässt, kann der "white-collar criminal" als eigener Tätertypus verstanden werden. Von *Sutherland* war dies jedoch nicht intendiert. Dieser wollte vielmehr auf sozialstruktureller Ebene aufzeigen, dass Kriminalität nicht ausschließlich ein Unterschichtenphänomen ist. Diese Auffassung suchte er auch mit seiner Kriminalitätstheorie "the process of differential association"[159] zu untermauern. *Sutherland* führte hierzu eine empirische Analyse von 70 Unternehmen durch, aus der er seine Ergebnisse über white-collar crime gewann.[160]

---

154 Vgl. etwa *Knecht*, Psychiatrie 9 (2009), 25 (26). Auch wenn der Ausdruck "white-collar crime" heute insbesondere in der angloamerikanischen Literatur als Synonym zur Wirtschaftskriminalität gebraucht wird, sind diese Begriffe nicht deckungsgleich, vgl. *Dannecker*, in: *Wabnitz/Janovsky* (Hrsg.), Handbuch des Wirtschafts- und Steuerstrafrechts, 2007, S. 1 (13).

155 Vgl. *Sutherland*, American Sociological Review 5 (1940), 1 (2).

156 *Gibbons*, Changing the Lawbreaker, 1965, S. 110 f.; *Hartjen/Gibbons*, Sociology and Social Research 1969, 56 (56 f.).

157 *Berthel*, in: *Gropp* (Hrsg.), Wirtschaftskriminalität und Wirtschaftsstrafrecht in einem Europa auf dem Weg zu Demokratie und Privatisierung, 1998, S. 51 (53 f.), auch wenn er anfügt, dass es „den" typischen Wirtschaftsstraftäter nicht gebe.

158 Wie bereits eingeführt, versteht *Sutherland* unter white-collar crime "[a] crime committed by a person of respectability and high social status in the course of his occupation", *Sutherland*, 2. Aufl. (1961), White collar crime, S. 9.

159 *Sutherland*, American Sociological Review 5 (1940), 1 (10 f.); *Sutherland*, in: *Sack* (Hrsg.), Kriminalsoziologie, 1974, S. 395. Nach diesem Ansatz wird Kriminalität durch Kommunikation mit anderen Personen erlernt. Vgl. *Eisenberg*, 6. Aufl. (2005), Kriminologie, S. 53 f.

160 *Sutherland*, 2. Aufl. (1961), White collar crime, S. 17 ff.

Dabei konzentrierte *Sutherland* seine Untersuchung primär auf die Sanktionierung von Unternehmen als solche und nicht auf die für diese handelnden Personen, sprich, deren Mitarbeiter.[161]

Eine Tätertypenbestimmung ist mit dem white-collar criminal durch *Sutherland* daher nicht erfolgt. Die aktuelle Tätertypenbildung mag ihren Impuls zwar im Ansatz des white-collar crime gewonnen haben, sie ist jedoch von dem ursprünglichen Verständnis losgelöst zu betrachten.

b) Motivationstypen wirtschaftskriminellen Verhaltens nach Wheeler

In seiner Publikation "The Problem of White-Collar Crime Motivation" setzt sich *Wheeler* mit den Motiven von Tätern einer Wirtschaftsstraftat auseinander, um so die Ursachen von Wirtschaftskriminalität näher zu beleuchten.[162] Zur Untersuchung der Motivationen von Tätern einer Wirtschaftsstraftat nimmt *Wheeler* Bezug auf mikroökonomische Theorien. Dabei nennt er die "Prospect Theory" von *Kahneman* und *Tversky* als zentralen Bezugspunkt.[163] Nach dieser Theorie kann die Kosten-Nutzen-Kalkulation von Akteuren im Vorfeld von risikoträchtigen Entscheidungshandlungen kognitiven Verzerrungen unterliegen, was insbesondere auf wirtschaftliche Verhaltensweisen zutreffen soll.[164] Davon ausgehend unterteilt er Wirtschaftsstraftäter in unterschiedliche Motivationstypen. Zunächst werden die Typen der "risk-seekers" charakterisiert. Dem Typus des "risk-seeker" wird das "fear of falling" Motiv zugeschrieben. Das "fear of falling" Motiv umfasst dabei sowohl die Angst vor einem Statusverlust als auch die vor finanziellen Einbußen, beispielsweise durch die Zwangsvollstreckung einer Hypothek oder die Umschulung der Kinder von einer Privatschule in eine öffentliche Schule. Dieser risikofreudige Typus wird von Personen unterschieden, die "risk neutral" sind. Bezogen auf den Bereich der Wirtschaftskriminalität wird ein "risk-seeker" von *Wheeler* als Täter dargestellt, der im Gegensatz zu risikoaversen Persönlichkeiten, trotz eines bereits vorhandenen großen Vermögens alles aufs Spiel setzt, um noch mehr zu erlangen.[165] Er wird dabei zum einen

161 *Sutherland*, 2. Aufl. (1961), White collar crime, S. 20–28.

162 *Wheeler*, in: *Schlegel/Weisburd* (Hrsg.), White-Collar Crime Reconsidered, 1992, S. 108 (108 f.).

163 *Wheeler*, in: *Schlegel/Weisburd* (Hrsg.), White-Collar Crime Reconsidered, 1992, S. 108 (110, 115).

164 *Kahneman/Tversky*, Econometrica 47 (1979), 263; zit. nach *Burkatzki*, zfwu 12 (2011), 377 (378).

165 *Wheeler*, in: *Schlegel/Weisburd* (Hrsg.), White-Collar Crime Reconsidered, 1992, S. 108 (111 ff.).

von dem "fear-of-falling" Motiv angetrieben, zum anderen von "greed" (Gier) als Persönlichkeitseigenschaft.[166] Hinsichtlich der "risk-seekers" mit "greed" Motiv wird dabei idealtypisch auf die Figur des *Gordon Gekko* in dem Film *Wall Street*[167] verwiesen. Als Rechtfertigung für die Tat wird etwa die Anwendung von Neutralisierungstechniken hinsichtlich geltender Normen genannt.[168] Unter Neutralisierungstechniken versteht man nach *Sykes* und *Matza* „Rechtfertigungsstrategien für kriminelles Verhalten, durch die grundsätzlich anerkannte herrschende Wertevorstellungen zeitweise ausser [sic!] Kraft gesetzt werden können".[169]

Weitere motivorientierte Typisierungen von *Wheeler* sind die "revenge-seekers" sowie die "tax protesters". Die Taten von "tax protesters" sollen ideologischer Natur sein und gelegentlich denen von "revenge-seekers" entsprechen, welche unglücklich über die Behandlung durch ihre Unternehmen seien und es deshalb als gerechtfertigt ansehen würden, von diesen Unternehmen zu stehlen. Die unterschiedlichen Motivationstypen werden in der Realität in unterschiedlichen Kombinationen für möglich gehalten.[170]

Als Ziel der Untersuchung wird angegeben, durch das Verstehen der „motives of white-collar offenders" neue Erkenntnisse zu gewinnen, indem neuere Entwicklungen in der Mikroökonomie, der Psychologie sowie der Risikoanalyse mit überlieferten Erzählungen von Beschuldigten kombiniert werden. Dies soll auch

---

166 *Wheeler*, in: *Schlegel/Weisburd* (Hrsg.), White-Collar Crime Reconsidered, 1992, S. 108 (112).

167 *Wall Street*: Regie: *Oliver Stone*. Drehbuch: *Stanley Weiser, Oliver Stone*. USA: Twentieth Century Fox 1987. DVD. 122 Minuten.

168 *Wheeler*, in: *Schlegel/Weisburd* (Hrsg.), White-Collar Crime Reconsidered, 1992, S. 108 (112–118).

169 *Sykes/Matza*, American Sociological Review 22 (1957), 664; zit. nach *Kunz*, 4. Aufl. (2004), Kriminologie, S. 150. Die Techniken sind: die Leugnung der Verantwortung und Schädigung; die Vorgabe, dass es kein Opfer gebe, da es die Schädigung etwa verdient habe; die Projizierung der Schuld an der Straftat auf die den Täter Verurteilenden sowie die Berufung darauf, dass im Interesse höherer Instanzen gehandelt wurde. Vgl. *Sykes/Matza*, American Sociological Review 22 (1957), 664 (667 ff.). Die Neutralisierungstechniken werden von *Sykes* und *Matza* wie folgt bezeichnet: "The Denial of Responsibility", "The Denial of Injury", "The Denial of the victim", "The Condemnation of the Condemners" und "The Appeal to higher Loyalties".

170 *Wheeler*, in: *Schlegel/Weisburd* (Hrsg.), White-Collar Crime Reconsidered, 1992, S. 108 (118).

der Ursachenerklärung von Wirtschaftskriminalität dienen.[171] Ob die Aussagen über die "white-collar" Motive tatsächlich zutreffen, weist *Wheeler* hingegen als empirische Aufgabe aus.[172]

c) *Vier Idealtypen wirtschaftskrimineller Täter nach* Becker *und* Holzmann

Becker und *Holzmann* wollen mit ihrer Arbeit anhand von betriebswirtschaftlichen Theorien ein „Rahmenmodell zur Erklärung wirtschaftskriminellen Verhaltens" aufzeigen. Sie bilden dazu anhand von Managementtheorien „vier Idealtypen wirtschaftskrimineller Täter".[173] Im Gegensatz zu der von *Wheeler* vorgenommenen Tätertypenbildung[174] gehen *Becker* und *Holzmann* in ihrer Studie primär auf die rationale Begehung von Wirtschaftskriminalität ein und vernachlässigen die „Dimension marktwirtschaftlicher Irrationalität im Entscheidungshandeln".[175]

Von der Prinzipal-Agent-Theorie wird der „klassische Agent-Täter" abgeleitet, welcher aus extrinsischen Motiven heraus und gegen die Interessen seines Unternehmens handelt. Die Prinzipal-Agent-Theorie besagt, dass innerhalb einer Auftragsbeziehung zwischen Auftraggeber, dem Prinzipal, und Auftragnehmer, dem Agenten, durch das Abtreten von Entscheidungskompetenzen an den Agenten, eine asymmetrische Informationsverteilung zugunsten des Agenten entsteht. Der Agent kann diesen Informationsvorteil zu seinen Gunsten ausnutzen und damit entgegen den Unternehmensinteressen handeln, sofern keine Gegenmaßnahmen ergriffen werden.[176] Als typische Wirtschaftsdelikte des „klassischen Agent-Täters" werden Diebstahl, Veruntreuung von Firmenkapital, Betrug oder Korruptionsdelikte genannt.[177] Aus der Prinzipal-Agent-Theorie wird zudem der „Guided-Agent-Täter" abgeleitet, welcher ebenfalls als extrinsisch motiviert beschrieben wird, sein Handeln aber im Sinne des Unternehmens wähnt. Der „Guided-Agent-Täter" wird entsprechend dem homo oeconomicus als eine Person beschrieben, die bewusst nach einer Kosten-Nutzen-Bilanz agiert. Die extrinsischen Motive sollen

171 *Wheeler*, in: *Schlegel/Weisburd* (Hrsg.), White-Collar Crime Reconsidered, 1992, S. 108 (108 f., 119).

172 *Wheeler*, in: *Schlegel/Weisburd* (Hrsg.), White-Collar Crime Reconsidered, 1992, S. 108 (119).

173 Vgl. *Becker/Holzmann*, zfwu 12 (2011), 354 (354 ff., 364).

174 Siehe hierzu Kapitel C. I. 1. b).

175 So kritisch *Burkatzki*, zfwu 12 (2011), 377 (379).

176 Vgl. *Becker/Holzmann*, zfwu 12 (2011), 354 (365) m.w.Nachw.

177 *Becker/Holzmann*, zfwu 12 (2011), 354 (365).

sich in einem exzessiven Lebensstil ausdrücken. Das kriminelle Verhalten dieses Tätertypus werde durch finanzielle Anreize, verbunden mit hohen Zielvorgaben gefördert. Ein solcher Tätertypus soll „insbesondere in stark maskulin geprägten Kulturen" entstehen.[178]

Weitere Tätertypen werden von *Becker* und *Holzmann* auf Grundlage der Stewardship-Theorie gebildet. Die Stewardship-Theorie basiert wie die Prinzipal-Agent-Theorie auf einer Auftragsbeziehung zwischen Auftraggeber (Prinzipal) und -nehmer (Agent). Nach der Stewardship-Theorie hingegen beinhaltet menschliches Handeln komplexe Motivstrukturen, nicht nur extrinsische Eigennutzenmaximierung. Ein „Steward" ist dabei derjenige, der primär intrinsisch motiviert, im Sinne seines Prinzipals handelt. Die intrinsische Motivation soll dabei aus dem Bedürfnis, etwas zu erreichen, der Freude an der Arbeit und aus einem altruistischen Verhältnis gegenüber dem Arbeitgeber resultieren.[179] Der „Steward Täter" wird als intrinsisch motiviert und im Sinne des Unternehmens handelnd beschrieben, mit dem Bedürfnis, Risiken für die Zielerreichung des Unternehmens einzugehen. Diesen solidarisch oder altruistisch motivierten Tätern wird eine hohe Identifikation mit dem Unternehmen zugeschrieben, sodass gesellschaftliche Vorschriften dahinter zurücktreten. *Becker* und *Holzmann* ordnen „solche Tätertypen den Kulturdimensionen des Kollektivismus und der Feminität"[180] zu.

Mitarbeiter eines Unternehmens wie der „Steward-Täter", welche „durch den Bruch psychologischer Verträge"[181] enttäuscht sind und deren Erwartungen nicht erfüllt werden, bezeichnen *Becker* und *Holzmann* als „Misguided-Steward-Täter"[182]. Diese handeln ebenfalls intrinsisch, allerdings ohne die Unternehmensinteressen vor Augen zu haben.[183]

Becker und *Holzmann* geben als Ziel ihrer theoriebasierten Analyse an, Präventionsmaßnahmen je nach Tätertypus auszurichten.[184] Eine wirksame Prävention von Wirtschaftskriminalität wird dabei ausgehend von einer „Corporate Compliance" gesucht.[185] Ihre Typologie soll sowohl die Betrachtung

---

178 *Becker/Holzmann*, zfwu 12 (2011), 354 (365 f., 368 f.).
179 Vgl. *Becker/Holzmann*, zfwu 12 (2011), 354 (366) m.w.Nachw.
180 *Becker/Holzmann*, zfwu 12 (2011), 354 (371).
181 Vgl. *Becker/Holzmann*, zfwu 12 (2011), 354 (367).
182 Vgl. *Becker/Holzmann*, zfwu 12 (2011), 354 (367 f.).
183 Vgl. *Becker/Holzmann*, zfwu 12 (2011), 354 (367).
184 *Becker/Holzmann*, zfwu 12 (2011), 354 (355).
185 *Becker/Holzmann*, zfwu 12 (2011), 354 (354).

situativer als auch persönlichkeitsimmanenter Risikofaktoren ermöglichen.[186] Als Prävention für mögliche Straftaten durch den „Guided-Agent-Täter“ wird empfohlen, die Kosten-Nutzen-Bilanz des Täters in ein negatives Verhältnis umzukehren. Dies soll durch die Erhöhung des Entdeckungsrisikos und eine höhere Strafandrohung erfolgen.[187] Der Mitarbeiter soll zudem durch vorhandene legale Mittel seine Ziele erreichen können. Die extrinsische Anreizgestaltung soll daher möglichst langfristig angelegt sein.[188] Für den intrinsisch motivierten „Steward-Täter“ wird empfohlen, finanzielle Anreize aufgrund des Anerkennungsbedürfnisses als Leistungsinformation zu vermitteln. Bei altruistisch oder solidarisch motivierten „Steward-Tätern“ solle aus präventiver Sicht über bestehende Normen im Unternehmen explizit aufgeklärt und das Unternehmensinteresse an der Einhaltung dieser Normen aufgezeigt werden. Außerdem soll vor allem in Risikobereichen eines Unternehmens darauf geachtet werden, dass die Bildung von Subkulturen mit eigenen divergierenden Wertesystemen unterbunden wird.[189]

2. Empirische Studien

Nach den konzeptionellen Studien zu Wirtschaftsstraftätertypen, wird im Folgenden auf die Ergebnisse von acht nach den vorangestellten Prüfkriterien ausgewählten empirischen Studien eingegangen. Die Darstellung konzentriert sich dabei auf die Ergebnisse dieser Tätertypenbestimmung sowie die damit angegebenen Zielsetzungen und Empfehlungen. Ziel ist es zunächst einen Überblick über die empirisch gebildeten Wirtschaftsstraftätertypen als Phänomen zu geben. Die Analyse der Studien erfolgt in den daran anschließenden Abschnitten zum Vergleich der Wirtschaftsstraftätertypenbildung sowie zu Wirtschaftsstraftätertypologien als präventiv legitimiertes Instrument sozialer Kontrolle.[190]

---

186 *Becker/Holzmann*, zfwu 12 (2011), 354 (355, 372). Die Autoren wollen allerdings trotz der konkreten Präventionsempfehlungen ihre „vier Idealtypen wirtschaftskrimineller Täter“ nicht deterministisch, sondern eher als Orientierungshilfe verstanden wissen. Vgl. *Becker/Holzmann*, zfwu 12 (2011), 354 (373).

187 *Becker/Holzmann*, zfwu 12 (2011), 354 (369).

188 *Becker/Holzmann*, zfwu 12 (2011), 354 (369).

189 *Becker/Holzmann*, zfwu 12 (2011), 354 (370 f.).

190 Kapitel C. II. und D.

a) *Persönlichkeitseigenschaften von Wirtschaftsstraftätern nach* Collins *und* Schmidt

Collins und *Schmidt* untersuchen mit ihrer Studie die Konstruktvalidität von Persönlichkeitsskalen, von personenbezogenen Integritätstests und von homogenen autobiographischen Skalen. Diese Verfahren werden auf ihr Unterscheidungsvermögen zwischen Wirtschaftsstraftätern von anderen Unternehmensmitarbeitern hin getestet.[191] In die Untersuchung einbezogen wurden 329 Gefängnisinsassen und als Vergleichsgruppe 320 in hohen Positionen arbeitende Personen, mit wirtschaftlichem Bezug, und ohne registrierte wirtschaftskriminelle Handlungen.[192]

Im Rahmen der Studie wurden fünf Merkmalsausprägungen gemessen: die Leistung, die Sozialisation, die Toleranz, die Verantwortung und das ehrenamtliche Engagement. *Collins* und *Schmidt* haben herausgefunden, dass zwischen „den Wirtschaftskriminellen" und den in vergleichbaren Positionen arbeitenden Personen ohne registrierte wirtschaftskriminelle Handlungen große messbare psychologische Unterschiede bestehen. Diese werden darin gesehen, dass die untersuchten Wirtschaftsstraftäter zur Unverantwortlichkeit, Unzuverlässigkeit sowie Missachtung von Regeln und sozialen Normen neigen.[193] Personen, die in der Untersuchung eine niedrige Punktzahl in Sozialisation erreichten, werden als "risk-takers" eingestuft, die unethisch, manipulativ und opportunistisch handeln.[194] Das Vorkommen sozialer Extraversion[195] führt nach *Collins* und *Schmidt* zu vermehrtem ehrenamtlichem Engagement, welches wiederum als Sprungbrett für hochqualifizierte Jobs dienen kann. Diese Jobs können mit hoher Diskretion und Autonomie verbunden sein, welche die Begehung von

191 Sie beziehen sich dabei auf die Definition für "white-collar crime" des Dictionary of Criminal Justice Data Terminology. Danach versteht man unter white-collar crime: "Nonviolent crime for financial gain committed by means of deception by persons whose occupational status is entrepreneurial, professional or semi-professional and utilizing their special occupational skills and opportunities; also, nonviolent crime for financial gain utilizing deception and committed by anyone having technical and professional knowledge of business and government, irrespective the person's occupation", *Collins/Schmidt*, Personnel Psychology 46 (1993), 295 (296).

192 *Collins/Schmidt*, Personnel Psychology 46 (1993), 295 (297).

193 *Collins/Schmidt*, Personnel Psychology 46 (1993), 295 (295).

194 *Collins/Schmidt*, Personnel Psychology 46 (1993), 295 (308).

195 Die soziale Extraversion beschreiben *Collins* und *Schmidt* als Messfaktor für das Vorhandensein von Freundschaftsbeziehungen, für den Beliebtheitsgrad, die Teilhabe an Gruppenaktivitäten und die soziale Kompetenz, vgl. *Collins/Schmidt*, Personnel Psychology 46 (1993), 295 (308).

Wirtschaftskriminalität ermöglichen und eine Versuchung darstellen. Insbesondere Personen mit geringer Gewissenhaftigkeit würden dieser Versuchung erliegen. Die soziale Extraversion und ein zusätzliches, über die beruflichen Aufgaben hinausgehendes Engagement, sollen jedoch nur indirekt zu Wirtschaftsdelinquenz führen. Des Weiteren wird eine Personengruppe beschrieben, bei der ein niedriger Sozialisations-Faktor gemessen wurde. Dies resultiert den Autoren zufolge aus der fehlenden Gewissenhaftigkeit, einer Missachtung gegenüber Regeln sowie der Übernahme von Risiken und Unzuverlässigkeit. Bei Personen mit einem hohen Leistungs-Faktor wird hingegen ein gewissenhaftes und ehrliches Arbeitsverhalten prognostiziert. Dabei sollen sich die beiden Vergleichsgruppen hauptsächlich im Bereich des sozialen Bewusstseins unterscheiden.[196]

Collins und *Schmidt* verfolgen mit ihrer Studie zum einen den Zweck, die psychologischen Ursachen von Wirtschaftskriminalität zu erklären. Zum anderen wollen die Autoren ein Persönlichkeitstestverfahren entwickeln, mit dem die Unterschiede zwischen Wirtschaftsstraftätern und sonstigen "white collar"-Arbeitnehmern bestimmt werden können.[197]

b) *Persönlichkeitseigenschaften von Wirtschaftsstraftätern nach* Blickle et al.

Eine weitere empirische Studie zu Persönlichkeitseigenschaften von Wirtschaftsstraftätern ist die von *Blickle et al.*, welche die wechselseitige Beziehung zwischen Persönlichkeit und Wirtschaftskriminalität untersucht.[198] Die Datenerhebung für die Studie erfolgte bei 150 Managern, welche zu diesem Zeitpunkt in deutschsprachigen Unternehmen tätig waren sowie 76 "white-collar criminals", die einmal eine solche Position inne hatten und verurteilt wurden.[199]

196 *Collins/Schmidt*, Personnel Psychology 46 (1993), 295 (295, 308).

197 Allerdings weisen die Autoren expressis verbis darauf hin, dass für eine Aussagekraft der Ergebnisse eine größere Anzahl von Personen untersucht werden muss. Vgl. *Collins/Schmidt*, Personnel Psychology 46 (1993), 295 (295 f.).

198 White-collar crime wird dabei als "non-violent crime for financial gain committed by means of deception" definiert. Mit "high level" beziehen sich die Autoren der Studie insbesondere auf Delikte, die ein "corporate manager, a high-ranking technical specialist, an official representative of a corporation, or the owner of a corporation" begangen hat. Dabei wird angegeben, dass sowohl Straftaten im eigenen Interesse, als auch im Unternehmensinteresse erfasst wurden. Vgl. *Blickle/Schlegel/Fassbender et al.*, Applied Psychology: An International Review 55 (2006), 220 (221).

199 *Blickle/Schlegel/Fassbender et al.*, Applied Psychology: An International Review 55 (2006), 220 (221, 224). Als Wirtschaftsdelikte sind demnach anzusehen: „1. Die

Untersuchungsgegenstand waren Persönlichkeitsmerkmale in Form von Hedonismus, Gewissenhaftigkeit, Narzissmus, soziale Erwünschtheit und verhaltensbezogene Selbstkontrolle von "white-collar criminals" sowie deren Geschlecht. *Blickle et al.* stellen fest, dass Wirtschaftskriminalität überwiegend von Männern begangen wird, bestimmt ist von hoher verhaltensbezogener Selbstkontrolle und einem vermehrten Aufkommen hedonistischer Persönlichkeiten. Im Gegensatz zu *Collins* und *Schmidt* messen sie eine ausgeprägte Gewissenhaftigkeit. Das Ergebnis der Studie ist eine signifikante Korrelation zwischen Gewissenhaftigkeit und Narzissmus und zwischen sozialer Erwünschtheit und verhaltensbedingter Selbstkontrolle. *Blickle et al.* sehen ihre beiden Hypothesen bestätigt, die lauten: Je ausgeprägter die hedonistischen Züge einer Person sind, desto narzisstischer ist eine Person veranlagt; und je geringer die verhaltensbedingte Selbstkontrolle ausgeprägt ist, desto höher ist die Wahrscheinlichkeit für diese Person, eine Wirtschaftsstraftat zu begehen. Nicht bestätigt finden sie einzig die Annahme, dass je höher die eigene Gewissenhaftigkeit von einer Person bewertet wird, desto höher ist auch die Wahrscheinlichkeit für Personen in "white-collar positions", eine Wirtschaftsstraftat zu begehen.[200] Insgesamt wird allerdings von grundsätzlichen psychologischen Unterschieden zwischen „Wirtschaftskriminellen“ und „nichtkriminellen Managern“ ausgegangen.[201]

Blickle et al. sehen ihre Studie als Erweiterung der Untersuchung von *Collins* und *Schmidt*. Als Ziel der Studie ist daher dasselbe anzunehmen. *Collins* und *Schmidt* sowie *Blickle et al.* geben nicht expressis verbis an, dass ihre Ansätze auf Kriminalprävention ausgerichtet sind und erteilen auch keine

---

Gesamtheit der in § 74c Abs. 1 Nr. 1–6b Gerichtsverfassungsgesetz (GVG) aufgeführten Straftaten; 2. Delikte, die im Rahmen tatsächlicher oder vorgetäuschter wirtschaftlicher Betätigungen begangen werden und über eine Schädigung von Einzelnen hinaus das Wirtschaftsleben beeinträchtigen oder die Allgemeinheit schädigen können und/oder deren Aufklärung besondere kaufmännische Kenntnisse erfordert“, vgl. *BKA*, Bundeslagebild Wirtschaftskriminalität 2004, http://www.bka.de/nn_193360/DE/Publikationen/JahresberichteUndLagebilder/Wirtschaftskriminalitaet/wirtschaftskrimi nalitaet__node.html?__nnn=true (Stand: 05.07.2013).

200 *Blickle/Schlegel/Fassbender et al.*, Applied Psychology: An International Review 55 (2006), 220 (227 ff.).

201 *Blickle/Schlegel/Fassbender et al.*, Applied Psychology: An International Review 55 (2006), 220 (232). Bedingt durch die zahlreichen Beschränkungen wird geraten, die Studie nicht als Maßstab für eine Personalauswahl zu nutzen. Vielmehr raten *Blickle et al.* zu weiteren Untersuchungen, um die aufgestellten Hypothesen zu überprüfen, *Blickle/Schlegel/Fassbender et al.*, Applied Psychology: An International Review 55 (2006), 220 (230 f.).

Präventionsempfehlungen. Allerdings wird in beiden Untersuchungen angegeben, dass die Bestimmung von Persönlichkeitseigenschaften der Täter einer Wirtschaftsstraftat angestrebt wird.[202]

c) Charakterisierung von Wirtschaftsstraftätern nach Bannenberg

Bannenberg hat eine Untersuchung zur Charakterisierung von Wirtschaftsstraftätern begrenzt auf Straftaten im Bereich der Korruption durchgeführt und dazu deutschlandweit Akten der Staatsanwaltschaft aus 208 Strafverfahren in 14 Bundesländern ausgewertet.[203] Korruptionsdelikte stellen zwar nur einen Teilbereich der Wirtschaftskriminalität im Sinne des aufgezeigten Begriffsverständnisses von Betriebs- und Unternehmenskriminalität dar, sie sind jedoch ein bedeutender Ausschnitt der Wirtschaftskriminalität. Keine der in die Untersuchung einbezogenen Studien nimmt eine Tätertypenbildung nach gleich verteilten Wirtschaftsdeliktszahlen vor. Daten zu Wirtschaftsstraftätern werden vielmehr je nach Verfügbarkeit auf wenige Delikte beschränkt oder es werden mangels Datenverfügbarkeit nur bestimmte Wirtschaftsstraftatbestände von der Studie erfasst, beispielsweise die Untreue oder der Betrug. Daher ist es konsequent auch die Studie von *Bannenberg* in die Untersuchung mit einzubeziehen.

Bannenberg zielt mit ihrer Untersuchung auf „Erkenntnisse über Phänomene in der Strafrechtswirklichkeit"[204] sowie die damit verbundenen Strukturen der Tatbegehung. Davon ausgehend unterteilt sie Täter einer Korruptionsstraftat in drei „Strukturen". Der Struktur 1 werden unterschiedlichste Täter zugeordnet. Da hier Gelegenheits- und Einzelfallkorruption betroffen seien, habe man es nicht mit „typischen Tätern" zu tun, sondern mit unterschiedlichen Personen, die nicht zu kategorisieren seien. Hier soll grundsätzlich jeder als Täter in Betracht kommen. Die Täter der Struktur 2 sind durch eine längere Verbundenheit mit der Tatumgebung gekennzeichnet und die Typen der Struktur 3 basieren auf Wirtschaftsdelikten und organisierter Kriminalität.[205] Im Vergleich falle deutlich auf, dass sich die Täter der Strukturen 2 und 3 von den Tätern der Struktur 1 abgrenzen lassen. Bei den unterschiedlichen Tätern der Struktur 1 sei die

---

202 *Collins/Schmidt*, Personnel Psychology 46 (1993), 295 (295); *Blickle/Schlegel/Fassbender et al.*, Applied Psychology: An International Review 55 (2006), 220 (221).

203 *Bannenberg*, Korruption in Deutschland und ihre strafrechtliche Kontrolle, 2002, S. 74, 83 ff.

204 *Bannenberg*, Korruption in Deutschland und ihre strafrechtliche Kontrolle, 2002, S. 68.

205 *Bannenberg*, Korruption in Deutschland und ihre strafrechtliche Kontrolle, 2002, S. 93.

Gelegenheits- und Einzelfallkorruption vertreten. Täter der Struktur 1 könne daher grundsätzlich jeder sein.[206]

Unter den Tätern der Strukturen 2 und 3 werden Wirtschaftsstraftäter in „Betrügerpersönlichkeiten" und „den typischen Täter struktureller Korruption" unterteilt. „Betrügerpersönlichkeiten" fallen nach *Bannenberg* unter anderem durch „legale Fassaden, Lügen, Täuschungen und Fälschungen" auf, und verfügen über geringe Qualifikationen, wobei allerdings hohe Qualifikationen vorgetäuscht würden. Hinter einem nach außen hin existierenden hohen beruflichen Status wie Unternehmer, Rechtsanwalt oder Steuerberater, würden sich in Wahrheit Auffälligkeiten wie Konkurs, Entziehung der Anwaltszulassung oder verschiedene Straf- und Zivilverfahren wegen Vermögensdelikten oder betrügerischem Bankrott verbergen. Der Status des Berufs würde genutzt, um die wahren Absichten eigensüchtiger Profitmaximierung zu verschleiern. Es sei ein „ausgeprägten Hang zur Selbstdarstellung und Angeberei" sowie Manipulation und eine hohe kriminelle Energie vorhanden. „Betrügerpersönlichkeiten" hätten einschlägige Vorstrafen, wie betrügerischer Bankrott, Betrug, Untreue oder es besteht zumindest der Verdacht hinsichtlich einer solchen Straftat. Der Lebensstil sei oft chaotisch, mit Häusern und Villen im In- und Ausland, mehreren luxuriösen Pkws, Yachten, Bankkonten in sogenannten Steuerparadiesen und in die Taten involvierten Freundinnen oder Geliebten. Bezüglich des Fehlverhaltens fände eine extreme Rechtfertigung und Neutralisierung statt. Im Gegensatz zu den „typischen Korruptionstätern" würden Verantwortungsübernahme, Einsicht und Wiedergutmachungsbereitschaft auch nach einer Verurteilung fehlen.[207]

„Der typische Täter struktureller Korruption" wird demgegenüber als „auffällig unauffällig" beschrieben, der sich deutlich von den „Betrügerpersönlichkeiten" abhebe. Die „typischen Täter struktureller Korruption" sind nach *Bannenberg* ganz überwiegend männlich, deutscher Nationalität, über 40 Jahre, zum Teil sogar über 60 Jahre alt und in den meisten Fällen nicht vorbestraft. Oft seien die Täter schuldenfrei, verheiratetet und in geordneten Verhältnissen lebend, mit guter bis sehr guter Ausbildung sowie eigenen Macht- und Entscheidungsbefugnissen in Unternehmen oder Verwaltung.[208] „Der typische Täter struktureller

206 Vgl. *Bannenberg*, Korruption in Deutschland und ihre strafrechtliche Kontrolle, 2002, S. 210.

207 *Bannenberg*, Korruption in Deutschland und ihre strafrechtliche Kontrolle, 2002, S. 211–216.

208 *Bannenberg*, Korruption in Deutschland und ihre strafrechtliche Kontrolle, 2002, S. 216 f., 347.

Korruption" sei über einen längeren Zeitraum von 10–20 Jahren mit Korruptionsstrukturen vertraut. Er lege Wert auf gesellschaftlichen Status und einen hohen Lebensstandard, wobei er grundsätzlich keine „illegalen Wertvorstellungen" habe und sich selbst auch als legal handelnd beurteile. Er sei ehrgeizig, investiere viel Zeit in den Beruf, überwiegend mit Fachkompetenz, und werde eher als Aufsteiger beschrieben. Oft habe „der typische Täter struktureller Korruption" einen zweiten Bildungsweg absolviert und viele Aus- und Fortbildungen hinter sich. Auch Vorstandsmitglieder werden in die Gruppe „der typischen Täter struktureller Korruption" eingeordnet. Zudem seien bei dem „typischen Täter struktureller Korruption", ebenso wie bei den „Betrügerpersönlichkeiten", ausgeprägte Rechtfertigungs- und Neutralisierungstechniken vorhanden.[209]

Bei den untersuchten Tätern unterscheidet *Bannenberg* zudem zwischen Geber- und Nehmertypen, wobei der Unterschied zwischen den Typen geringer anzusehen sei als vermutet. Beide Typen seien ehrgeizig, berufsorientiert, mit grundsätzlich legalen Wertvorstellungen und bestrebt nach materiellem Wohlstand und gesellschaftlichem Status. Unterschiede bestünden hinsichtlich der Einbindung in die Gruppenstruktur der jeweiligen Organisation. In Unternehmen, die Bestechungen als Unternehmensstrategie einsetzen würden, sei das Verhalten üblich und eingebettet in ein zumindest geduldetes und stillschweigend praktiziertes Firmenkonzept des Vertriebes. In Verwaltungen bleibe der Bestochene eine Person, die Macht und Vertrauen missbrauche, nach außen hin dieses Verhalten aber verstecken und den korrekt und rechtmäßig handelnden Beamten spielen müsse. Auch in Unternehmen werde nicht offen ausgesprochen, dass Bestechungen eine Vertriebsstrategie seien. Es gebe eine ausgeprägte Doppelmoral, indem Bestechungen etwa als „nützliche Aufwendungen", „Provisionen" oder „Vertriebskosten" deklariert und deren Herkunft verschleiert werde.[210]

Nach *Bannenberg* verfolgt ihre Untersuchung zwei Zielrichtungen: zum einen sollen Erkenntnisse über Phänomene der Korruption in der Strafrechtswirklichkeit gewonnen werden, zum anderen interessiert sie der Umgang der Strafverfolgungsbehörden mit unterschiedlichen Fallstrukturen der

209 *Bannenberg*, Korruption in Deutschland und ihre strafrechtliche Kontrolle, 2002, S. 342.

210 *Bannenberg*, Korruption in Deutschland und ihre strafrechtliche Kontrolle, 2002, S. 219. Ausführlich werden von *Bannenberg* auch die Motive, die Beziehung zwischen Geber- und Nehmertypen, die Einlassungen von Geber- und Nehmerseite und deren Neutralisierungen und Rechtfertigungen, sowie die erfolgten Bestechungsleistungen beschrieben. Vgl. *Bannenberg*, Korruption in Deutschland und ihre strafrechtliche Kontrolle, 2002, S. 222–239.

Korruption.[211] Die Tätertypen sind folglich vor dem Hintergrund zu betrachten, dass diese in bestimmten Strukturen agieren.

Die untersuchten Strafverfahren würden unterschiedliche Korruptionsstrukturen, ebenso wie unterschiedliche Täterpersönlichkeiten und unterschiedliche Wege der Strafverfolgung widerspiegeln. Dies erlaube es, Schlussfolgerungen bezüglich Rechtsgrundlagen, Reformbedarf sowie Kotrollstrukturen von Verwaltung und Unternehmen zu ziehen.[212] Strafverfolgung und Präventionsmaßnahmen sollen auf die unterschiedlichen Gefährdungen abgestimmt werden. Die gefundenen Täterpersönlichkeiten seien bereits jetzt ein wichtiger Hinweise für effektivere Vorgehensweisen bei Prävention und Strafverfolgung.[213]

Bannenbergs Präventionsvorschläge sollen in der Umsetzung miteinander vernetzt werden. Für die Prävention wird allgemein vorgeschlagen auf „Information, Sensibilisierung, klare Verhaltensregeln, Kontrolle, Aufdeckung und Reaktion" sowie „begleitende Maßnahmen zu setzen". Diese Präventionsansätze werden für Geber- und Nehmertypen konkretisiert. So soll bei Gebertypen die Bevölkerung mit dem Hinweis von besonders betroffenen Verwaltungsbereichen verstärkt sensibilisiert und informiert werden; in Unternehmen sollen die Mitarbeiter sensibilisiert und fortgebildet werden. Unternehmensleitlinien sowie ethische Grundsätze des Unternehmenshandelns sollen mit klaren Verhaltensvorgaben vermittelt werden. Dies soll auch für die Vorstandsebene und besonders sensible Bereiche des Unternehmens gelten. Die Empfehlungen werden ansonsten nicht tätertypenspezifisch konkretisiert. Alle Mitarbeiter einschließlich Vorstand und Management sollten speziell geschult werden. Bei Verstößen gegen die Regeln sollte eine konsequente Reaktion erfolgen.[214] Zudem werden für Geber- und Nehmertypen unterschiedliche Kontrollmaßnahmen empfohlen, wie die Einführung eines Vier-Augen-Prinzips. Darüber hinaus sollen zentrale Stellen eingerichtet werden, sodass Präventions- und Informationskonzepte abgestimmt werden können. Für die Reaktion bei Korruption führt *Bannenberg*

---

211 *Bannenberg*, Korruption in Deutschland und ihre strafrechtliche Kontrolle, 2002, S. 68.

212 *Bannenberg*, Korruption in Deutschland und ihre strafrechtliche Kontrolle, 2002, S. 83 f.

213 *Bannenberg*, Korruption in Deutschland und ihre strafrechtliche Kontrolle, 2002, S. 326, 340, 365; vgl. zur Prävention auch S. 478.

214 *Bannenberg*, Korruption in Deutschland und ihre strafrechtliche Kontrolle, 2002, S. 472 f.

schließlich eine Reihe von Verhaltensrichtlinien auf, die sie jeweils für die Geber- und Nehmertypen spezifiziert.[215]

d) "Global profiles of the fraudster" nach KPMG International[216]

Im Jahr 2007 veröffentlichte *KPMG* erstmals eine Studie zum "Profile of a Fraudster", eine weitere 2011 und aktuell auch im Jahr 2013.[217] Die vorliegende Untersuchung konzentriert sich auf die letzte Studie von 2013, die neben der Auswertung neuer Daten auch auf die Ergebnisse früherer Publikationen von *KPMG* zurückgreift. Für die Studie wurden 596 Wirtschaftsstraftäter von 42 *KPMG* Fachleuten interviewt, welche in Straftaten in 78 verschiedenen Ländern verwickelt waren. Die Daten der Studie sind von Firmen, die *KPMG* angehören, bei Ermittlungen zu "white collar" Delikten in Europa, dem Mittleren Osten, Nord- und Südamerika sowie im asiatisch-pazifischen Raum gewonnen worden. Die Täter wurden nach eigenen Angaben von den Fachleuten der *KPMG* identifiziert.[218]

Der typische Wirtschaftsstraftäter ist der Studie von *KPMG* zufolge 36 bis 55 Jahre alt, handelt nicht im Interesse des eigenen Unternehmens und ist im allgemeinen Management, im Bereich Finanzen, in Betriebs-, Verkaufs- oder Marketingfunktionen angestellt. Der typische Wirtschaftsstraftäter ist hoch angesehen, freundlich und extrovertiert. Charakteristisch für ihn sei weiter, dass er in 61 % der Taten bei dem geschädigten Unternehmen arbeitet. Er arbeite in einer gehobenen Führungsposition, sei in 41 % der Fälle über sechs Jahre im Unternehmen angestellt und begehe die Tat oft mit anderen zusammen (70 %).

---

215 *Bannenberg*, Korruption in Deutschland und ihre strafrechtliche Kontrolle, 2002, S. 474 f.

216 Die *KPMG AG Wirtschaftsprüfungsgesellschaft* ist nach eigenen Angaben ein Mitglied des *KPMG*-Netzwerks unabhängiger Mitgliedsfirmen, die *KPMG International Cooperative* ("*KPMG International*"), einer juristischen Person schweizerischen Rechts, angeschlossen sind. Vgl. http://www.kpmg.com/de/de/seiten/unternehmensangaben.aspx (Stand: 30.11.2014). Sofern im Folgenden von „*KPMG*" die Rede ist, wird hierunter "*KPMG International*" verstanden.

217 *KPMG Deutschland*, Profile of a Fraudster, 2007; *KPMG International*, Who is the typical Fraudster?, 2011; *KPMG International*, Global profiles of the fraudster, 2013. In weiteren Internetpublikationen zur Wirtschaftskriminalität werden von *KPMG* ebenfalls Täterprofile veröffentlicht. Vgl. *KPMG AG Wirtschaftsprüfungsgesellschaft*, Wirtschaftskriminalität, 2013; *KPMG AG Wirtschaftsprüfungsgesellschaft*, Wirtschaftskriminalität in Deutschland, 2012; *KPMG Deutschland*, Studie 2006 zur Wirtschaftskriminalität in Deutschland.

218 *KPMG International*, Global profiles of the fraudster, 2013, S. 2.

Als mit 56 % am häufigsten verbreitete Wirtschaftsstraftat wird die Veruntreuung von Vermögenswerten angegeben.

Die Höhe der Schäden habe überwiegend zwischen 50.000,- Dollar[219] und 5.000.000,- Dollar[220] betragen. Insbesondere beim Zusammenwirken mehrerer Täter habe der Schaden 500.000,- Dollar[221] überstiegen. Bei einer Zusammenarbeit seien in 74 % die Wirtschaftsstraftaten in einem Zeitraum zwischen einem und fünf Jahren begangen worden. 93 % der Wirtschaftsstraftaten seien in mehreren Transaktionen begangen worden.[222]

Als Ergebnis wird vorgestellt, dass die Gelegenheit, eine Wirtschaftsstraftat zu begehen ebenso wie die Motivationen und Rechtfertigungen der Tat entscheidend dafür sind, dass jemand zum Wirtschaftsstraftäter wird. Damit wird auf den theoretischen Ansatz des Fraud-Triangle von *Cressey* Bezug genommen. Die größte Motivation für Wirtschaftsstraftaten ist den Ergebnissen von *KPMG* nach finanzieller Natur. Dazu gehöhrten Motive wie Gier, finanzieller Gewinn, das Verlangen, den eigenen Lebensstil zu verbessern oder finanzielle Schwierigkeiten zu überwinden. Typischerweise soll eine Person eine Wirtschaftsstraftat begehen, um ihren extravaganten oder zumindest sehr komfortablen Lebensstil zu finanzieren. Den Ergebnissen von *KPMG* zufolge war bei 10 % der Wirtschaftsstraftäter Ärger oder Angst ein bedeutender Faktor für die Begehung der Tat. 16 % der Wirtschaftsstraftäter hätten als Begründung für ihr Handeln angegeben unterbezahlt zu sein. Als einzige signifikant messbare Emotion geben *KPMG* ein Überlegenheitsgefühl bei 36 % der Wirtschaftsstraftäter an, verbunden mit der Ansicht, dass es in bestimmten Positionen nicht erforderlich sei, die Regeln zu befolgen, die für den Rest der Arbeitskräfte im Unternehmen gelten.[223]

Die Ergebnisse der Studie gleichen denen der Studie aus dem Jahr 2011. Abweichende Ergebnisse werden hinsichtlich der wechselnden Beziehungen und der Relevanz des Umfelds der Täter gewonnen. Einen Hauptgrund hierfür sehen die Autoren der Studie in der zunehmenden Verwendung aktueller Informationstechnologien durch die Täter.[224] *KPMG* erachtet die Analyse von

---

219 Dies ist bei einem Wechselkurs von 1 Dollar = 0,80 Euro einen Betrag von 39.920,16 Euro.

220 Dies ist bei einem Wechselkurs von 1 Dollar = 0,80 Euro einen Betrag von 3.992.016,15 Euro.

221 Dies ist bei einem Wechselkurs von 1 Dollar = 0,80 Euro einen Betrag von 399.201,62 Euro.

222 *KPMG International*, Global profiles of the fraudster, 2013, S. 2 f.

223 *KPMG International*, Global profiles of the fraudster, 2013, S. 6 ff.

224 *KPMG International*, Global profiles of the fraudster, 2013, S. 2.

Wirtschaftsstraftaten und Wirtschaftsstraftätern für wichtig, damit sich Unternehmen gegen diese kriminellen Handlungen zur Wehr setzen können. Dass dies nicht nur durch die Aufklärung der Taten geschehen soll, wird auch in der Studie von 2013 deutlich. Unternehmen sollen sich durch die im Rahmen der Studie gewonnenen Erkenntnisse „schützen“ und ihre Fähigkeit verbessern, die Wirtschaftsstraftäter zu identifizieren. In der Studie von *KPMG* wird angegeben, dass Aussagen zum Profil des Wirtschaftsstraftäters getroffen werden. Es soll darüber informiert werden, wie das Profil mit dem Umfeld sowie den begangenen Straftaten zusammenhängt, wie der Wirtschaftsstraftäter aussieht und wie er sich voraussichtlich verhalten wird.[225]

Die Studie geht sowohl auf die Bedeutung der Person als auch auf die des Umfelds von Wirtschaftsstraftätern ein, endet jedoch mit den Worten: "one must not forget the typical fraudster may likely remain the tenured, trusted employee. The one you may never have suspected ... right in front of your eyes, remaining unnoticed. Forewarned is forearmed."[226] Hierdurch wird deutlich das Ziel für Unternehmen vorgegeben, sich vor der Person des Wirtschaftsstraftäters zu schützen. Die situative Prävention wird in den Hintergrund gedrängt. Die Studien von *KPMG* zum „Profile of a Fraudster“ bewerben die Nutzung der Ergebnisse zu Präventionszwecken und verknüpfen diese mit dem Aufruf nach effektiveren Kontroll- und Compliance-Maßnahmen.[227] Als einer der wichtigsten Mechanismen wird ein Verhaltenskodex angeführt. Zudem soll als Präventionsstrategie eine Überprüfung von Mitarbeitern vor deren Einstellung und von Geschäftspartnern vor der Aufnahme von Geschäftsbeziehungen erfolgen.[228]

---

225 *KPMG International*, Global profiles of the fraudster, 2013, S. 2 f. Neu ist in der Studie von 2013, dass der Grund für Wirtschaftskriminalität in den ethischen und kulturellen Kontexten gesehen wird, welche von Land zu Land variieren, und daraus die Schlussfolgerung gezogen wird, dass staatliche Regulierung und die zwangsweise Durchsetzung von Normen oft ethische Standards bestärken. Vgl. *KPMG International*, Global profiles of the fraudster, 2013, S. 7, 9.

226 *KPMG International*, Global profiles of the fraudster, 2013, S. 26. Die letzten Worte lauten folglich: „man darf nicht vergessen, dass der typische Täter wahrscheinlich der lange vertraute Arbeitnehmer ist, der von dem man es am wenigsten erwartet hätte ... der direkt vor deinen Augen war und unbemerkt geblieben ist. Vorgewarnt ist Vorgewappnet.“

227 *KPMG International*, Global profiles of the fraudster, 2013; *KPMG International*, Who is the typical Fraudster?, 2011, S. 1, 23 f. *Hülsberg/Engels*, ZWH 2011, 14 (15 f., 18); *KPMG Deutschland*, Profile of a Fraudster, 2007, S. 3, 7, 9.

228 *KPMG Deutschland*, Profile of a Fraudster, 2007, 7.

e) Zum typischen Wirtschaftsstraftäter nach PricewaterhouseCoopers[229]

In der aktuellen Studie von *PricewaterhouseCoopers* zur Wirtschaftskriminalität im Jahr 2013 wurden 603 Telefoninterviews mit Verantwortlichen in deutschen Großunternehmen durchgeführt, welche nach eigener Aussage für die Themen Kriminalprävention und -aufklärung im Unternehmen zuständig waren.[230] Dabei wurden Daten zu Wirtschaftskriminalität im Allgemeinen und zur Unternehmenskultur erhoben. Darüber hinaus werden Aussagen über das Profil des Wirtschaftsstraftäters getroffen.[231]

Der Fallanalyse von *PricewaterhouseCoopers* zufolge ist der typische Wirtschaftsstraftäter männlich und ist entweder langjähriger Angehöriger des Unternehmens oder steht in Beziehung zum geschädigten Unternehmen. In der aktuellen Studie sollen dabei 62 % der Täter aus dem Unternehmen stammen, im Vergleich dazu seien es im Jahr 2007 nur 46 % gewesen. Diese Entwicklung wird mit dem sogenannten Kontrollparadoxon begründet, das auf die Verbreitung der Compliance-Management-Systeme zurückgeführt wird.[232] Unter einem Kontrollparadoxon versteht man dabei das Phänomen, dass bei tatsächlich gleichbleibenden Deliktszahlen durch vermehrte Kontrollen im Dunkelfeld die Kriminalitätszahlen im Hellfeld ansteigen. Da im sichtbaren Hellfeld die Deliktszahlen ansteigen, wird eine tatsächlich nicht vorhandene Zunahme von Kriminalität suggeriert.[233]

Die übrigen Täter sollen regelmäßig in einer Geschäftsbeziehung zum geschädigten Unternehmen gestanden haben und dem Unternehmen bekannt gewesen sein. Bei einem Vergleich von internen und externen Täterprofilen bestünden

229 Mit „*PricewaterhouseCoopers*" ist im Folgenden die „*PricewaterhouseCoopers AG Wirtschaftsprüfungsgesellschaft*" gemeint.

230 *PricewaterhouseCoopers/Martin-Luther-Universität Halle-Wittenberg*, Wirtschaftskriminalität und Unternehmenskultur 2013, S. 12. Vergleichbare Studien von PricewaterhouseCoopers gibt es auch aus früheren Jahren, vgl. *PricewaterhouseCoopers/Martin-Luther-Universität Halle Wittenberg*, Wirtschaftskriminalität, 2009; *PricewaterhouseCoopers*, Wirtschaftskriminalität, 2007; *PricewaterhouseCoopers/Martin-Luther-Universität Halle Wittenberg*, Wirtschaftskriminalität, 2005.

231 Die Studie aus dem Jahr 2009 geht dabei noch detaillierter auf Täterprofile und einzelne Merkmale von Wirtschaftsstraftätern ein, vgl. vgl. *PricewaterhouseCoopers/Martin-Luther-Universität Halle Wittenberg*, Wirtschaftskriminalität, 2009, S. 36 f., 43 ff.

232 *PricewaterhouseCoopers/Martin-Luther-Universität Halle-Wittenberg*, Wirtschaftskriminalität und Unternehmenskultur 2013, S. 80.

233 Vgl. *Bussmann*, MschrKrim 90 (2007), 260.

nur geringe Unterschiede. Bei den internen Tätern handele es sich eher um Personen in gehobenen Positionen, im Alter zwischen 31 und 50 Jahren. Jüngere, erst seit wenigen Jahren im Unternehmen tätige Mitarbeiter, seien eher nicht unter den Tätern vertreten. Ein großer Unterschied im Profil bestehe zwischen den externen und internen Tätern darin, dass die Mehrheit der externen Täter aus Führungspositionen stamme (51 %), während bei internen Tätern lediglich 19 % eine Führungsposition innehätten und 36 % aus dem mittleren Management stammten. Die untersuchten Täter seien zudem in 34 % (beziehungsweise 33 % bei externen Tätern) der Fälle 11–20 Jahre im Unternehmen tätig gewesen.[234]

In allen Studien von *PricewaterhouseCoopers* wird ein deutlich größerer Anteil von männlichen als von weiblichen Tätern verzeichnet. Dies sei auch bei einem erhöhten Frauenanteil im Unternehmen der Fall.[235] Etwa die Hälfte der Wirtschaftsstraftäter stammt nach früheren Studien von *PricewaterhouseCoopers* aus dem eigenen Unternehmen. Als persönliche Gründe für die Begehung von Wirtschaftsstraftaten werden mangelndes Unrechtsbewusstsein, die finanzielle Verlockung und ein aufwendiger Lebensstil angeführt. Nach dem Eindruck der Befragten würden die Täter aus dem eigenen Unternehmen häufiger zu den „Verführten" gehören und unternehmensexterne Täter zu den „Verführern".[236]

In der Studie werden an einer Vielzahl von Stellen Compliance-Maßnahmen beworben.[237] Erforderlich im „Kampf gegen Wirtschaftskriminalität" wird eine „Erfolgskultur", ein „Tone from the Top" sowie ein „Ethical Leadership"

234 *PricewaterhouseCoopers/Martin-Luther-Universität Halle-Wittenberg*, Wirtschaftskriminalität und Unternehmenskultur 2013, S. 81 f.

235 *PricewaterhouseCoopers/Martin-Luther-Universität Halle-Wittenberg*, Wirtschaftskriminalität und Unternehmenskultur 2013, S. 82.

236 Es wird jedoch angeführt, dass die Ursachen für Wirtschaftsdelikte nicht ausschließlich bei der Täterpersönlichkeit zu suchen seien, sondern dass sich für einen Teil der Straftaten auch unternehmensspezifische Faktoren begünstigend ausgewirkt haben können, vgl. *PricewaterhouseCoopers/Martin-Luther-Universität Halle Wittenberg*, Wirtschaftskriminalität, 2009, S. 44 f.; *PricewaterhouseCoopers/Martin-Luther-Universität Halle Wittenberg*, Wirtschaftskriminalität, 2005, S. 26. Im Jahr 2007 hat *PricewaterhouseCoopers* erstmals eine Studie zur Sicherheitslage in deutschen Großunternehmen veröffentlicht. Dazu wurden 5.428 Unternehmen weltweit in Telefoninterviews befragt, wobei die Anzahl befragter deutscher Unternehmen 1.166 betrug, vgl. *Nestler/Salvenmoser/Bussmann*, Wirtschaftskriminalität, 2007, S. 10, 39, 58.

237 *PricewaterhouseCoopers/Martin-Luther-Universität Halle-Wittenberg*, Wirtschaftskriminalität und Unternehmenskultur 2013, S. 75. Als Kontroll- und Präventionsmaßnahme werden bereits in der Studie aus dem Jahr 2009 insbesondere die präventive Wirkung von Compliance-Programmen und Hinweisgebersystemen hervorgehoben.

erachtet.[238] Es wird angeführt, dass Wirtschaftsstraftaten weit häufiger durch interne oder externe Hinweise aufgedeckt würden als durch Kontrollen oder behördliche Maßnahmen. Die meisten Unternehmen mit einem Korruptionsprogramm würden auch über ein Hinweisgebersystem verfügen. Am Schluss der Publikation von 2013 wird hervorgehoben, dass trotz alarmierender Studien die Risiken von Wirtschaftskriminalität und Wirtschaftskonflikten vielfach unterschätzt würden. Diesen Risiken solle man möglichst frühzeitig entgegensteuern. Dazu werden von *PricewaterhouseCoopers* eine Begleitung interessierter Unternehmen „von der Prävention über die lückenlose Aufklärung aller Fälle" und die konkrete Umsetzung von Verbesserungsmaßnahmen angeboten.[239]

f) *„Der Wirtschaftsstraftäter in seinen sozialen Bezügen" nach* Schneider *und* RölfsPartner[240]

Die Studie „der Wirtschaftsstraftäter in seinen sozialen Bezügen" von *Schneider* und *RölfsPartner* orientiert sich an dem von *Göppinger* geprägten „Täter in seinen sozialen Bezügen als eigener Gegenstand der Kriminologie"[241].

Der Studie zufolge handelt es sich bei den Wirtschaftsstraftätern überwiegend um Männer (94 %) deutscher Staatsangehörigkeit (92 %) mittleren Alters (durchschnittlich 46 Jahre, wobei der Altersdurchschnitt bei Begehung der ersten registrierten Straftat bei 44 Jahren liegen soll). Die Vorstrafenbelastung wird mit 24 % angegeben, wobei sie zwischen ein bis fünf Vorstrafen schwanke (durchschnittlich 3,7 Taten) und sich überwiegend auf Wirtschaftskriminalität

---

Vgl. *PricewaterhouseCoopers/Martin-Luther-Universität Halle Wittenberg*, Wirtschaftskriminalität, 2009, 20 f., 25 f., 32, 35, 55 ff.

238 http://www.pwc.de/de/risiko-management/wikri-2013.jhtml (Stand: 25.10.2014).

239 *PricewaterhouseCoopers/Martin-Luther-Universität Halle-Wittenberg*, Wirtschaftskriminalität und Unternehmenskultur 2013, S. 79, 90.

240 Das Unternehmen hat sich seit Veröffentlichung der Studie im Jahre 2009 von *„RölfsPartner"* in *„Baker Tilly Roelfs"* umbenannt, vgl. http://www.bakertilly.de (Stand: 07.04.2014). Auf der im Internet nach wie vor abrufbaren Studie wird weiterhin *RölfsPartner* neben *Schneider* als Herausgeber genannt, vgl. http://www.bakertilly.de/?id=310 (Stand: 07.04.2014). Deshalb wird als Autor der Studie nicht *„Baker Tilly Roelfs"*, sondern *„RölfsPartner"* genannt.

241 *Göppinger*, Der Täter in seinen sozialen Bezügen, 1983, S. 125–138, 246 ff.; *Bock*, in: *Bock* (Hrsg.), Göppinger, Kriminologie, 6. Aufl. (2008), S. 1 (34). *Göppinger* fasst darunter die Forschung nach Unterscheidungsmerkmalen, anhand derer sich Straffällige und Nichtstraffällige unterscheiden lassen. Nach *Bock*, in: *Bock* (Hrsg.), Göppinger, Kriminologie, 6. Aufl. (2008), S. 1 (34 f.) ist die Aussage, Merkmalsausprägungen seien spezifisch für Straffälligkeit nicht haltbar.

im Sinne des § 74c GVG beziehen soll.[242] Das Bildungsniveau der Täter ist laut der Studie überdurchschnittlich hoch (44 % der Täter haben einen Hochschulabschluss, zwei davon haben promoviert und die anderen untersuchten Personen weisen zumindest eine abgeschlossene Berufsausbildung auf). Die untersuchten Personen seien daher dem Bereich „Top Management Fraud" zuzuordnen. Circa 72 % der untersuchten Personen seien zum Zeitpunkt der Tat „seit geraumer Zeit" verheiratet gewesen.[243]

Die Autoren der Studie haben die Beziehung der untersuchten verurteilten Personen analysiert und in eine der beiden Gruppen – „Gelegenheitssucher" oder „Gelegenheitsergreifer" – unterteilt. Dabei verfolgten sie das Ziel, die beiden idealtypisch verstandenen Begriffe induktiv fortzuentwickeln.[244] Es wird davon ausgegangen, „dass bei der Bewertung einer kriminogenen Situation als ‚günstige' Gelegenheit Differenzen zwischen dem objektiven Entdeckungsrisiko und der subjektiven Wahrnehmung des Entdeckungsrisikos bestehen"[245]. Da langfristige Kosten wie Entdeckung und Sanktionierung nicht einkalkuliert, bagatellisiert oder verdrängt würden, wird nicht von einer Übereinstimmung der untersuchten Personen mit dem homo oeconomicus ausgegangen.[246]

Nach *Schneider* und *RölfsPartner* werden die Probanden neben der Unterteilung nach Tatgelegenheitsfaktoren auch nach „personalen Risikofaktoren" unterschieden.[247] Es werden dabei vier verschiedene Tätertypen gebildet: 1. der „Täter mit einem wirtschaftskriminologischen Belastungssyndrom", 2. der „Krisentäter", 3. der „Abhängige" und 4. der „Unauffällige".[248] Der „Täter mit einem

---

242 Vgl. zu der Begriffsbestimmung von Wirtschaftskriminalität nach § 74c GVG, Kapitel B. II. 2.

243 *RölfsPartner/Universität Leipzig*, Der Wirtschaftsstraftäter in seinen sozialen Bezügen, 2009, S. 8.

244 *RölfsPartner/Universität Leipzig*, Der Wirtschaftsstraftäter in seinen sozialen Bezügen, 2009, S. 9. Die gebildeten Typen ähneln dabei denen von *Weisburd* und *Waring* veröffentlichten „crisis responders" und „opportunity takers", *Weisburd/Waring/Chayet*, (2001), White-Collar Crime and criminal Careers.

245 *RölfsPartner/Universität Leipzig*, Der Wirtschaftsstraftäter in seinen sozialen Bezügen, 2009, S. 10.

246 *RölfsPartner/Universität Leipzig*, Der Wirtschaftsstraftäter in seinen sozialen Bezügen, 2009, S. 10.

247 *RölfsPartner/Universität Leipzig*, Der Wirtschaftsstraftäter in seinen sozialen Bezügen, 2009, S. 10–19.

248 *RölfsPartner/Universität Leipzig*, Der Wirtschaftsstraftäter in seinen sozialen Bezügen, 2009, S. 18 f. Vgl. auch *Schneider/John*, in: *Bannenberg/Jehle Jörg-Martin* (Hrsg.), Wirtschaftskriminalität, 2010, S. 159 (164–167).

wirtschaftskriminologischen Belastungssyndrom" sei ein Gelegenheitssucher, der zudem Gelegenheiten ergreife. Er weise Auffälligkeiten im Leistungsbereich oder eine biographische Umbruchsphase auf und seine Taten würden in der Zeit eines Kontrollvakuums begangen. Zudem sei sein Lebensstil durch „earning & burning money" gekennzeichnet. Bei ihm seien arbeitsplatzbezogene Subkulturen anzunehmen und keine Neutralisierungstechniken vorhanden. Der „Krisentäter" wird ebenfalls als Gelegenheitssucher oder Gelegenheitsergreifer beschrieben. Im Unterschied zum ersten Typus weise dieser jedoch eine kontinuierliche Erwerbsbiographie auf und sei eine aufstiegsorientierte Person. Bei ihm führe ein Ereignis in seiner Karriere oder seinem Privatleben zu anomischem Druck, was ein inadäquates Anspruchsniveau zur Folge habe. Ihm werden außerdem ausgeprägte Neutralisierungsstrategien zugeschrieben[249] und eine hohe Geständnisbereitschaft.[250] Der „Abhängige" wird lediglich als Gelegenheitsergreifer, nicht aber als Gelegenheitssucher charakterisiert. Dieser Typus sei ebenso in arbeitsplatzbezogene Subkulturen involviert wie der „Täter mit einem wirtschaftskriminogenen Belastungssyndrom". Im Gegensatz zum Gelegenheitssucher bestehe beim Gelegenheitsergreifer ein hohes Maß, sich an Weisungen gebunden zu fühlen. Zudem stehe er in Reziprozitätsbeziehungen und fürchte sich vor Repressionen im Falle einer „Gefolgschaftsverweigerung". Der „Typus des Unauffälligen" wird als sozial unauffällig, mit allenfalls kritischen Relevanzbezügen beschrieben, wobei sich seine Tat nur aus einer Tatgelegenheit erkläre.

Für die genannten „vier Risikotypen" wird dabei eine Checkliste für deren Diagnose mit den oben genannten Eigenschaften angeführt.[251] Abschließend sind die Autoren der Ansicht, dass personale Risikofaktoren nicht kumulativ auftreten, sondern in unterschiedlichen Konstellationen und mit unterschiedlichen Ausprägungen. Ausgenommen davon werden „Täter mit einem wirtschaftskriminogenen Belastungssyndrom". Wirtschaftsstraftäter seien zwar überwiegend „latecomer to crime"[252], sie hätten aber unterschiedliche soziale Bezüge, Lebenswege und Präferenzen, die bei der Prävention und Intervention relevant sind.

Schneider und *RölfsPartner* geben mit ihrer Studie Empfehlungen für Unternehmen zur internen Bekämpfung von Mitarbeiterkriminalität, indem sie „eine

---

249 Vgl. zu den Neutralisierungstechniken, Kapitel C. I. 1. b).

250 *RölfsPartner/Universität Leipzig*, Der Wirtschaftsstraftäter in seinen sozialen Bezügen, 2009, S. 18.

251 *RölfsPartner/Universität Leipzig*, Der Wirtschaftsstraftäter in seinen sozialen Bezügen, 2009, S. 18 f.

252 *RölfsPartner/Universität Leipzig*, Der Wirtschaftsstraftäter in seinen sozialen Bezügen, 2009, S. 19.

Reihe von Präventionsätzen" ableiten, die für die Unternehmenspraxis von Bedeutung sein sollen. Diese Präventionsansätze sollen dabei „ergänzt um wenige weitere Bausteine, ein ganzheitliches Anti-Fraud-Management-System" bilden. Für Gelegenheitsergreifer wird die Durchführung von einem Sensibilisierungstraining und von Workshops empfohlen, um die Gesetzeskonflikte zu verdeutlichen. Weiter werden Business Ethics Guidelines mit klar kommunizierten ethischen Werten und ein an diesen Guidelines orientierter „Tone from the Top" als „kognitive Impfung" gegen eine Rechtfertigung der Tat empfohlen. Es sei davon auszugehen, dass man Gelegenheitsergreifer so in einer Frühphase auf dem Weg zur Tatbegehung noch abfangen könne. Auch Hotlines mit Beratungsangeboten würden sich als Präventionsinstrument für diesen Tätertypus anbieten.

Gegenüber dem Gelegenheitsergreifer würde es sich für Unternehmen empfehlen, sich mit „fraud-präventiven Prozessanalysen" hinsichtlich der Risiken doloser Handlungen zu durchleuchten und durch eine angemessene Orientierung des internen Kontrollsystems besser abzusichern. Um personale Risikofaktoren zu erkennen und geeignete Präventionsmaßnahmen hiernach auszurichten, wird etwa das Betrachten der Erwerbsbiographie angeregt, bei deren Diskontinuität ein Risikopotential gesehen werden könne.[253] Für Gelegenheitssucher und „Täter mit wirtschaftskriminologischem Belastungssyndrom" wird empfohlen, „konsequent bei Neueinstellungen, anstehenden Beförderungen und in besonders kritischen Arbeitsbereichen (bspw. Geldtransport, kritische Bereiche des Einkaufs etc.) in festen zeitlichen Abständen ein polizeiliches Führungszeugnis"[254] einzuholen. Bei Gelegenheitssuchern und „Tätern mit wirtschaftskriminologischem Belastungssyndrom" bestehe zudem eine erhöhte Gefahr, dass die bei der Einstellung vorgelegten Bewerbungsunterlagen manipuliert worden seien.

Aggressive Mitarbeiter könnten den Autoren zufolge möglicherweise „Täter mit wirtschaftskriminologischem Belastungssyndrom" sein. Dem dadurch gesehenen Risiko könne mit vermehrter Kontrolle, Sensibilisierungsmaßnahmen oder eben einer angemessenen Berücksichtigung von Prävention im Anreiz- und Vergütungssystem entgegengetreten werden. Beim „Krisentäter" sollen Sensibilisierungsmaßnahmen von Führungskräften erfolgen, Programme zur Verbesserung des Betriebsklimas oder im Verdachtsfall die Versetzung in Bereiche, die

253 *RölfsPartner/Universität Leipzig*, Der Wirtschaftsstraftäter in seinen sozialen Bezügen, 2009, S. 21.

254 *RölfsPartner/Universität Leipzig*, Der Wirtschaftsstraftäter in seinen sozialen Bezügen, S. 22.

für dolose Handlungen weniger anfällig sind oder präventive Wirkung entfalten können.[255]

In Verdachtsfällen wird gegenüber den „Krisentätern", „Abhängigen" und „Unauffälligen", die Gelegenheitsergreifer sind, empfohlen, durch „entschiedene Aufklärungsmaßnahmen" und konsequente, betrieblich transparent kommunizierte Sanktionen bei bekannten Vorfällen eine „Abschreckungswirkung" zu erzielen. Bei Sonderuntersuchungen soll „die Durchführung professioneller forensischer Interviews ein Hauptbestandteil" sein. Die Interviews seien dabei „nach der Maxime der optimalen Informationsgewinnung" und je nach Tätertypus zu gestalten. Den Autoren zufolge sollen forensische Interviews sich zunächst auf die Person fokussieren und „strukturiert auf Erforschung der Beziehung zwischen Täter und Tat und der personalen Risikofaktoren abzielen"[256].

Am Ende der Studie wird auf die Bedeutung eines wirksamen Risiko- und Compliance-Management hingewiesen und ausgeführt, wie sich Compliance-Systeme erfolgreich gestalten und Unternehmensrisiken wirksam minimieren lassen sollen. Hierfür wird die eigene Expertise für eine individuelle Beratung von Unternehmen angeboten. Zum Angebotskatalog gehören dabei Sonderuntersuchungen bei Verdachtsfällen, die Implementierung eines unternehmensweiten Risikomanagements, die Identifikation von Compliance-Risiken und die Prozessoptimierung bis hin zur Verstärkung unternehmensinterner Revisionen.[257]

g) *Zu Motiven der Wirtschaftskriminalität nach* Cleff, Naderer *und* Volkert

Cleff, Naderer und *Volkert* haben eine Typologie von Wirtschaftsstraftätern anhand deren Motivationslage gebildet.[258] Dazu wurden 13 qualitativ-psychologische Interviews mit Wirtschaftsstraftätern aus verschiedenen

255 *RölfsPartner/Universität Leipzig*, Der Wirtschaftsstraftäter in seinen sozialen Bezügen, 2009, S. 22 f.

256 *RölfsPartner/Universität Leipzig*, Der Wirtschaftsstraftäter in seinen sozialen Bezügen, 2009, S. 20–23.

257 *RölfsPartner/Universität Leipzig*, Der Wirtschaftsstraftäter in seinen sozialen Bezügen, 2009, 24 f.

258 Die Ergebnisse der Studie beruhen auf einer in Kooperation mit *PricewaterhouseCoopers* erstellten Studie, vgl. *Cleff/Naderer/Volkert*, MschrKrim 94 (2011), 4. Die Studie wurde bereits im Jahr 2008 als Beitrag der Hochschule Pforzheim und dann 2009 in einem Internetdokument von *PricewaterhouseCoopers* veröffentlicht, vgl. *Cleff/Luppold/Naderer.*, Tätermotivation in der Wirtschaftskriminalität, 2008; *Cleff/Luppold/Naderer et al.*, Wirtschaftskriminalität, 2009.

Vollzugsanstalten durchgeführt, fokussiert auf Betrug, Unterschlagung, Untreue und Korruption sowie auf die Manager- und Geschäftsführungsebene von Unternehmen. Zudem wurden für die Validierung der 13 Interviews die Gerichtsakten von 60 Wirtschaftsstraftätern aus elf deutschen Staatsanwaltschaften systematisch hinsichtlich „für die Tat ausschlaggebenden Motive, charakteristische Persönlichkeitsmerkmale und begünstigende Rahmenbedingungen" analysiert und ausgewertet.[259]

Als Ergebnis der empirischen Untersuchung werden typische Täterprofile vorgestellt, deren Persönlichkeitsstrukturen aufgeführt und in fünf Grundtypen unterteilt. Es wird eine Typologie aus drei verschiedenen Visionären – einem egozentrierten, einem frustrierten und einem narzisstischen – gebildet sowie einem Typen mit einer abhängigen und einem mit einer naiven Persönlichkeitsstruktur. Der Visionär, dessen Lebensschwerpunkt die Verwirklichung von erfolgreichen, bewegenden Visionen ist, wird als sehr intelligent beschrieben.[260]

Der „egozentrierte Visionär" wird als auffallend selbstbewusst, ehrgeizig und zielstrebig charakterisiert, der keine großen Emotionen zeigt. Dieser Typus handle überlegt, kontrolliert und berechnend, mit dem Ziel, für sich vorteilhaft zu agieren. Dafür setze er sich über Gesetze hinweg. Seine Ziele seien materieller Art, zur Finanzierung seines hedonistischen, luxusgeprägten Lifestyles. Er finde in wirtschaftskriminellen Handlungen eine Befriedigung, die jedoch schnell wieder nachlasse, sei aber bereit, hart zu arbeiten. Dieser Typus entspreche am ehesten einem „stereotypen Wirtschaftskriminellen".[261] Der „egozentrierte Visionär" verfolge materielle Ziele und demonstriere seine materielle Unabhängigkeit mit Luxusgütern. Emotional müsse er sich selbst materielle Unabhängigkeit beweisen, anderen gegenüber bleibe er dabei emotional eher unberührt. Über Regeln und Gesetze setze er sich mit Blick auf seine ehrgeizigen Ziele bewusst hinweg, auch um sich seine emotionale Unabhängigkeit zu beweisen.

Der „frustrierte Visionär" wird als erfolgsorientierter „Machertyp" beschrieben, mit großer Intelligenz und einem hohen Bildungsniveau, der aber regelmäßig an den hohen Erwartungen an sich selbst scheitere. Er handle motiviert durch das Bestreben etwas Besonderes zu schaffen, um etwas zu bewegen. Im Gegensatz zum „egozentrierten Visionär" seien seine Visionen ideell und sozial motiviert. Bei der Realisierung seiner Visionen fühle er sich oft missverstanden,

---

259 *Cleff/Naderer/Volkert*, MschrKrim 94 (2011), 4 (5, 8); *Cleff/Luppold/Naderer et al.*, Wirtschaftskriminalität, 2009, S. 22.

260 *Cleff/Naderer/Volkert*, MschrKrim 94 (2011), 4 (9).

261 *Cleff/Naderer/Volkert*, MschrKrim 94 (2011), 4 (9); *Cleff/Luppold/Naderer et al.*, Wirtschaftskriminalität, 2009, S. 25.

nicht ausreichend unterstützt und aufgrund mangelnder Unterstützung frustriert. Er leide infolge seiner Erfolgsorientierung an Realitätsverlust und scheitere an seinen eigenen visionären Ansprüchen. Als unzufriedener Mensch sei dieser Typus regelmäßig mit sich und seinem Umfeld im Unreinen. Der „frustrierte Visionär" lege ebenfalls Wert auf Statussymbole wie Autos, Reisen oder Häuser. Ihm gehe es allerdings nur vordergründig um Luxus und Prestige. Vielmehr wolle er sich und anderen beweisen, dass er etwas Großes, Visionäres schaffen und etwas bewegen könne.[262]

Zwar seien alle Visionärtypen narzisstisch, bei „dem narzisstischen Visionär" sei dies jedoch besonders stark ausgeprägt. Er habe ein übersteigertes Selbstbild in dem er permanent bestätigt werden möchte und dafür auch seine beruflichen Erfolge und finanziellen Ressourcen einsetze. Dabei verkrafte er kaum Niederlagen und fühle sich durch Kritik verärgert und provoziert. Dem „narzisstischen Visionär" gehe es weniger um die nach außen hin sichtbaren Prestigeobjekte als vielmehr um die selbstverliebte, eitle Pflege der eigenen materiellen Unabhängigkeit. Diese verfolge er selbstbewusst, auch mit illegalen Mitteln, mit der für ihn typischen Überzeugung, unverwundbar zu sein. Er sei risikofreudig und sein Verhalten zeige eine gewisse Zockermentalität.

Der Tätertypus des „Abhängigen" wird als stark emotional, von sozialen Beziehungen abhängig beschrieben. Deshalb werde er von sozialen und emotionalen Verlustängsten gequält und lasse sich ohne Widerstand von anderen Menschen manipulieren, auch zu illegalen Handlungen. Der „Abhängige" handle weitgehend fremdbestimmt und verfüge über keine eigenen Ziele und Wertvorstellungen. Vielmehr sei sein eigentliches Ziel, die Anerkennung anderer zu erlangen. Geld oder materielle Sicherheit würden ihm dazu dienen, persönliche Beziehungsstrukturen zu sichern. Mit materiellen Mitteln kämpfe er gegen seine Angst, für ihn wichtige emotionale Beziehungen oder soziale Zuwendung zu verlieren.

Der „Naive" wird beschrieben als ein Täter mit geringem Bildungsgrad und einer einfachen Intelligenzstruktur. Er orientiere sich an von außen vorgegebenen Zielen und Werten, wobei er bestrebt sei, pflichtbewusst und gewissenhaft zu handeln. Zudem sei er zurückhaltend, verschlossen, scheu und leicht überfordert, insbesondere wenn es um komplexere Entscheidungen ginge. Sein Handeln sei unüberlegt, naiv und ausgesprochen leichtgläubig. Ein bewusst illegales Vorgehen könne man ihm kaum unterstellen. Der „Naive" meine emotionale

---

262 *Cleff/Naderer/Volkert*, MschrKrim 94 (2011), 4 (9); *Cleff/Luppold/Naderer et al.*, Wirtschaftskriminalität, 2009, S. 27.

Defizite in erster Linie dadurch beheben zu können, zu versuchen, die an ihn gerichteten Aufträge und Anforderungen zufriedenstellend zu erfüllen und es allen recht zu machen. Er folge dabei tradierten Werten wie dem Verantwortungsbewusstsein gegenüber der Familie und dem eigenen Betrieb, also nicht zuletzt der Fürsorge für andere.[263]

Bei allen Tätertypen dient den Autoren der Studie zufolge Geld nur zur Verwirklichung von Motiven die tiefer liegen, wobei diese Motive je nach Täterprofil variieren. Die Ziele und Motive von Personen, die eine Wirtschaftsstraftat begehen sind demnach nicht materieller Natur. Zudem wird ausgeführt, dass die Beweggründe nicht ausschließlich egoistische seien, sondern „auch sozial motiviert" sein können. Insbesondere bei den Täterprofilen des „Abhängigen" und des „Naiven" stünden soziale Motive und Werte wie Existenzsicherung für sich und andere sowie die emotionale Abhängigkeit von anderen im Vordergrund.[264] Den Autoren der Studie zufolge resultiert aus ihrer Untersuchung, „dass Wirtschaftskriminelle ein äußerst subjektives Rechtsempfinden haben"[265]. Dies sei in der Regel das Ergebnis eines individuellen Neutralisierungs- und Rechtfertigungsprozesses.[266]

Bei allen interviewten Tätern stellten die Autoren eine „Überausprägung in der Dimension Gewissenhaftigkeit"[267] fest. Dies entspricht auch den Ergebnissen der Studie von *Blickle et al.*[268] Die ausgeprägte Gewissenhaftigkeit gehe einher mit dem Willen, ihre Ziele und Visionen zu verwirklichen. Hinzu komme, dass die Arbeit in hohen Positionen oder die selbstständige Tätigkeit ein hohes Maß an Fleiß und Ausdauer erfordere. Die Täter seien darauf konzentriert, ihre Ziele und Visionen in die Realität umzusetzen, entwickelten dabei einen „Tunnelblick" und seien nicht mehr offen für korrigierende Erfahrungen und Eindrücke von außen. Darüber hinaus seien die Täter in ihren individuellen Motiven und Wertvorstellungen sehr verhaftet und würden daher auch eine geringe Flexibilität gegenüber Neuem zeigen.[269]

---

263 *Cleff/Naderer/Volkert*, MschrKrim 94 (2011), 4 (9); *Cleff/Luppold/Naderer et al.*, Wirtschaftskriminalität, 2009, S. 26 f.

264 *Cleff/Luppold/Naderer et al.*, Wirtschaftskriminalität, 2009, S. 27.

265 *Cleff/Luppold/Naderer et al.*, Wirtschaftskriminalität, 2009, S. 29.

266 *Cleff/Luppold/Naderer et al.*, Wirtschaftskriminalität, 2009, S. 29. Vgl. zu den Neutralisierungstechniken, Kapitel C. I. 1. b).

267 *Cleff/Luppold/Naderer et al.*, Tätermotivation in der Wirtschaftskriminalität, 2008, S. 34.

268 Vgl. dazu Kapitel C. I. 2. b).

269 *Cleff/Luppold/Naderer et al.*, Wirtschaftskriminalität, 2009, S. 35.

Die gebildeten Tätertypen haben die Autoren anhand der Aktenanalyse überprüft. Bis auf den „narzisstischen Visionär" sehen sie ihre Typologie bestätigt. Den Grund dafür, dass die Aktenanalyse den „narzisstischen Visionär" nicht bestätigte, vermuten die Autoren im Fehlen einer operationalisierten Entscheidungsvariable „Narzissmus". Damit geht einher, dass dieser „Straftätertypus" empirisch nicht ausdifferenziert werden kann.[270]

Neben täterspezifischen Motivationen soll eine gewisse Branchenabhängigkeit für die Entstehung von Wirtschaftskriminalität maßgeblich sein. Vor allem böten Branchen mit einem hohen finanziellen Transaktionsvolumen, wie die Immobilienbranche und finanznahe Branchen, häufig Tatgelegenheiten und seien daher besonders gefährdet. Aber auch die Unübersichtlichkeit von Unternehmen und veraltete sowie starre Unternehmens- und Organisationsstrukturen würden dem „narzisstischen" und dem „frustrierten Visionär" die Entstehung von Wirtschaftskriminalität begünstigen.[271]

Als Ziel der von *Cleff*, *Naderer* und *Volkert* publizierten Studie wird die Prävention und Bekämpfung von Wirtschaftskriminalität angegeben. Diesem Zweck sollen die von ihnen gebildeten Tätertypen dienen, da Präventionsmaßnahmen nicht auf alle Tätertypen in gleicher Weise ihre Wirkung entfalten würden.[272] In den Mittelpunkt der Bekämpfung von Wirtschaftskriminalität stellen die Autoren die Kommunikation von Werten innerhalb eines Unternehmens. Die Dokumentation von Integritätszielen in Unternehmensrichtlinien soll zumindest für einige der gebildeten Täterprofile mögliche Rechtfertigungsstrategien erschweren.[273]

Da insbesondere der Tätertypus des „Naiven" sein Handeln stark an expliziten und von anderen festgelegten Zielen und Werten ausrichte, böten solche Maßnahmen dieser Tätergruppe eine erste Orientierung. Ähnliche Wirkungen würden sich bei den „Abhängigen" zeigen, da bei diesen die Bereitschaft zur Unterstützung kriminellen Verhaltens ihrer Bezugspersonen sinke, weil ihnen der Konflikt zwischen den Erwartungen krimineller Subkulturen und der unmissverständlich kommunizierten Unternehmensposition sehr deutlich werde. Auch dem „frustrierten Visionär" könne man glaubhaft signalisieren, dass kriminelles Verhalten den Unternehmenszielen eindeutig widerspreche. Da sich diese Straftätergruppe grundsätzlich dem Unternehmen verpflichtet fühle, würde sie

270 *Cleff/Naderer/Volkert*, MschrKrim 94 (2011), 4 (10 ff.); *Cleff/Luppold/Naderer et al.*, Wirtschaftskriminalität, 2009, S. 39.

271 *Cleff/Luppold/Naderer et al.*, Wirtschaftskriminalität, 2009, 30 f.

272 *Cleff/Naderer/Volkert*, MschrKrim 94 (2011), 4 (12, 14).

273 *Cleff/Luppold/Naderer et al.*, Wirtschaftskriminalität, 2009, S. 42.

wirtschaftskriminelle Alternativen seltener in Erwägung ziehen. Weniger erfolgsversprechend sei ein klares Bekenntnis zur Integrität dagegen bei „egozentrierten" und „narzisstischen Visionären", da beide sich dem Unternehmen wenig verbunden fühlen und sich primär an eigenen Zielen orientieren würden.[274]

Dies soll allerdings nur bei den Typen des „Naiven", des „Abhängigen" und des „frustrierten Visionärs" wirken. Beim „egozentrierten" und „narzisstischen Visionär" sei ein klares Integritätsbekenntnis hingegen weniger erfolgsversprechend. Eine zusätzliche Akzeptanz für Unternehmensrichtlinien werde bei der „Tätergruppe der Visionäre"[275] gewonnen, würden diese in deren Gestaltungsprozess mit einbezogen. Hingegen seien beim Typus des „Abhängigen", aber auch nur bei diesem, besonders sogenannte Hinweisgebersysteme wirkungsvoll. Lediglich für einen Teil der Täterprofile wird die Verhinderung von Tatgelegenheiten durch Kontrollen oder funktionierende Berichtswesen empfohlen.[276] Als Schlussfolgerung der Studie werden für eine optimale Wirtschaftskriminalitätsprävention „geeignete Rahmenbedingungen des Compliance-Managements"[277] empfohlen, welche „dem Gesamtspektrum unterschiedlicher Mitarbeitertypen Rechnung" [278] tragen. Orientiert an den Untersuchungsergebnissen hinsichtlich der unterschiedlichen Täterprofile sollen Kontrollen und Compliance-Maßnahmen eingesetzt werden, ergänzt durch ein „umfassendes Ethik- und Wertemanagement"[279].

h) *„Normalpopulation" und „Wirtschaftskriminelle" nach* Schlegel

Schlegel untersucht in seiner Studie neben der Wertehaltung auch die Kontrollüberzeugung von Wirtschaftsdelinquenten und einzelne soziodemographische Daten. Neben den von *Schlegel* gezielt erfassten Variablen Werteeinstellung und Kontrollüberzeugung, wurden auch Persönlichkeitseigenschaften wie Narzissmus und Gewissenhaftigkeit gemessen.[280] Im Rahmen der Studie werden die Persönlichkeitseigenschaften und die Wertehaltungen von über 102 verurteilten Wirtschaftsstraftätern in 14 deutschen Justizvollzugsanstalten untersucht.

274 *Cleff/Naderer/Volkert*, MschrKrim 94 (2011), 4 (12 ff.).
275 *Cleff/Naderer/Volkert*, MschrKrim 94 (2011), 4 (13).
276 *Cleff/Naderer/Volkert*, MschrKrim 94 (2011), 4 (12 ff.).
277 *Cleff/Naderer/Volkert*, MschrKrim 94 (2011), 4 (15).
278 *Cleff/Naderer/Volkert*, MschrKrim 94 (2011), 4 (15).
279 *Cleff/Naderer/Volkert*, MschrKrim 94 (2011), 4 (15)
280 *Schlegel*, in: *Schlegel* (Hrsg.), Wirtschaftskriminalität und Werte, 2003, S. 113 (115 ff.).

Schlegel bezeichnet die einbezogenen verurteilten Personen als „Wirtschaftskriminelle“ und die Vergleichsgruppe von 88 Personen als „Normalpopulation“.[281]

Die ausgewählten 102 Wirtschaftsstraftäter sind zwischen 25 und 64 Jahre alt (der Mittelwert betrug 44 Jahre), davon waren neun Frauen, und das letzte Brutto Jahresgehalt vor der Verurteilung betrug zwischen 19.000,- und 1.500.000,- DM. Hinsichtlich der „Normalpopulation“ als Kontrollgruppe nahmen überwiegend männliche Personen in vergleichbaren beruflichen Positionen und Altersschichten an der Studie teil.[282] Die allgemeine Forschungshypothese der Studie lautet, dass sich „Wirtschaftskriminelle“ in den Variablen „Wertehaltungen“, „Gewissenhaftigkeit“, „Narzissmus“ und „günstige Gelegenheit“ von der Vergleichsstichprobe unterscheiden lassen.[283]

Schlegel gibt an, in seiner Studie zu „Wirtschaftskriminalität und Wertehaltungen“ signifikante Unterschiede zwischen einer „Normalpopulation“ und „Wirtschaftskriminellen“ gemessen zu haben.[284] Demzufolge haben „Wirtschaftskriminelle“ höhere Werte in „Power“, „Achievement“, „Hedonism“, „Conformity“, „Security“ und „Benevolence“. Keine Unterschiede würden bei der Wertehaltung bezüglich „Stimulation“, „Self-Derection“, „Tradition“ und „Universalism“ bestehen. Die internale Kontrollüberzeugung sei bei beiden Kontrollgruppen vorhanden, jedoch bei den „Wirtschaftskriminellen“ stärker ausgeprägt. Bei „Wirtschaftskriminellen“ seien höhere Narzissmus-Werte gemessen worden. Gewissenhaftigkeit sei bei beiden Gruppen gleich ausgeprägt gewesen, wobei die Haftdauer zu einer Erhöhung der Gewissenhaftigkeit geführt haben soll. Bei günstigen Gelegenheiten habe sich kein Effekt messen lassen. Eine Neigung der „Normalpopulation“ zu delinquenten Verhaltensweisen soll sogar stärker ausgeprägt gewesen sein, als bei „Wirtschaftskriminellen“. Wirtschaftsstraftäter würden zudem stark zu einem sozial erwünschten Antwortverhalten neigen.[285]

---

281 *Schlegel*, in: *Schlegel* (Hrsg.), Wirtschaftskriminalität und Werte, 2003, S. 113 (113, 145).

282 *Schlegel*, in: *Schlegel* (Hrsg.), Wirtschaftskriminalität und Werte, 2003, S. 113 (141, 144).

283 Dieser allgemeinen Forschungshypothese wurden „operationale Hypothesen nachgeordnet, die Ergebnisse nach Vorgaben der allgemeinen Forschungshypothese prognostizieren“, vgl. *Schlegel*, in: *Schlegel* (Hrsg.), Wirtschaftskriminalität und Werte, 2003, S. 113 (131 f.).

284 Er spricht expressis verbis von „der Person des Wirtschaftskriminellen“ und „der Persönlichkeit von Wirtschaftskriminellen“. *Schlegel*, in: *Schlegel* (Hrsg.), Wirtschaftskriminalität und Werte, 2003, S. 113 (114).

285 *Schlegel*, in: *Schlegel* (Hrsg.), Wirtschaftskriminalität und Werte, 2003, S. 113 (181). Die einzelnen genannten Konstrukte „Conformity“ und „Security“ werden dabei

Schlegel möchte die Ergebnisse seiner Studie ebenfalls für die Prävention von Wirtschaftsdelinquenz im Bereich Personalauswahl und Personalentwicklung verstanden wissen. Mit den Ergebnissen könne man so „Anregungen für effiziente Prävention von Wirtschaftskriminalität" gewinnen. Nach *Schlegel* ist eine Personalauswahl, mit der zum einen potentielle Wirtschaftskriminelle und zum anderen optimal zum Unternehmen passende Personen identifiziert werden können, nicht nur interessant und neu, sondern auch aus ökonomischen Gesichtspunkten effizient. Es würden Mitarbeiter eingestellt, bei denen die Wahrscheinlichkeit, wirtschaftskriminell zu werden im Vergleich zu „normalen" Personalauswahlverfahren stark reduziert sei und die aufgrund einer größeren Bindung an das Unternehmen motivierter sowie effizienter arbeiten würden.[286]

Aus den eigenen Ergebnissen hat *Schlegel* dafür zusammen mit *Schwarte* ein „Konzept der Prävention und Nachsorge von Wirtschaftsdelinquenz im Unternehmen auf Basis eines Wertemanagements" entwickelt.[287] Damit solle neben dem „Management von Werten" auch ein „Management des Risikofaktors Wirtschaftskriminalität"[288] ermöglicht werden. Als Maßnahme wird empfohlen, im Unternehmen Werte zu erfragen und zu kommunizieren sowie entweder Sicherheit bezüglich einer bestehenden Wertestruktur zu bestärken oder gegebenenfalls Wege zur Veränderung der Wertestruktur einzuleiten. Im Laufe des Veränderungsprozesses solle durch unmittelbare emotionale Erfahrungen, etwa im Rollenspiel, Emotionen aktiviert und – neben der kognitiven Ebene – als zusätzliche Informationsebene genutzt werden.[289] Weiter werden etwa auch Corporate Identity Workshops und eine kontinuierliche Befragung der Mitarbeiter empfohlen. Es gelte eine Unternehmenskultur zu gestalten, in der ein „Klima der Legalität" herrsche. Damit sei gemeint, dass es von den Kollegen wie auch Vorgesetzten nicht geschätzt werden solle, wenn ein oder mehrere Mitarbeiter

---

definiert und eine Vielzahl von Werten operationalisiert. Vgl. *Schlegel*, in: *Schlegel* (Hrsg.), Wirtschaftskriminalität und Werte, 2003, S. 113 (163).

286 *Schlegel/Schwarte*, in: *Schlegel* (Hrsg.), Wirtschaftskriminalität und Werte, 2003, S. 177 (215 ff.).

287 *Schlegel/Schwarte*, in: *Schlegel* (Hrsg.), Wirtschaftskriminalität und Werte, 2003, S. 177 (177).

288 *Schlegel/Schwarte*, in: *Schlegel* (Hrsg.), Wirtschaftskriminalität und Werte, 2003, S. 177 (177).

289 *Schlegel*, in: *Schlegel* (Hrsg.), Wirtschaftskriminalität und Werte, 2003, S. 113 (180 f.). Es wird eine Vielzahl von weiteren Empfehlungen abgegeben, deren praktische Umsetzung mit anschaulichen Beispielen angeregt wird, vgl. *Schlegel*, in: *Schlegel* (Hrsg.), Wirtschaftskriminalität und Werte, 2003, S. 113 (182 f.).

gemeinsam illegal, wirtschaftskriminell handeln würden. Die Corporate Identity soll eine klare Absage an solche Verhaltensweisen enthalten, wie auch immer deren Motivhintergrund sei. Das entsprechende Rollenbild des Mitarbeiters im Unternehmen dürfe mit solchem Verhalten keinesfalls konform gehen oder es auch nur als tolerierbar erachten.[290]

Da Werte einen weiten Interpretationsspielraum für konkretes Verhalten lassen können, sei auf Basis des Wertekodex ein Corporate Code of Conduct zu entwickeln, der eine Übersetzung der unternehmensintern geteilten Werte in konkrete Verhaltensnormen leiste. Der Corporate Code of Conduct wird mit Compliance-Ansätzen verglichen. Beim Personalauswahlprozess seien Werte als identitätskonstituierende Merkmale nicht zu vernachlässigen und insbesondere darauf zu achten, ob sich Hinweise finden lassen, die einen Bezug zum Corporate Code of Conduct aufweisen.[291]

3. Ergebnisse

Die vorangegangenen Ausführungen haben ergeben, dass der white-collar criminal nach *Sutherland* keine Bestimmung eines Wirtschaftsstraftätertypus darstellt, sondern vielmehr ein Produkt von Lernprozessen ist. *Sutherland* erstrebte hiermit folglich keine Personenindividualisierung, vielmehr lenkte er den Blick darauf, dass Kriminalität auch in den sozialen Oberschichten ein Phänomen ist. Die ausgewählten konzeptionellen und empirischen Studien sind mit Ausnahme der von *Sutherland* allesamt auf die Bestimmung typischer Wirtschaftsstraftäter ausgerichtet.

Die konzeptionellen Studien basieren auf ökonomischen Handlungstheorien und leiten daraus Wirtschaftsstraftätertypologien mit unterschiedlichen Tätertypen ab. Diese werden maßgeblich hinsichtlich der Motivationen (risk-seeker, extrinsisch oder intrinsisch handelnde Tätertypen) für die Begehung einer Wirtschaftsstraftat unterschieden und danach, wer als primärer Nutznießer der Straftat erscheint.

Bei den empirischen Studien werden neben den Motivationen zudem Sozialdaten (Durchschnittsalter von 40 Jahren, eine Unternehmenszugehörigkeit über mehrere Jahre sowie ein hoher Bildungsgrad, das Innehaben von Führungspositionen, der Status „verheiratet“ und bei Untersuchungen in deutschen Unternehmen, die deutsche Staatsangehörigkeit), Persönlichkeitseigenschaften

290 *Schlegel*, in: *Schlegel* (Hrsg.), Wirtschaftskriminalität und Werte, 2003, S. 113 (184 f., 208).

291 *Schlegel*, in: *Schlegel* (Hrsg.), Wirtschaftskriminalität und Werte, 2003, S. 113 (186 ff.).

(extrovertiert, narzisstisch, hedonistisch, egozentrisch oder neurotisch) oder Werteeinstellung (Konformität, Gewissenhaftigkeit) als typisch herauskristallisiert.

Dabei kommen die empirischen Studien auch zu teils gegensätzlichen Ergebnissen. So gehen etwa *Collins* und *Schmidt* von einer fehlenden Gewissenhaftigkeit aus, während nach der Studie von *Blickle et al.* die Gewissenhaftigkeit bei typischen Wirtschaftsstraftätern besonders stark ausgeprägt sein soll. Beide Studien kommen darüber hinaus jedoch zu vergleichbaren Ergebnissen, die zunächst für eine klare Unterscheidbarkeit zwischen Wirtschaftsstraftätern und Nicht-Wirtschaftsstraftätern maßgeblich anhand von Persönlichkeitseigenschaften sprechen. Aufgrund des Ziels, dass basierend auf den gewonnenen Erkenntnissen Wirtschaftsstraftäter bestimmt werden können, sind die Untersuchungen von *Collins* und *Schmidt* sowie von *Blickle et al.* als realtypisch einzuordnen.

Bannenberg betrachtet Wirtschaftsstraftäter aus struktureller Perspektive, wobei sie trotz des strukturellen Fokus eine Beschreibung von Tätertypen vornimmt, die als solche losgelöst von dieser Strukturanalyse ist. Ob ihre Tätertypologie realtypisch oder idealtypisch ausgerichtet ist, kann nicht abschließend beurteilt werden.

Für eine realtypische Bestimmung spricht, dass die Täterzuschreibungen auf empirischen Daten basiert und die Informationen zur Kriminalprävention genutzt werden sollen. Für eine idealtypische Bestimmung spricht hingegen, dass die Tätertypen als überzeichnete Konstrukte dargestellt werden, die mit der Fülle der aufgezeigten Merkmale kaum in der Realität als Reinform vorkommen werden.

Die Studie zu „global profiles of the fraudster“ von *KPMG* und die Studie von *PricewaterhouseCoopers* bestimmen den typischen Wirtschaftsstraftäter maßgeblich anhand von prozentualen Durschnittwerten. Da die Studie von *KPMG* die Profilbeschreibung eines Wirtschaftsstraftäters zudem anhand einer Vielzahl von Einzelfallbeschreibungen vornimmt, ist diese idealtypisch, die Studie von *PricewaterhouseCoopers* hingegen realtypisch, aufgrund der bloßen Bezugnahme auf statistische Daten.

Schneider und *RölfsPartner* nehmen mit ihrer Tätertypologie auf empirische Daten Bezug und zeichnen davon ausgehend idealtypische Bilder von Wirtschaftsstraftätertypen. Gleichzeitig geben sie mit der Studie eine Checkliste heraus, anhand derer sich ein Wirtschaftsstraftäter realtypisch erkennen lassen soll. *Cleff*, *Naderer* und *Volkert* bestimmen ihre Wirtschaftsstraftätertypologie maßgeblich anhand von Persönlichkeitseigenschaften und Motiven beziehungsweise Werten, deren Ergebnisse ein realtypisches Bild wiedergeben sollen. *Schlegel* geht von einer klaren, realtypischen Unterscheidungsmöglichkeit zwischen

„Wirtschaftskriminellen" und der „Normalpopulation" anhand von Persönlichkeitseigenschaften und Werteeinstellungen aus, die mit entsprechenden Testverfahren gemessen werden können. Die Charakterisierung der untersuchten Studien zu typischen Wirtschaftsstraftätern erfolgt somit teilweise idealtypisch, teilweise auch realtypisch. Während die konzeptionellen Studien theoriebasierte Typologien bilden, konzentrieren sich die empirischen Studien auf die empirische Fundierung der Tätertypenbestimmung.

Charakterisierungen von Tätertypen durch Motivationen überschneiden sich mit in anderen Studien als Persönlichkeitseigenschaften oder Werteeinstellung bezeichneten Merkmalen. Da Motivationen durch Werteeinstellungen geprägt werden und damit untrennbar mit diesen verknüpft sind, werden für die weitergehende Untersuchung deshalb die Motive dem Kriterium der Werteeinstellung zugeordnet. Die Motive werden dabei als spezielle Bewertungsdispositionen angesehen und bei Werthaltungen wird stets von der Implikation bestimmter Motive ausgegangen.[292] Aufgrund des Umstandes, dass es für die phänomenologische Untersuchung nicht auf die einzelnen Merkmale von Werten oder den sich aus Werten zusammensetzenden Motiven ankommt, sondern vielmehr auf die Tatsache, dass hierauf basierend eine Unterscheidung zwischen Wirtschaftsstraftätertypen und Nicht-Wirtschaftsstraftätertypen ermöglicht werden soll, ist diese Zusammenfassung für die nachfolgende Untersuchung gerechtfertigt.

Eine tabellarische Zusammenschau (Tabelle 1) der dargestellten Publikationen zeigt demnach, anhand welcher Kriterien die wirtschaftskriminologische Tätertypenbestimmung erfolgt:

Tabelle 1: Kriterien der einzelnen Studien für die Bestimmung von Wirtschaftsstraftätertypen

Studie	**Kriterien für die Bestimmung von Wirtschaftsstraftätertypen**		
	Sozialdaten	**Persönlichkeitseigenschaften**	**Werteeinstellung/ Motive**
Wheeler	–	+	+
Becker/Holzmann	–	+	+
Collins/Schmidt	–	+	+
Blickle et al.	–	+	+
Bannenberg	+	+	+

292 Vgl. *Asendorpf*, 4. Aufl. (2007), Psychologie der Persönlichkeit, S. 249.

Studie	Kriterien für die Bestimmung von Wirtschaftsstraftätertypen		
	Sozialdaten	Persönlichkeits-eigenschaften	Werteeinstellung/ Motive
KPMG	+	+	+
PWC	+	+	–
RölfsPartner/Schneider	+	+	–
Cleff/Naderer/Volkert	–	+	+
Schlegel	+	+	+
Gesamt	**5**	**10**	**8**

Die tabellarische Zusammenfassung verdeutlicht, dass die wirtschaftskriminologische Tätertypenbestimmung überwiegend auf den Persönlichkeitseigenschaften beruht, aber die Werteeinstellungen und Motive eine fast ebenso große Rolle bei der Tätertypologisierung spielen. Die vergleichsweise geringe Ausprägung von Sozialdaten erklärt sich durch die Fokussierung der Auswahl auf Studien, die nicht nur Sozialdaten, sondern auch weitere Kriterien für die Tätertypenbestimmung vorweisen.[293]

Die Studien zeigen zudem, dass es im Bereich der Wirtschaftskriminalität verbreitet ist, die Ursachen für eine Tatbegehung bei der Person des Täters und insbesondere in dessen Persönlichkeit zu suchen. Auch wenn in einigen Studien neben der täterzentrierten Typenbildung weitere Merkmale wie situative Umstände beleuchtet werden, ist dies vernachlässigbar, da es nicht den Schwerpunkt der personalen Ursachenforschung verschiebt. Gewissermaßen findet also mit den Studien zu typischen Wirtschaftsstraftätern und der damit verbundenen Konzentrierung auf Persönlichkeitseigenschaften eine Komplexitätsreduktion der Wirtschaftskriminalität auf personale Ursachen statt. Denn alle der dargestellten Studien gehen von der Prämisse aus, dass eine signifikante Unterscheidung zwischen Wirtschaftsstraftätern und sonstigen Personen in vergleichbaren beruflichen Positionen möglich ist, auch wenn die Ergebnisse voneinander abweichen. Kritisch hinsichtlich der Aussagekraft einer solchen Differenzierung aufgrund von methodischer Schwierigkeiten äußern sich lediglich *Collins* und *Schmidt* sowie *Blickle et al.*

Als Zielsetzung der Studien wird maßgeblich die Identifizierung von typischen Wirtschaftsstraftätern angegeben, um so Wirtschaftskriminalität

293 Vgl. zur Begründung für diese Auswahl, Kapitel C. I.

entgegenzuwirken. Dabei können die gebildeten Tätertypen nicht nur hinsichtlich kriminalpräventiven oder -repressiven Einwirkungsmöglichkeiten unterschieden werden, sondern auch dahingehend, ob diese sich auf Betriebs- oder Unternehmenskriminalität richten.

Die mit den Studien zu wirtschaftskriminologischen Tätertypen teilweise ausführlich angegebenen Zielsetzungen und Handlungsempfehlungen werden im nachfolgenden Abschnitt kategorisiert und analysiert. In diesem Zusammenhang wird auch untersucht, ob mit der Tätertypenbestimmung möglicherweise über die angegebenen Zielsetzungen hinaus Motive verfolgt werden.

II. Vergleich der Wirtschaftsstraftätertypenbildung

Nach der Darstellung der ausgewählten konzeptionellen und empirischen Studien zu Wirtschaftsstraftätertypen werden diese hinsichtlich ihrer Zielsetzungen und den dahinterstehenden Motiven nach festgelegten Kategorien untersucht. Die Kategorisierung der Zielvorgaben soll es ermöglichen, in dem an diesen Abschnitt anschließenden Kapitel deren Eignung zur sozialen Kontrolle von Wirtschaftskriminalität mittels Tätertypen zu überprüfen.

Die Untersuchung der Zielsetzungen richtet sich nach der Untersuchungsfrage, inwiefern Wirtschaftsstraftätertypologien als Instrument sozialer Kontrolle fungieren. Für die Beantwortung der Untersuchungsfrage ist es von Bedeutung, zu wissen, welchen Zweck die Studien zu Wirtschaftsstraftätertypen verfolgen. Dafür wird zunächst darauf eingegangen, welche der Studien mit der Tätertypenbildung soziale Kontrolle ausüben möchte. Als Unterscheidungskriterium wird zwischen anwendungsbezogenen sowie rein wissenschaftlichen Studien differenziert und untersucht, ob die Studien auf eine präventive oder repressive Unterbindung von Wirtschaftskriminalität ausgerichtet sind.

Da zur Definition von Wirtschaftskriminalität maßgeblich zwischen Betriebs- und Unternehmenskriminalität unterschieden wird,[294] ist es von großem Interesse, welche Art von Kriminalität die Studien anstreben zu kontrollieren. Untersucht wird daher zudem, ob die Studien auf die Kontrolle von Betriebs- oder Unternehmenskriminalität zielen. Schließlich wird darauf eingegangen, ob neben den angegebenen Zielsetzungen noch weitere Motive die verbreitete Forschung zu Wirtschaftsstraftätertypen erklären. Durch einen Vergleich der Studien soll die Ausrichtung der wirtschaftskriminologischen Tätertypenbestimmung und die diesbezüglich bestehenden Übereinstimmungen oder Divergenzen festgestellt werden.

1. Zielsetzungen der Studien zur wirtschaftskriminologischen Tätertypenbestimmung

Die einzelnen Studien werden hinsichtlich ihres Bezugs zur sozialen Kontrolle analysiert, indem der Frage nachgegangen wird, ob die jeweilige Tätertypenbildung auf die soziale Kontrolle zielt und wenn ja, welche Art sozialer Kontrolle angestrebt wird. Dazu werden die Studien den Kategorien „anwendungsbezogen" oder „rein wissenschaftlich", „präventiv legitimiert" oder „repressiv" sowie „Betriebskriminalität" oder „Unternehmenskriminalität" zugeordnet.

294 Siehe Kapitel B. II. 2.

a) *Differenzierung zwischen anwendungsbezogenen und rein wissenschaftlichen Studien mit präventiver oder repressiver Ausrichtung*

Der Anwendungsbezug einer Studie zu Wirtschaftsstraftätertypenbildung ergibt sich grundsätzlich aus dem Umstand, dass Empfehlungen darüber abgegeben werden, welche Maßnahmen von Unternehmen zur Unterbindung von Wirtschaftskriminalität getroffen werden sollen. Ein Anwendungsbezug liegt somit vor, wenn die Studie mit der Tätertypenbestimmung Handlungsratschläge für Unternehmen gibt, wie diese gegen Wirtschaftskriminalität vorzugehen haben. Ein Anwendungsbezug ist auch gegeben, wenn die Studien darauf abzielen, Ergebnisse für die Nutzung im Rahmen von Persönlichkeitstests zu gewinnen, ohne dass konkrete Empfehlungen für den Einzelfall abgegeben werden. Bereits hier ist durch die Ausrichtung der Ergebnisse zur Tätertypenbestimmung in der Praxis von einem Anwendungsbezug auszugehen. Als rein wissenschaftlich ist demgegenüber eine Studie anzusehen, wenn mit ihr über das wissenschaftliche Erkenntnisinteresse hinaus keine Intentionen verfolgt werden. Eine Studie ist demnach als rein wissenschaftlich zu bestimmen, wenn sie ausschließlich auf die Gewinnung von Erkenntnissen über die Person des Wirtschaftsstraftäters gerichtet ist, ohne hiervon Empfehlungen für die Praxis im Umgang mit Wirtschaftskriminalität ableiten zu wollen.

Die Unterscheidung zwischen den Kategorien „anwendungsbezogen" und „rein wissenschaftlichen Studien" bedeutet nicht, dass die anwendungsbezogenen Studien keine wissenschaftlichen Erkenntnisse vermitteln können. Der wissenschaftliche Ertrag richtet sich allein nach der Qualität der Studie. Die Kategorisierung soll vielmehr aufzeigen, welche der Studien einen konkreten Bezug zur sozialen Kontrolle aufweisen, in Abgrenzung zu denen, die zunächst keinen Anwendungsbezug aufweisen, also rein wissenschaftlich ausgerichtet sind.

Bei den anwendungsbezogenen Studien wird darüber hinaus unterschieden, ob diese repressiv oder präventiv ausgerichtet sind. Für die Bedeutung der präventiven und repressiven Kriminalitätskontrolle wird auf die Ausführungen bei der Begriffsbestimmung der sozialen Kontrolle verwiesen.[295]

Wheelers Motivationstypen wirtschaftskrimineller Verhaltens sind idealtypische Tätertypisierungen, die wissenschaftlich auf die Erklärung der Ursachen von Wirtschaftskriminalität gerichtet sind.[296] *Wheeler* legt in seiner theoriebasierten

295 Siehe Kapitel B. II. 3.

296 Vgl. *Wheeler*, in: *Schlegel/Weisburd* (Hrsg.), White-Collar Crime Reconsidered, 1992, S. 108 (108 f.).

Studie sein rein wissenschaftliches Erkenntnisinteresse dar. Eine Anwendungsbezogenheit durch konkrete Präventionsempfehlungen mittels der gebildeten Motivationstypen wie den „risk-seekers" besteht nicht.

Die von *Becker* und *Holzmann* durchgeführte Studie zur Bestimmung vier idealtypischer Wirtschaftsstraftäter nach intrinsischen oder extrinsischen Motivationen, gegen oder für die Interessen des Unternehmens, verfolgt das Ziel der Prävention von Wirtschaftskriminalität.[297] Um diese Prävention zu erreichen, wird auf Corporate-Compliance verwiesen. Die Untersuchung von Tätertypen anhand von Managementtheorien ist wegen der privatwirtschaftlichen Empfehlungen anwendungsorientiert, mit einer präventiven Zielsetzung einzuordnen.

Die Einteilung von Wirtschaftsstraftätertypen nach *Becker* und *Holzmann* unterscheidet idealtypisch nach der Motivation der Täter. Es wird die Rolle von Wirtschaftsunternehmen bei der Sanktionierung von strafrechtlich relevanten Handlungen betont. Zwar wird dafür plädiert, dass auch Unternehmen legitimiert sein sollen, auf Straftaten ihrer Mitarbeiter zu reagieren. Allerdings wird eine Zurückhaltung bei repressiven Maßnahmen empfohlen und die Möglichkeit einer strafbefreienden Selbstanzeige im Unternehmen gefordert. Es findet dabei eine Gewichtung der Handlungsempfehlungen bei Wirtschaftskriminalität zugunsten von präventiven Maßnahmen statt. Aus der Empfehlung ergibt sich die privatwirtschaftliche Anwendungsbezogenheit der Studie.

Die Studie von *Collins* und *Schmidt* zielt auf die Ausarbeitung von Persönlichkeitstests zur Individualisierung (potentieller) Wirtschaftsstraftäter ab. Hieraus folgt, dass die Wirtschaftsstraftätern zugeschriebenen Persönlichkeitseigenschaften präventiv legitimiert zu verstehen sind. Auch wenn keine genauen Adressaten genannt werden, denen die Ergebnisse der Studie zugutekommen sollen, sind die Ergebnisse zur Bestimmung von Wirtschaftsstraftätern der Natur der Sache nach zumindest auch für die von Wirtschaftskriminalität bedrohten Wirtschaftsunternehmen von Interesse. Es wird eine genauere Untersuchung der Hypothesen der Studie mit einer größeren Fallzahl angeregt. Der Charakter der Studie ist daher sowohl von aktuellem Praxisinteresse als auch von wissenschaftlichem Erkenntnisinteresse geleitet. Dies zeigt auch die ausführliche Erörterung des methodischen Vorgehens der Autoren, die zudem ihre Ergebnisse selbst hinterfragen und hinsichtlich deren methodischen Aussagekraft kritisch einschätzen. Wegen der Zielsetzung, Wirtschaftsstraftäter anhand von Persönlichkeitstests zu individualisieren, besteht ein privatwirtschaftlicher Bezug, der zur sozialen Kontrolle mit Persönlichkeitstests im Sinne der

297 *Becker/Holzmann*, zfwu 12 (2011), 354 (354 f., 359, 371 f., 373).

Selbstführungstechniken anregt. Aufgrund des Ziels, die Ergebnisse für Persönlichkeitstests zu gewinnen, ist darüber hinaus von einem Anwendungsbezug auszugehen. Auch die ähnlich durchgeführte Studie von *Blickle et al.* hat die realtypische Bestimmung von präventiv legitimierten Wirtschaftsstraftätern zum Ziel und ist privatwirtschaftlich ausgerichtet.

Die Studie von *Bannenberg* hat nur einen Ausschnitt von Wirtschaftskriminalität zum Gegenstand, nämlich die Korruptionsdelikte. Die Anwendungsbezogenheit der Untersuchung geht bereits aus dem Titel der Untersuchung von *Bannenberg* hervor, der auf „Korruption in Deutschland und ihre strafrechtliche Kontrolle" gerichtet ist. Hieraus kann sogleich der Schwerpunkt der Zielrichtung abgelesen werden: die formelle soziale Kontrolle. Hierin unterscheidet sich die Studie im Vergleich zum Großteil der sonst betrachteten anwendungsbezogenen Studien, die sich auf Maßnahmen im Bereich der informellen privatwirtschaftlichen sozialen Kontrolle konzentrieren. Die Untersuchung erfolgt mit der Zielvorgabe, aus Täterpersönlichkeiten Schlussfolgerungen auf Rechtsgrundlagen, Reformbedarf und insbesondere praktische Defizite bei der Strafverfolgung und der Kontrollstrukturen von Verwaltung und Unternehmen zu gewinnen. Dies sind sowohl privatwirtschaftliche als auch insbesondere kriminalpolitische Ziele. Bei der Bestimmung der „Betrügerpersönlichkeiten" und des „typischen Täters struktureller Korruption" hebt *Bannenberg* hervor, dass ihre Untersuchung auch Konsequenzen für die Prävention erlauben soll.[298] Auch stellt *Bannenberg* einen starken privatwirtschaftlichen Bezug mit ihren kriminalpräventiven Empfehlungen her, die maßgeblich aus Programmen bestehen, die in der Compliance-Praxis verbreiteten sind.[299] Der Anwendungsbezug der Studie stellt daher einen Schwerpunkt dar.

Mit dem Motto „forewarned is forearmed" der aktuellen Studie von *KPMG* zu „global profiles of the fraudster" wird die Botschaft an Unternehmen gesendet, dass privatwirtschaftlich etwas gegen Wirtschaftskriminalität und insbesondere gegen die Wirtschaftsstraftäter unternommen werden kann. Durch das Motto „forewarned is forearmed" wird klar eine präventive Zielsetzung der Studie vorgegeben. Die Studie von *KPMG* ist wegen der Verknüpfung der Präventionsempfehlungen mit Compliance-Maßnahmen auch anwendungsbezogen.

Die Publikation von *Bussmann* und *PricewaterhouseCoopers* zum Täterprofil wird im unmittelbaren Zusammenhang mit Compliance-Maßnahmen und

---

298 *Bannenberg*, Korruption in Deutschland und ihre strafrechtliche Kontrolle, 2002, S. 211, Fn. 300.

299 *Bannenberg*, Korruption in Deutschland und ihre strafrechtliche Kontrolle, 2002, S. 474 f.

darüberhinausgehenden Konzepten zur Prävention von Wirtschaftskriminalität angeboten. Die privatwirtschaftliche Anwendungsbezogenheit der Publikation ergibt sich durch den Gesamtrahmen der Studie, welcher die Notwendigkeit von Compliance-Maßnahmen und darüberhinausgehender Präventionsprogramme vermittelt, in dessen Kontext auch die gebildeten Täterprofile eingebettet werden.

Für die von *Schneider* und *RölfsPartner* anhand von empirischen Daten konstruierte Typologie werden verschiedene privatwirtschaftliche Präventionsinstrumente, aber auch repressive Maßnahmen empfohlen. So ist der Studie eine Checkliste beigefügt, anhand derer die gebildeten Tätertypen identifizierbar sein sollen. Hieraus ergibt sich ein klarer Anwendungsbezug der Studie.

Die von *Cleff, Naderer* und *Volkert* gebildeten Tätertypologien sollen als privates Instrument sozialer Kontrolle fungieren. Dies geht aus der Verbindung der Täterprofile mit Compliance-Maßnahmen hervor, die wiederum der Prävention vor Kriminalität dienen sollen.[300] Auffallend ist, dass die Ergebnisse der Studie dahingehend interpretiert werden, dass durch Kenntnis der potentiellen Wirtschaftsstraftäter Compliance-Regelungen für das jeweilige Unternehmen angefertigt werden können, die der Prävention vor Wirtschaftsstraftätern dienen sollen.[301] Durch diese Empfehlungen erhält die Studie einen anwendungsbezogenen und privatwirtschaftlichen Charakter.

Ziel der Studie von *Schlegel* ist die Bestimmung des „Wirtschaftskriminellen" im Unterschied zur „Normalpopulation". Die Studie strebt expressis verbis die präventive Individualisierung möglicher Wirtschaftsstraftäter im Rahmen der Personalauswahl an und ist somit anwendungsbezogen und privatwirtschaftlich ausgerichtet.

Die Mehrzahl der analysierten Studien ist folglich anwendungsbezogen und wird mithilfe von kriminalpräventiven Argumenten legitimiert. Die Ergebnisse sind in den meisten Fällen mit privatwirtschaftlichen Empfehlungen verbunden, wie entsprechende Maßnahmen zum Schutz vor Wirtschaftskriminalität ergriffen werden können, um beispielsweise Personen wie den „risk-seeker"[302] gar nicht erst einzustellen.[303] Die Tätertypologien sollen der Kriminalprävention

300 Vgl. *Cleff/Luppold/Naderer et al.*, Tätermotivation in der Wirtschaftskriminalität, 2008, S. 20, 39–45.

301 *Cleff/Luppold/Naderer et al.*, Wirtschaftskriminalität, 2009, S. 42 ff.

302 Zum Begriff, vgl. *Wheeler*, in: *Schlegel/Weisburd* (Hrsg.), White-Collar Crime Reconsidered, 1992, S. 108 (111).

303 Vgl. sog. „Gate-Keeping" *Schneider/John*, in: *Bannenberg/Jehle Jörg-Martin* (Hrsg.), Wirtschaftskriminalität, 2010, S. 159 (167 f.). Der Anwendungsbezug folgt bei ei-

auf sekundärer Ebene dienen, wobei die empfohlenen Präventionsprogramme neben dem täterorientierten „Gate-Keeping" auch zum Teil situationsorientierte Ansätze beinhalten.[304] Wirtschaftsstraftätertypologien sollen folglich überwiegend als Instrument privater sozialer Kontrolle eingesetzt werden.

b) Kontrolle von Betriebs- oder Unternehmenskriminalität

Des Weiteren wird analysiert, ob die dargestellten Studien die Unterbindung von Betriebs- oder Unternehmenskriminalität zum Gegenstand haben.[305] Eine Differenzierung zwischen Betriebs- und Unternehmenskriminalität ist relevant, da es sich um strukturell unterschiedliche Kriminalitätsphänomene handelt, die eine darauf bezogene Prävention und soziale Kontrolle beeinflussen.[306] Für die Definition von Betriebs- und Unternehmenskriminalität wird auf die Darstellung der begrifflichen Erörterung von Wirtschaftskriminalität Bezug genommen.[307] Während Betriebskriminalität dadurch gekennzeichnet ist, dass Straftaten im eigenen Interesse begangen werden, erfolgt bei Unternehmenskriminalität das Handeln im Interesse des Unternehmens.

Wheelers ideale Tätertypen, der „risk-seeker", der „tax protester" und der „revenge-seeker", handeln eigennützig, ohne die Interessen ihrer Unternehmen zu verfolgen. Die Tätertypen sind daher der Betriebskriminalität zuzuordnen. *Wheelers* Studie ist allerdings ohne konkreten Bezug zu sozialen Kontrollmaßnahmen veröffentlicht worden.[308]

Die konzeptionellen Untersuchung von *Becker* und *Holzmann* kommt zu differenzierten Tätertypologien. Der „klassische Agent-Täter" und der „Misguided-Steward-Täter" bei *Becker* und *Holzmann* handeln gegen die Interessen ihres Unternehmens und sind damit der Betriebskriminalität zuzurechnen. Der „Steward-Täter" von *Becker* und *Holzmann* ist hingegen, aufgrund der Motivation

nigen auch aus dem Interesse die bereits straffällig gewordenen Personen in einem Unternehmen zu entlarven, *Bannenberg*, Korruption in Deutschland und ihre strafrechtliche Kontrolle, 2002.

304 Vgl. Kapitel B. II. 3.

305 Zur Notwendigkeit dieser Differenzierung, vgl. *Schünemann*, wistra 1 (1982), 41 (41); *Schünemann*, Unternehmenskriminalität und Strafrecht, 1979, S. 5 f.

306 *Theile*, in: *Rotsch* (Hrsg.), Criminal Compliance, 2015, S. 1219 (1221).

307 Zur Begriffsbestimmung von Betriebs- und Unternehmenskriminalität, Kapitel B. II. 2.

308 *Wheeler*, in: *Schlegel/Weisburd* (Hrsg.), White-Collar Crime Reconsidered, 1992, S. 108.

im Sinne des Unternehmens zu handeln, der Unternehmenskriminalität zuzuordnen.[309]

Collins und *Schmidt* sowie *Blickle et al.* versuchen mit ihren Studien, Persönlichkeitseigenschaften zu bestimmen, mit denen Wirtschaftsstraftäter mittels Persönlichkeitstests ermittelt werden können. Persönlichkeitstests werden heute verbreitet bei Compliance-Programmen eingesetzt, mit dem Ziel, die Integrität von Bewerbern zu testen und so zu vermeiden, dass Personen eingestellt werden, die dem Unternehmen schaden. Davon ausgehend ist als Ziel primär die Verhinderung von Betriebskriminalität anzunehmen.[310]

Die „Betrügerpersönlichkeiten“ von *Bannenberg* werden mit eigensüchtigen Motiven charakterisiert. Die „Betrügerpersönlichkeiten“ sollen andere geschickt für ihre eigenen Zwecke einsetzen und ihre eigenen Profitinteressen durchsetzen.[311] Dieser Tätertypus ist daher grundsätzlich der Betriebskriminalität zuzuordnen. Allerdings kann für die Sicherung von persönlichen Vorteilen zunächst ein kriminelles Handeln im Interesse des Unternehmens erfolgen: beispielsweise wenn zunächst ein finanzieller Erfolg für das Unternehmen die Voraussetzung dafür ist, dass eine persönliche Bereicherung eintritt, etwa in Form von Bonuszahlungen. Hier ist dann der eigene Profit erst mittelbare Folge einer Handlung, die als solches der Unternehmenskriminalität zuzuordnen ist. Bei den „typischen Tätern struktureller Korruption“ kann zwar auch eine Tendenz zur Betriebskriminalität festgestellt werden, da im Zusammenhang mit Bestechungshandlungen eigensüchtige Interessen genannt werden. Im Gegensatz zu den „Betrügerpersönlichkeiten“ soll bei dem „typischen Täter struktureller Korruption“ der materielle Aspekt hingegen motivierend, aber nicht allein ausschlaggebend sein. Sie hätten keine illegalen Wertevorstellungen, da sie ihr Handeln als positiv für die Verwaltungen und Unternehmen ansehen und deshalb auch als gerechtfertigt erachten.[312] Anders als bei den „Betrügerpersönlichkeiten“ bildet somit das Unternehmensinteresse den Motivationsschwerpunkt, wenn auch ein Handeln im eigenen Interesse gerechtfertigt werden kann. Der „typische Täter struktureller Korruption“ begeht demnach hauptsächlich Unternehmenskriminalität, aufgrund der eigensüchtigen Interessen aber auch Betriebskriminalität.

---

309 Vgl. *Becker/Holzmann*, zfwu 12 (2011), 354.

310 *Collins/Schmidt*, Personnel Psychology 46 (1993), 295; *Blickle/Schlegel/Fassbender et al.*, Applied Psychology: An International Review 55 (2006), 220.

311 *Bannenberg*, Korruption in Deutschland und ihre strafrechtliche Kontrolle, 2002, S. 213.

312 Vgl. *Bannenberg*, Korruption in Deutschland und ihre strafrechtliche Kontrolle, 2002, S. 218.

Nach dem „Profile of a Fraudster" bei *KPMG* handeln Wirtschaftsstraftäter typischerweise nicht im Interesse des Unternehmens. Die als Präventionsstrategie vor Wirtschaftskriminalität vorgeschlagenen Compliance-Programme sind somit auf Betriebskriminalität gerichtet.[313]

In der aktuellen Studie von *Bussmann* und *PricewaterhouseCoopers* aus dem Jahr 2013 werden keine Motive von Wirtschaftsstraftätern angegeben. Durch die Bezugnahmen auf vorherige Studien ergibt sich allerdings, dass „typischen Wirtschaftsstraftätern" ein Handeln aus finanzieller Verlockung für einen aufwendigen Lebensstil zugeschrieben wird, wobei die unternehmensinternen Täter die von den unternehmensexternen Tätern Verführten seien.[314] Daraus ist zu folgern, dass das Handeln nicht im Unternehmensinteresse erfolgt und daher der Betriebskriminalität zuzuordnen ist. Wie bei den „Betrügerpersönlichkeiten" von *Bannenberg* aufgezeigt, ist aber auch Unternehmenskriminalität als Zwischenschritt denkbar, um persönliche Vorteile zu erlangen.

Die Tätertypologie von *Schneider* und *RölfsPartner* orientiert sich an den Tätertypen der „opportunity taker" und „opportunity seeker" von *Weisburd* und *Waring*.[315] Der „Täter mit wirtschaftskriminologischem Belastungssyndrom" wird als Gelegenheitsergreifer beschrieben, was für ein Handeln aus eigensüchtigen Motiven und somit für Betriebskriminalität spricht. Dem „Krisentäter" wird eine starke „Control Balance Ratio" mit einem inadäquaten Anspruchsniveau zugeschrieben sowie ein „Top Management Fraud". Aufgrund des inadäquaten Anspruchsniveaus ist eher von einem betriebskriminellen Handeln auszugehen, als von einem Handeln im Unternehmensinteresse. Die Zuordnung des „Abhängigen", der nur als Gelegenheitsergreifer in Abhängigkeit zum Gelegenheitssucher beschrieben wird, hängt von der Person ab, an die der „Abhängige" sich gebunden fühlt. Der „Unauffällige" ist der Betriebskriminalität zuzuordnen, da seine Neigung zu Statussymbolen, Luxusartikeln und einem entsprechenden Lebensstil mit einem erhöhten Geldbedarf für ihn selbst erklärt wird.[316] Auch hier kann allerdings der der eigene Profit als Folge von Unternehmenskriminalität

---

313 *KPMG International*, Global profiles of the fraudster, 2013.

314 *PricewaterhouseCoopers/Martin-Luther-Universität Halle Wittenberg, Wirtschaftskriminalität*, 2009, S. 45.

315 *Weisburd/Waring/Chayet*, (2001), White-Collar Crime and criminal Careers, S. 58 ff.; *RölfsPartner/Universität Leipzig*, Der Wirtschaftsstraftäter in seinen sozialen Bezügen, 2009.

316 Vgl. RölfsPartner/Universität Leipzig, Der Wirtschaftsstraftäter in seinen sozialen Bezügen, 2009, S. 17, 20.

eingeplant werden, so dass trotz Handeln im eigenen Interesse die persönliche Bereicherung erst als mittelbare Folge eintritt.

Die von *Cleff*, *Naderer* und *Volkert* bestimmten Wirtschaftsstraftätertypen der „Visionäre" können bei einer Differenzierung zwischen unmittelbaren und mittelbaren Vorteilen sowohl der Betriebs- als auch der Unternehmenskriminalität zugeordnet werden. Aufgrund der egozentrierten Gewichtung der Motive sind die Visionäre zwar grundsätzlich der Betriebskriminalität zuzuordnen. Dies folgt beim „egozentrierten Visionär" aus einem selbstbewussten, ehrgeizigen und zielstrebigen Handeln, ohne große Emotionen für seinen eigenen Vorteil und beim „frustrierten Visionär" aus seinem Hang zum Luxus, hinter dem die ideellen und sozialen Motivationen zurücktreten. Auch der „narzisstische Visionär" ist mit dem ihm zugeschriebenen übersteigerten Selbstbild und seiner Zockermentalität, ebenso wie der „Abhängige" mit seinem Handeln zum Absichern von Beziehungen und zur Kompensation eigener Ängste, der Betriebskriminalität zuzuordnen. Da der „egozentrierte", der „frustrierte" und der „narzisstische Visionär" wie auch der „Abhängige" im eigenen Interesse Handeln, was auch als mittelbare Folge der Realisation des Unternehmensinteresses denkbar ist, kann neben der Betriebskriminalität auch ein unternehmenskriminelles Handeln angenommen werden. Nur der „Naive", der aus Fürsorge nicht zuletzt für das eigene Unternehmen handle, ist streng genommen der Unternehmenskriminalität zuzuordnen. Da die Autoren der Studie ihre Untersuchung allerdings auf Delikte „zum Nachteil von Unternehmen" eingrenzen,[317] erscheint diese Zuschreibung widersprüchlich.

Die Studie von *Schlegel* richtet sich mit den Ergebnissen zur sozialen Kontrolle an Unternehmen, die sich mittels Persönlichkeitstests im Vorfeld der Einstellung neuer Mitarbeiter vor (potentiellen) Wirtschaftsstraftätern schützen wollen. Die Studie von *Schlegel* soll mithin zuvorderst der Prävention von Betriebskriminalität dienen.[318] Wie einleitend zur Untersuchung von Tätertypologien in der Wirtschaftskriminologie aufgezeigt, können Unternehmen allerdings auch durch Unternehmenskriminalität erheblich geschädigt werden: im Falle einer Aufdeckung der Straftat etwa durch dadurch entstehende Rechtsverfolgungskosten, Sanktionen und Reputationsschäden. Um sich effektiv vor Schäden aus Wirtschaftsstraftaten zu schützen, sind deshalb sowohl Maßnahmen zur Verhinderung von Betriebs- als auch Unternehmenskriminalität erforderlich.

---

317 *Cleff/Luppold/Naderer et al.*, Tätermotivation in der Wirtschaftskriminalität, 2008, S. 19.

318 *Schlegel*, in: *Schlegel* (Hrsg.), Wirtschaftskriminalität und Werte, 2003, S. 113.

Die untersuchten Studien zu Wirtschaftsstraftätertypen sind somit überwiegend anwendungsbezogen und auf die Prävention von Wirtschaftskriminalität gerichtet. Bei der Zuordnung der Tätertypen zur Unternehmens- und Betriebskriminalität zeigt sich nach der Analyse der dargestellten Studien jedoch ein ambivalentes Bild, denn die überwiegenden Tätertypen können nach den ihnen zugeschriebenen Merkmalen sowohl der Betriebskriminalität als auch der Unternehmenskriminalität zugeordnet werden.

2. Motivationen für eine wirtschaftskriminologische Tätertypenbestimmung

In diesem Unterkapitel wird untersucht, ob neben den analysierten, offen angegebenen Zielsetzungen weitere Motivationen der Tätertypenbestimmung maßgeblich sind. Dazu wird zunächst auf die Hintergründe einer vermehrten wirtschaftskriminologischen Tätertypenbildung eingegangen sowie der Kontext betrachtet, in dem die untersuchten Studien zu Wirtschaftsstraftätertypen publiziert worden sind. Mit der Untersuchung der Motivationen in diesem Unterkapitel wird allerdings keine Aussage über die wissenschaftliche Qualität der Studien zu Wirtschaftsstraftätertypen getroffen. Ein privatwirtschaftlicher und kommerzieller Bezug kann ebenso zu wissenschaftlich fundierten Ergebnissen gelangen wie rein wissenschaftlich ausgerichtete Studien.

Das Phänomen einer verstärkten wirtschaftskriminologische Tätertypenbildung, insbesondere im privatwirtschaftlichen Sektor, trat erst nach der gesetzlichen Einführung von Compliance-Maßnahmen durch den Sarbanes-Oxley-Act in den USA[319] im Zuge der Wirtschaftsskandale von Enron und WorldCom in den Jahren 2001 und 2002 auf.[320] Dabei erscheint das Ziel der Unterbindung von Wirtschaftskriminalität mithilfe von Tätertypologien in zeitlicher Übereinstimmung mit den verschärften staatlichen Regulierungsmaßnahmen zunächst als eine logische Reaktion auf die Wirtschaftsskandale.

Neben den festgestellten kriminalpräventiven Zielvorgaben der Studien zu Wirtschaftsstraftätertypen fällt auf, dass die dargestellten Studien überwiegend

319 Sarbanes-Oxley Act of 2002, Public Law 107–204 – 116 Stat. 745, enacted July 30, 2002.

320 http://www.nytimes.com/2006/12/17/weekinreview/17labaton.html?_r=0 (Stand: 21.11.2014); vgl. etwa *Cleff/Luppold/Naderer et al.*, Tätermotivation in der Wirtschaftskriminalität, 2008; *KPMG Deutschland*, Profile of a Fraudster, 2007; *Blickle/Schlegel/Fassbender et al.*, Applied Psychology: An International Review 55 (2006), 220; *Schlegel*, in: *Schlegel* (Hrsg.), Wirtschaftskriminalität und Werte, 2003, S. 113.

aus der Privatwirtschaft finanziert werden. Dies ist bei *Blickle et al.*, *KPMG*, *PricewaterhouseCoopers*, *RölfsPartner* sowie bei *Cleff*, *Naderer* und *Volkert* anzunehmen. *Blickle et al.* sind nach eigenen Angaben bei ihrer Studie finanziell durch die Wirtschaftsprüfungsgesellschaft *KPMG*, Frankfurt unterstützt worden. *KPMG* International[321] hat die Studie zum „Profile oft the Fraudster" als Dachgesellschaft unter anderem der *KPMG AG Wirtschaftsprüfungsgesellschaft* publiziert; *PricewaterhouseCoopers* hat auch die aktuelle Studie aus dem Jahr 2013 als *PricewaterhouseCoopers AG Wirtschaftsprüfungsgesellschaft* veröffentlicht. *RölfsPartner*, umbenannt in *Baker Tilly Roelfs*, sind ebenfalls ein großes, insbesondere auch auf Wirtschaftsberatung spezialisiertes Unternehmen. Die Studie von *Cleff*, *Naderer* und *Volkert*, ist nach eigenen Angaben von *PricewaterhouseCoopers* finanziell gefördert worden. Oftmals erfolgt eine Kooperation zwischen Wirtschaftsprüfungsunternehmen und Wissenschaftlern.[322] So ist etwa die Studie von *PricewaterhouseCoopers* mit der Hochschule Pforzheim unter der Führung des Rechtswissenschaftlers und Kriminologen *Bussmann* publiziert worden. Die Untersuchung von *RölfsPartner* wurde zusammen mit dem Rechtswissenschaftler und Kriminologen *Hendrik Schneider* veröffentlicht; die des Psychologen *Schlegel* ist mit Beiträgen erschienen von den in Wirtschaftsunternehmen vorstehenden *Annette Kleinfeld* sowie *Kenan Tur.*[323]

---

321 Die *KPMG AG Wirtschaftsprüfungsgesellschaft*, ist nach eigenen Angaben von *KPMG* ein Mitglied des *KPMG*-Netzwerks unabhängiger Mitgliedsfirmen, die *KPMG International Cooperative* ("*KPMG International*"), einer juristischen Person schweizerischen Rechts, angeschlossen sind, http://www.kpmg.com/de/de/seiten/unternehmensangaben.aspx (Stand: 30.11.2014).

322 Vgl. dazu die im Kapitel C. I. dargestellten elf konzeptionellen und empirischen Studien, von denen sieben einen offenkundigen privatwirtschaftlichen Bezug aufweisen. Vgl. hierzu auch die Ergebnisse zur allgemeinen Entwicklung in der Verbrechenskontrolle der Gegenwart von *Garland*, Kultur der Kontrolle, 2008, S. 252 f.

323 Daten für die Kontrollgruppe der Studie von *Schlegel* wurden bei Angehörigen des Bundes Katholischer Unternehmer und des DNWE erhoben. *Schlegel* ist im Jahr 2000, also im Zeitraum der Erstellung der Studie, Mitglied des DNWE geworden. Die mitpublizierende Autorin *Kleinfeld* ist seit 1993 im Vorstand des DNWE tätig; vgl. *Kleinfeld*, Lebenslauf, http://www.kleinfeld-cec.com/ueber-uns/team.html (Stand: 10.04.2014). Zudem wurden Anfragen für die Teilnahme an der Studie an das von *Kleinfeld* geführte Unternehmen *Bickmann & Collegen Unternehmensberatung* gesandt, das heute firmiert unter dem Namen *Dr. Kleinfeld CEC*, vgl. http://www.kleinfeld-cec.com/ueber-uns/team.html (Stand: 10.04.2014). Der ebenfalls an der Publikation von *Schlegel* beteiligte *Tur* ist Mitbegründer des DNWE, vgl. https://www.business-keeper.com/gruender-und-vorstand.html (Stand: 10.04.2014), und Gründer des privatwirtschaftlichen Unternehmens *Business Keeper AG*, dieses

Aufgrund des umfangreichen Einsatzes privatwirtschaftlicher Mittel in der Forschung zum wirtschaftskriminologischen Tätertypus, stellt sich die Frage, ob neben der kriminalpräventiven Zielsetzung kommerzielle Gesichtspunkte für die Tätertypenbestimmung maßgeblich sind. Dies kommt in Betracht, da nach der vorangegangenen Untersuchung nicht nur viele der Studien zu Wirtschaftsstraftätertypen von Wirtschaftsunternehmen stammen, sondern die Autoren auch mit ihren Handlungsempfehlungen kommerziell agierende Unternehmen ansprechen. Bei den Motivationen für die wirtschaftskriminologische Tätertypenbestimmung ist deshalb zwischen den Studienautoren und den als Anwender der präventiv legitimierten Tätertypen infrage kommenden Unternehmen zu differenzieren.

Wirtschaftsprüfungsgesellschaften, wie *PricewaterhouseCoopers*, *KPMG* oder *RölfsPartner* sind der Natur der Sache nach auf die Erzielung wirtschaftlicher Gewinne ausgerichtet.[324] Die Bildung von Wirtschaftsstraftätertypologien ermöglicht Wirtschaftsprüfungsunternehmen, ein Instrument zur Kriminalitätsprävention in plakativen Bildern vorzuzeigen. So kann vermittelt werden, dass diese genaue Prädiktionen über Personen machen können, die potentiell in der Lage sind, das Unternehmen zu schädigen. Es wird nach der Devise agiert, man wisse, wie der „typische Wirtschaftsstraftäter" aussieht und könne deshalb vor diesem „gefährlichen Anderen" optimale Schutzmechanismen anbieten.[325] Dies bringt für die Wirtschaftsprüfungsunternehmen zunächst marketingstrategische Vorteile mit sich. Indem ein einfaches Bild vermittelt wird, das die Möglichkeit einer Identifikation von Wirtschaftsstraftätern im Vorfeld einer Straftat vorgibt, wird eine Nachfrage von Unternehmen nach Compliance-Maßnahmen oder anderen in diesem Zusammenhang empfohlenen Maßnahmen angeregt.

---

existiert seit 2001 und bietet heute auf der Website Integritätstests zur Identifizierung von Wirtschaftsstraftätern an, vgl. dazu https://www.handelsregister.de/rp_web/direct-download.do;jsessionid=3582DBCAE1069FEEE42720C67025C4B9.tc 02n03?id=0 und http://www.business-keeper.com/unternehmen.html (Stand: 10.04.2014). Vgl. dazu auch Kapitel D. II. 2. b) (8).

324 Vgl. auch *Bussmann*, MschrKrim 86 (2003), 89 (92). Dieser beschreibt Wirtschaftsunternehmen als „Keimzelle der Marktwirtschaft", vgl. *Bussmann/England/Hienzsch*, MschrKrim 87 (2004), 244 (260).

325 Vgl. zu dem Begriff des „gefährlichen Anderen" *Garland*, Kultur der Kontrolle, 2008, S. 250, 328.

Zwar werden Wirtschaftsstraftäter in der Gesellschaft nach wie vor als von der Strafjustiz privilegiert wahrgenommen,[326] was auch an der häufigen Verfahrenseinstellung komplexer wirtschaftsstrafrechtlicher Sachverhalte nach § 153a StPO liegen kann.[327] Für Wirtschaftsprüfungsgesellschaften kann das Bild des „gefährlichen Anderen" als Werbemittel für den Verkauf ihrer Dienstleistungen fungieren. Zur Identifikation von als „gefährlichen Anderen" eingeschätzten Personen erscheint es naheliegend, auf Messverfahren aus der Persönlichkeitsforschung zurückzugreifen. Insbesondere können Personen, die ein Unternehmen schädigen oder die als potentielle Schädiger in Betracht kommen, leichter zur Verantwortung gezogen werden als die dahinter stehenden Strukturen eines Unternehmens.[328]

Bei den Studien sticht als Motivation die Werbung für Compliance-Maßnahmen und die Einrichtung oder Überprüfung von Kontrollsystemen heraus. Diese werden von den Autoren als maßgeblich zur Prävention vor Wirtschaftsstraftätern angepriesen. Die Tätertypologien sollen dabei als kriminalpräventives Instrument im Rahmen von Compliance-Programmen,[329] der Optimierung von Prozesskontrollen[330] sowie anderen innerbetrieblichen Aufklärungsmaßnahmen fungieren, wie etwa bei der Durchführung professioneller forensischer Interviews.[331] Dabei fällt auf, dass dies Dienstleistungen sind, die als Erwerbsquelle eines Wirtschaftsprüfungsunternehmens oder eines Wirtschaftsanwalts dienen. Die Annahme kommerzieller Motive für die Tätertypenbestimmung ist deshalb naheliegend.[332] Freilich ist die Verflechtung der Studien zu präventiv legitimierten Tätertypen mit Wirtschaftsprüfungsunternehmen

---

326 Vgl. so z.B. aktuell im Fall *Ecclestone*, trotz der abstrakten Höhe der Geldauflage, vgl. http://anwaltverein.de/interessenvertretung/pressemitteilungen/pm-25-14 (Stand: 27.10.2014).

327 Vgl. *Boers*, MschrKrim 84 (2001), 335 (336 f.).

328 Vgl. *Theile*, StV 31 (2011), 381 (382), der dies als „Verantwortungstransfer" bezeichnet.

329 *RölfsPartner/Universität Leipzig*, Der Wirtschaftsstraftäter in seinen sozialen Bezügen, 2009, S. 20.

330 *RölfsPartner/Universität Leipzig*, Der Wirtschaftsstraftäter in seinen sozialen Bezügen, 2009, S. 22, 24.

331 *RölfsPartner/Universität Leipzig*, Der Wirtschaftsstraftäter in seinen sozialen Bezügen, 2009, S. 23.

332 Vgl. zu dieser Unternehmenskultur *Hefendehl*, JZ 2006, 119 (125); *Schünemann*, in: *Hefendehl* (Hrsg.), Empirische und dogmatische Fundamente, kriminalpolitischer Impetus, 2005, S. 349 (361); *Grieger*, (2004), Ökonomisierung in Personalwirtschaft und Personalwirtschaftslehre, S. 54.

als solches kein Nachweis dafür, dass diese nicht auch von kriminalpräventiven Motiven getragen werden. Die Kontrolle von Wirtschaftskriminalität erscheint aufgrund der starken Ausprägung der finanziellen Komponente jedoch von geringem Gewicht.

Auch Unternehmen können ein Interesse daran haben, dass die Ursache von Wirtschaftskriminalität nicht in unternehmensinternen Strukturen und Wertestrukturen gesehen werden, sondern in den Eigenschaften einzelner Personen. Dadurch wird nicht das Unternehmen als solches in Frage gestellt, vielmehr kann ein „gefährlicher Anderer" für vermögensschädigende Handlungen im Unternehmen verantwortlich gemacht werden. Damit ermöglichen sie es, einen zusätzlichen Schaden durch einen Reputationsverlust zu verhindern, da so die Strukturen des Unternehmens intakt erscheinen. Den einzelnen Wirtschaftsstraftäter als Ursache für Wirtschaftsstraftaten auszumachen, lässt die Beseitigung von Gelegenheiten für Wirtschaftsstraftaten zu einem gewissen Grad unvermeidbar erscheinen und lenkt die Aufmerksamkeit ab von anderen Ursachenfaktoren, wie dem Nicht-Greifen formeller Kontrollinstanzen oder Unternehmenskulturen.[333] So kann versucht werden, Verantwortung von Unternehmen auf die Mitarbeiter zu attribuieren, sodass nicht die unternehmerischen Strukturen, sondern der als Wirtschaftsstraftäter in Betracht kommende Mitarbeiter verantwortlich gemacht wird. Dieses Vorgehen kann zudem bei einer drohenden Sanktion eine Exkulpation der Verantwortlichen ermöglichen, da sie entsprechend ihrer Compliance-Vorgaben alles Erforderliche getan haben, um die Integrität des Unternehmens zu gewährleisten, bis hin zur Überprüfung der Integrität sämtlicher Mitarbeiter.

---

333 *Croall*, Understanding white collar crime, 2001, S. 83. Vgl. so im Ansatz auch *Hefendehl*, indem er die Diskussion um den typischen Wirtschaftsstraftäter gewissermaßen als scheinheilig entlarvt: „Schließlich scheint mir bei der Diskussion um Business ethics eine gewisse Scheinheiligkeit zu existieren. Wenn ‚typische Persönlichkeitsmerkmale von Wirtschaftsstraftätern' diskutiert werden, gelangt man schnell zu dem Ergebnis, dass Wirtschaftsstraftäter in hohem Maße sozial unauffällig sind und sich schwer mit Hilfe von prognostischen Verfahren identifizieren lassen – fast möchte man sagen: glücklicherweise. Die Wirtschaftsstraftäter werden in der kriminologischen Forschung als Risk Seeker oder als sehr entscheidungsfreudige Personen umschrieben. Das sind aber auch die Personen, die als Erfolgstypen im Unternehmen gesucht werden. Typische Wirtschaftsstraftäter sind damit empirisch gesehen erfolgreiche Manager", vgl. *Hefendehl*, JZ 2006, 119 (124).

Bezüglich der Nutzung von Wirtschaftsstraftätertypen sehen sich Unternehmen möglicherweise durch immer höher werdende Compliance-Standards selbst dazu motiviert, über bereits bestehende Vorgaben hinaus aktiv zu werden, um so eine erhöhte unternehmensethische Glaubwürdigkeit zu erreichen. Ein Motiv kann für Unternehmen auch die Hoffnung auf eine Reduktion des durch Wirtschaftskriminalität jährlich entstehenden beträchtlichen Schadensvolumens sein. Der vorangegangen Analyse zufolge spielt für die präventiv legitimierten wirtschaftskriminologischen Tätertypen der damit erzielbare kommerzielle Profit sowohl für die Tätertypenbestimmenden Institutionen als auch für die nutzenden Unternehmen eine entscheidende Rolle.

3. Ergebnisse

In der Untersuchung wurde einleitend ausgeführt, dass im Bereich der sozialen Kontrolle eine zunehmende Vorverlagerung der Verbrechenskontrolle stattfindet. Diese Tendenz zur verstärkten Prävention einer Straftat spiegelt sich auch in den dargestellten Publikationen zu Wirtschaftsstraftätern wider. Sowohl die konzeptionellen als auch die empirischen Studien weisen überwiegend einen privatwirtschaftlichen Anwendungsbezug zur Unternehmenspraxis auf. Lediglich die konzeptionelle Studie von *Wheeler* lässt über das wissenschaftliche Erkenntnisinteresse hinaus keine weiteren Zielsetzungen erkennen. Die weitergehende Untersuchung innerhalb dieser Arbeit konzentriert sich deshalb schwerpunktmäßig auf die Zielsetzungen und Auswirkungen der anwendungsbezogenen Studien.

Die kriminalpräventive Wirkung der anwendungsbezogenen Studien soll in der Mehrzahl der Fälle durch verschiedene Compliance- oder Compliance-ähnliche-Maßnahmen erreicht werden. In diesem Zusammenhang werden Empfehlungen abgegeben, wie mit den gewonnenen Ergebnissen Maßnahmen zum Schutz vor Wirtschaftskriminalität ergriffen werden können, etwa Personen wie den „risk seeker“ erst gar nicht einzustellen. Typische Wirtschaftsstraftäter sollen individualisiert und die Erkenntnisse bereits im Personalauswahlverfahren eingesetzt werden. Die wirtschaftskriminologische Tätertypologisierung unterscheidet sich von anderen kriminologischen Tätertypen der Gegenwart, etwa beim Profiling im Sexualstrafrecht oder im Bereich der Fahrlässigkeitsdelikte, durch ihre präventive Legitimation, also die Bestimmung eines Täters im Vorfeld einer Straftat. Die Tätertypologien sollen der Kriminalprävention auf sekundärer Ebene dienen, wobei die empfohlenen Präventionsprogramme neben einem täterorientierten „Gate-Keeping“ auch zum Teil situationsorientierte Ansätze beinhalten.

Die Untersuchung, ob die Wirtschaftsstraftätertypologien dem Kriminalitätsphänomen der Betriebs- oder der Unternehmenskriminalität zuzuordnen sind hat ein ambivalentes Bild ergeben. Nur vereinzelt konnte bei den Tätertypen klar zwischen dem Handeln im Interesse des Unternehmens und dem Handeln im eigenen Interesse, entgegen den Interessen des Unternehmens unterschieden werden. Überwiegend wird bei den Eigenschaften eines Wirtschaftsstraftätertypus das Handeln zum eigenen Vorteil hervorgehoben. Die vorangegangene Untersuchung hat jedoch gezeigt, dass ein persönlicher Profit sowohl unmittelbar durch betriebskriminelles Handeln als auch mittelbar durch Unternehmenskriminalität erzielt werden kann. Nur sofern entgegen dem Unternehmensinteresse gehandelt wird, kann von einem ausschließlich betriebskriminellen Handeln ausgegangen werden. Diese Unklarheiten bei der Differenzierung zwischen Betriebs- und Unternehmenskriminalität hat zur Konsequenz, dass Prävention und soziale Kontrolle insoweit nicht auf die Besonderheiten des jeweiligen Kriminalitätsphänomens ausgerichtet werden können.[334]

Die Ursachen für die wirtschaftskriminologische Tätertypenbestimmung und die Motive liegen den Analyseergebnissen zufolge in den wirtschaftlich agierenden Unternehmen begründet. Als handlungsleitend für die Bestimmung präventiv legitimierter Tätertypen sind profitmaximierende Motive festgestellt worden. Für die Wirtschaftsprüfungsunternehmen resultiert das daraus, dass die Tätertypisierungen mit Compliance-Maßnahmen verknüpft werden und die Anbieter der Studien ein Interesse an einer optimalen Vermarktung der vorgeschlagen Maßnahmen haben. Durch die Werbung für tätertypenspezifische Compliance-Programme wird die Nachfrage von Unternehmen angeregt, die den gegenwärtigen Compliance-Anforderungen genügen müssen, aber auch nach Maßnahmen zur Reputationswahrung bei Schäden durch Wirtschaftskriminalität suchen.

Aus dem Vergleich der Studien zu Wirtschaftsstraftätertypen ergibt sich unter Zusammenfassung der Ergebnisse der Zielrichtung das folgende Schaubild (Tabelle 2):

334 *Theile*, in: *Rotsch* (Hrsg.), Criminal Compliance, 2015, S. 1219 (1221).

Tabelle 2: Zielsetzungen der Studien zu wirtschaftskriminologischen Tätertypologien

Studie	**Zielsetzung**							
	Rein wissenschaftlich	**Anwendungsbezogen**	**Privatwirtschaftlich**	**Kommerziell**	**Präventiv**	**Repressiv**	**Betriebskriminalität**	**Unternehmenskriminalität**
Wheeler	+	–	–	–	o. A.	o. A.	+	–
Becker/ Holzmann	–	+	+	+*	+	–	+	+
Collins/ Schmidt	–	+	+*	–	+	+	+	+
Blickle et al.	–	+	+	+	+	+	+	+
Bannenberg	–	+	+*	–	+	+	+	+
KPMG	–	+	+	+	+	–	+	–
PWC	–	+	+	+	+	–	+	+
RölfsPartner/ Schneider	–	+	+	+	+	+	+	+
Cleff/ Naderer/ Volkert	–	+	+	+	+	–	+	+
Schlegel	–	+	+	+*	+	–	+	+
Gesamt	**1**	**9**	**7 + 2***	**5 + 2***	**9**	**4**	**10**	**8**

* Unklarer Fall

Das Schaubild zeigt das klare Überwiegen der anwendungsbezogenen Studien. Neun der untersuchten Tätertypenbestimmungen sind anwendungsbezogen, während lediglich die Studie von *Wheeler* als rein wissenschaftlich eingeordnet werden konnte. Die Untersuchung des privatwirtschaftlichen und kommerziellen Charakters der Studien hat ergeben, dass sieben der Studien klar privatwirtschaftlich ausgerichtet sind, während dies bei der Studie von *Collins* und *Schmidt* sowie bei der von *Bannenberg* nicht klar bestimmt werden konnte. Bei fünf der Studien konnten kommerzielle Motive als maßgeblich für die Tätertypenbestimmung festgestellt werden. Bei der Studie von *Becker* und *Holzmann* sowie bei der Studie von *Schlegel* war die kommerzielle Ausrichtung nicht eindeutig bestimmbar. Bis auf die Studie von *Wheeler* weisen alle der untersuchten Studien eine kriminalpräventive Zielsetzung auf. Neben der präventiven Legitimation haben vier der Studien zusätzlich angegeben, einen Beitrag zur Aufklärung von

Wirtschaftskriminalität leisten zu wollen. Alle zehn untersuchten Studien haben Tätertypen gebildet, die der Betriebskriminalität zuzuordnen sind. In acht Fällen ließ sich zudem entweder bereits bei einem Typus zusätzlich zur Betriebskriminalität ein Bezug zur Unternehmenskriminalität herstellen oder es konnten zumindest innerhalb einer Typologie die Typen zum Teil der Betriebs- und zum Teil der Unternehmenskriminalität zugeordnet werden.

Die Bestimmung wirtschaftskriminologischer Tätertypologien wird maßgeblich von Wirtschaftsprüfungsgesellschaften für die Vermarktung von Compliance-Programmen genutzt. Dies wurde in der Tabelle 2 unter der Kategorie „privatwirtschaftlich" zusammengefasst. Die in den Studien regelmäßig angeführten kriminalpräventiven Motive fungieren nach der vorangegangenen Analyse als Mittel zum Zweck, also zum Verkauf der Dienstleistungen im Bereich der Compliance-Maßnahmen. Für Unternehmen bietet sich die Tätertypenbestimmung hingegen als Maßnahme zur Verringerung von Enthaftungsrisiken an, aufgrund der zunehmend verschärften staatlichen Anforderungen in diesem Bereich. Zudem ermöglicht die Tätertypenbestimmung eine Ablenkung von den Unternehmensstrukturen als Biotop für Wirtschaftskriminalität sowie eine konkrete Zuschreibung der Verantwortung auf bestimmte Personen.

III. Zusammenfassung

Die zusammenfassende Inhaltsanalyse der konzeptionellen und empirischen Studien zu Wirtschaftsstraftätertypenbildung hat ergeben, dass diese anhand von Sozialdaten, Persönlichkeitseigenschaften oder Werten beziehungsweise Motiven erfolgen. Die Tätertypbestimmung erfolgt dabei sowohl mithilfe von Ideal- als auch Realtypen. Bis auf eine der untersuchten Studien sind alle anwendungsorientiert. Der Anwendungsbezug folgt aus der Zielsetzung, die Erkenntnisse der Wirtschaftsstraftätertypenbestimmung für die präventive oder repressive Kontrolle von Wirtschaftskriminalität zu nutzen sowie aus darüberhinausgehenden konkreten Empfehlungen, etwa zur Durchführung von Compliance-Maßnahmen. Täterorientierte Typologien in der Wirtschaftskriminologie unterscheiden sich teilweise hinsichtlich ihrer Zielsetzungen, haben dahingehend aber auch einige Gemeinsamkeiten. Die Wirtschaftsstraftätertypenbestimmung erfolgt widersprüchlicherweise überwiegend derart, dass diese sowohl dem Kriminalitätsphänomen der Betriebs- als auch der Unternehmenskriminalität zugeordnet werden können. Dies liegt darin begründet, dass keine klare Unterscheidung zwischen dem Handeln im Unternehmensinteresse und entgegen den Interessen des Unternehmens erfolgt, sodass bei dem erstreben eines persönlichen Profits als Zwischenstufe auch stets die Begehung von Unternehmenskriminalität in Betracht kommt, um an das eigentliche Ziel, die persönliche Bereicherung, zu gelangen.

Die überwiegende Anzahl der Studien zu präventiv legitimierten Tätertypenbestimmung ist privatwirtschaftlich ausgerichtet und somit kommerziell motiviert. Die weitergehende Untersuchung richtet daher den Fokus auf Wirtschaftsstraftätertypologien als Instrument privater sozialer Kontrolle. Aufgrund der überwiegend anwendungsbezogenen Studien konzentriert sich die weitergehende Untersuchung auf diese mit der schwerpunktmäßigen Betrachtung der präventiv legitimierten Tätertypenbestimmung.

Für die weitere Untersuchung von Tätertypologien als Instrument sozialer Kontrolle folgt aus den gewonnenen Ergebnissen, dass diese zunächst auf ihre mögliche Wirkweise hin betrachtet werden, also darauf, wie mit Tätertypologien Wirtschaftskriminalität unterbunden werden kann. In einem weiteren Schritt wird daraufhin überprüft, ob dieses Vorgehen erfolgsversprechend ist.

D. Wirtschaftsstraftätertypologien als präventiv legitimiertes Instrument privater sozialer Kontrolle

Bei der nachfolgenden Untersuchung der wirtschaftskriminologischen Tätertypenbestimmung als Instrument sozialer Kontrolle wird differenziert zwischen intendierten und nicht intendierten Effekten. Als maßgebliche mit der Tätertypenbildung verfolgte Intention der anwendungsbezogenen Studien ist im vorangegangenen Untersuchungsabschnitt die Prävention von Wirtschaftskriminalität in Unternehmen festgestellt worden. Die Untersuchung konzentriert sich daher schwerpunktmäßig auf den präventiven Einsatz der Tätertypenbestimmung, der von allen der dargestellten anwendungsbezogenen Studien angegeben wurde.

Ausgehend von der präventiven Zielsetzung wirtschaftskriminologischer Tätertypologien ist zunächst von Interesse, wie diese überhaupt als Kontrollinstrument in der Praxis eingesetzt werden können. Hierzu machen die dargestellten Studien jedoch kaum konkrete Angaben. In den überwiegenden Fällen wird lediglich allgemein empfohlen, im Zuge der gewonnenen Erkenntnisse über Tätertypen darauf ausgerichtete Compliance-Maßnahmen zur Prävention von Wirtschaftskriminalität im Unternehmen einzuführen, ohne aber die konkrete Nutzungsmöglichkeit zu erläutern.

Neben der Frage der Nutzungsmöglichkeit, werden in einem weiteren Schritt die Erfolgsaussichten einer präventiv legitimierten Tätertypenbestimmung evaluiert. Dazu wird zunächst das methodische und methodologische Vorgehen der dargestellten Studien zu Wirtschaftsstraftätertypologien untersucht, um deren Aussagekraft zu beurteilen. Daran anschließend wird, bezugnehmend auf Aussagen konstruktivistischer Handlungs- und Kriminalitätstheorien, allgemein die Eignung einer präventiv legitimierten Tätertypenbestimmung zur Unterbindung von Wirtschaftskriminalität überprüft.

Danach wird ausgehend vom Labeling Approach auf weitere in Betracht kommende, nicht intendierte Effekte der Tätertypenbildung als Instrument sozialer Kontrolle eingegangen. Der Fokus wird dabei auf die Auswirkungen einer präventiv legitimierten Tätertypenbestimmung für Unternehmen und deren Mitarbeiter gerichtet. Die Untersuchung kann dadurch sowohl Aussagen über die Erfolgsaussichten der mit der Tätertypenbestimmung verfolgten kriminalpräventiven Zielsetzung treffen als auch etwaige damit verbundene Risiken infolge von nicht mit der Tätertypenbestimmung intendierten Effekten aufzeigen.

I. Nutzungsmöglichkeit von Wirtschaftsstraftätertypologien als Instrument sozialer Kontrolle

In diesem Abschnitt wird zunächst geklärt, wie Tätertypenbildungen konkret genutzt werden müssen, damit die intendierte kriminalpräventive Wirkung erreicht werden kann. Um die präventiven Nutzungsmöglichkeiten der wirtschaftskriminologischen Tätertypenbestimmung zu untersuchen, ist vorab klarzustellen, wie dies erfolgen soll. Zur Beantwortung dieser Frage wird argumentativ auf den Gouvernementalitätsansatz von *Foucault* Bezug genommen, da so der Einsatz von Tätertypen als Kriminalpräventionsinstrument machttheoretisch eingeordnet werden kann.[335]

Nach den Ergebnissen im vorangegangenen Untersuchungsabschnitt, wird eine präventiv legitimierte wirtschaftskriminologische Tätertypenbestimmung überwiegend im Zusammenhang mit Compliance- oder vergleichbaren Maßnahmen empfohlen.[336] Daher ist zunächst zu untersuchen, wie der Theorie nach mit Compliance-Maßnahmen[337] Kriminalprävention ausgeübt werden kann, um in einem zweiten Schritt zu überprüfen, wie dies auf die wirtschaftskriminologische Tätertypenbildung übertragen werden kann.

1. Soziale Kontrolle durch Compliance-Maßnahmen

Für die Untersuchung ist zunächst darauf einzugehen, wie generell soziale Kontrolle mit Compliance-Maßnahmen ausgeübt werden kann. Daran anschließend ist zu klären, ob und wie Compliance-Maßnahmen dem Zweck der sozialen Kontrolle, der sozialen Integration, dienen können.

Die Einführung von Compliance-Maßnahmen wird Unternehmen zunehmend von staatlicher Seite vorgegeben. In Deutschland erfolgt dies durch vereinzelte gesetzliche Vorgaben[338] und die Rechtsprechung,[339] welche sich mit der Haftung von Management und Aufsichtsorganen beschäftigt und ex post urteilt,

---

335 Vgl. Kapitel B. II. 3.

336 Vgl. Kapitel C. II. 1.

337 Zum Begriffsverständnis von Compliance-Maßnahmen, vgl. Kapitel A.

338 Z. B. § 54a KWG, § 4f BDSG, § 33 WPHG, §§ 58, 59 KrWG, §§ 91, 93, 107, 161 AktG, § 43 GmbHG, §§ 25 a, 25 c KWG. Zudem findet sich im Deutschen Corporate Governance Kodex die Verpflichtung zur Beachtung von „Compliance", vgl. Ziff. 4.1.3 des Deutschen Corporate Governance Kodex in der Fassung vom 15. Mai 2013, http://www.dcgk.de/de/kodex/aktuelle-fassung/praeambel.html (Stand: 05.06.2014).

339 *LG München I*, Urt. v. 10.12.2013 – 5HK O 1387/10, 5HK O 1387/10; *BGH*, Urt. v. 17. Juli 2009 – 5 StR 394/08; *BayObLG*, Beschl. v. 10.08.2001, wistra 2001, 478 (479).

welche Vorkehrungen für eine Enthaftung getroffen werden müssen.[340] Hinzu kommen Compliance-Standards, die in den vergangenen Jahren international etabliert wurden und der Rechtsprechung als Beurteilungsmaßstab dienen.[341] Auch Geldbußen (§§ 30, 130 OWiG) werden der Höhe nach anhand des Wirkungsgrades eines innerbetrieblichen Compliance-Systems bestimmt.[342]

Die Einführung von Compliance-Maßnahmen in Unternehmen wird damit insbesondere durch die gestiegenen Haftungsrisiken für leitende Personen eines Unternehmens angeregt,[343] aber auch durch eine vermehrte öffentliche Aufmerksamkeit gegenüber Wirtschaftskriminalität, etwa durch die Medien oder Nichtregierungsorganisationen, wie *Transparency International*.[344] Compliance-Maßnahmen können damit zur Verringerung von Haftungsrisiken führen,

---

340 http://www.roelfspartner.de/Fraud-Risk-Compliance/Leistungsspektrum/Praevention-Compliance.aspx (Stand: 01.01.2013).

341 *RölfsPartner/Universität Leipzig*, Der Wirtschaftsstraftäter in seinen sozialen Bezügen, 2009, S. 24. Zu den von Unternehmen durch Verschärfungen der eigenen Standards in Gang gesetzten Trends, zu höheren Compliance-Standards, vgl. *Bittmann*, Complianceanforderungen in der Unternehmenskrise, 2. Compliance-Tagung am 7. und 8.12.2012 „Criminal Compliance vor den Aufgaben der Zukunft" in Gießen, Deutschland. Zur damit verbundenen Problematik hinsichtlich des Gesetzlichkeitsgrundsatzes, vgl. *Hefendehl*, JZ 2006, 119 (120).

342 Vgl. *Theile*, in: *Rotsch* (Hrsg.), Criminal Compliance, 2015, S. 1448 (1457) m.w.Nachw.

343 Vgl. *BGH*, Urt. v. 17. Juli 2009 – 5 StR 394/08; *Theile*, in: *Rotsch* (Hrsg.), Criminal Compliance, 2015, S. 1448 (1461). Vgl. zu Compliance-Programmen als „ein Instrument der Haftungsvermeidung" auch *Kölbel*, ZStW 125 (2013), 499 (503) m. w. Nachw.; *Kuhlen*, in: *Maschmann* (Hrsg.), Corporate Compliance und Arbeitsrecht, 2009, S. 11 (19). Compliance-Regeln sind wirtschaftlich motiviert und entspringen einem Bedürfnis normativer Legitimation von Unternehmen. Außerstrafrechtliche Regelwerke sind dem Strafrecht nicht fremd. Compliance-Regeln können Strafbarkeitsräume definieren und bieten gewissermaßen eine normative Orientierungssicherheit. Dies gilt insbesondere im Wirtschaftsstrafrecht aufgrund eines „Case-Law-Charakters". Problematisch bei Compliance-Regelungen ist, dass Dispositionen strafrechtlicher Verantwortung einseitig von Unternehmen getroffen werden und nicht von den Unternehmensmitarbeitern (top-down), vgl. *Theile*, Unternehmensrichtlinien aus rechtstheoretischer und strafrechtlicher Perspektive, 2. Compliance-Tagung am 7. und 8.12.2012 „Criminal Compliance vor den Aufgaben der Zukunft" in Gießen, Deutschland.

344 Vgl. http://www.spiegel.de/wirtschaft/unternehmen/studie-top-manager-verursachen-grossteil-der-wirtschaftskriminalitaet-a-793889.html; http://www.manager-magazin.de/unternehmen/artikel/a-845038.html; http://www.zeit.de/karriere/beruf/2009-09/compliance-manager-scherp; http://www.transparency.de/Wirtschaft.64.0.html (Stand: 29.04.2014).

ebenso wie zur Eindämmung immaterieller Schäden, beispielsweise eines Reputationsverlusts.[345] Unternehmen werden also aktuell je nach Land in unterschiedlicher Stärke zur Einführung von Compliance-Maßnahmen angehalten.[346] Indem Unternehmen vorgegeben wird, Compliance-Regelungen zu treffen, werden diese zu Selbstführungstechniken im eigenen Betrieb angeregt. Durch die staatlichen Impulse sollen Unternehmen „reguliert sich selbst regulieren".[347] Die staatlich angeleitete Selbstführung von sozialen Kontrollmechanismen wird deshalb auch als „regulierte Selbstregulierung" bezeichnet.[348] Compliance-Maßnahmen fungieren also zur Selbststeuerung von Unternehmen. Dieses Prinzip der Selbstregulierung entspricht dem Gouvernementalitätsprinzip von *Foucault*.[349] Schließlich wird unter Gouvernementalität vorwiegend das Regieren oder Lenken von Individuen und Unternehmen verstanden, wie bei den Ausführungen zum Verständnis sozialer Kontrolle erläutert. Diese Art der sozialen Kontrolle kann je nach Steuerungsmechanismus durch private Institutionen oder durch staatliche Vorgaben beeinflusst werden. Wie bei der Darstellung verschiedener Studien zu Wirtschaftsstraftätertypologien aufgezeigt, werden Tätertypen überwiegend präventiv legitimiert und es wird eine Nutzung im Rahmen von Compliance-Programmen empfohlen.[350] Criminal Compliance soll dem aufgezeigten Begriffsverständnis entsprechend eine Kriminalpräventionsfunktion erfüllen.

---

345 *PricewaterhouseCoopers/Martin-Luther-Universität Halle Wittenberg*, Wirtschaftskriminalität, 2009, S. 20.

346 In anderen Staaten wird die Einführung von Compliance-Maßnahmen durch legislative Akte vorgegeben, wie etwa in den USA der Sarbanes Oxley Act oder in Großbritannien der UK-Bribery-Act, vgl. dazu Kapitel C. II. 2.

347 Vgl. *Kölbel*, ZStW 125 (2013), 499 (503); *Sieber*, in: *Sieber/Tiedemann/Dannecker et al.* (Hrsg.), Strafrecht und Wirtschaftsstrafrecht, 2008, S. 449 (449, 460); *Martín*, in: *Sieber/Tiedemann/Dannecker et al.* (Hrsg.), Strafrecht und Wirtschaftsstrafrecht, 2008, S. 485 (488); *Pieth*, in: *Lüderssen* (Hrsg.), Festschrift für Klaus Lüderssen, 2002, S. 317 (325 f.).

348 Vgl. etwa *Kölbel*, ZStW 125 (2013), 499 (507–510); *Sieber*, in: *Sieber/Tiedemann/Dannecker et al.* (Hrsg.), Strafrecht und Wirtschaftsstrafrecht, 2008, S. 449 (449, 460); *Martín*, in: *Sieber/Tiedemann/Dannecker et al.* (Hrsg.), Strafrecht und Wirtschaftsstrafrecht, 2008, S. 485 (488); *Pieth*, in: *Lüderssen* (Hrsg.), Festschrift für Klaus Lüderssen, 2002, S. 317 (325 f.).

349 *Foucault*, Dits et écrits, 1994, S. 635 ff. zit. nach *Pieth*, in: *Lüderssen* (Hrsg.), Festschrift für Klaus Lüderssen, 2002, S. 317 (325).

350 Vgl. etwa *Hülsberg/Engels*, ZWH 2011, 14 (14, 18); *RölfsPartner*, Wirtschaftskriminalität, 2009, S. 3, 5; http://www.roelfspartner.de/Fraud-Risk-Compliance/Leistungsspektrum/Praevention-Compliance/ Gefaehrdungsanalyse.aspx (Stand: 01.01.2013).

Durch die staatliche Anregung von Compliance-Programmen und die drohenden negativen Konsequenzen für ein Unternehmen im Falle der Nichtumsetzung werden Unternehmen dazu angehalten, die sozialen Kontrollfunktionen staatlicher Instanzen zu übernehmen. Dieses Anhalten zur „regulierten Selbstregulierung" ist damit das staatliche Bestreben, mittelbar soziale Kontrolle über ein Unternehmen auszuüben.[351]

Der Gouvernementalitätsansatz mit dem Grundgedanken der regulierten Selbstregulierung wird in der Literatur bereits seit einigen Jahren mit Compliance-Maßnahmen in Verbindung gebracht.[352] Das Prinzip der Führung der Führungen kann dabei sowohl im Verhältnis Staat und Unternehmen als auch Unternehmen und Unternehmensmitarbeiter greifen. Zu klären ist demnach, ob es sich durch den staatlichen Impuls zur Einführung von Compliance um Maßnahmen der formellen sozialen Kontrolle handelt, oder ob das unternehmenseigene Regulieren überwiegt und daher informeller Natur ist. Ausschlaggebend für die Frage, wer mit Compliance-Maßnahmen wen reguliert, ist alleine die faktische Regulierung.[353] Zu differenzieren ist bei der Vorgabe von Compliance-Maßnahmen zwischen einer allgemeinen Verpflichtung, diese einzuführen, und der Vorgabe der konkreten Ausgestaltung.[354]

Die aufgezeigte Rechtsprechung in Deutschland zu Compliance-Maßnahmen ist als staatlicher Impuls anzusehen.[355] Dieser staatliche Impuls ist insbesondere in Ländern mit gesetzlichen Vorgaben zur Einführung von Compliance der formellen sozialen Kontrolle zuzuordnen. Obwohl die Vorgaben in diesem Bereich unterschiedlich präzise ausgestaltet sind, ist die Möglichkeit der Kontrolle dieser Vorgaben ausreichend für die Annahme einer staatlichen Kontrolle in

---

351 *Sieber*, in: *Sieber/Tiedemann/Dannecker et al.* (Hrsg.), Strafrecht und Wirtschaftsstrafrecht, 2008, S. 449 (449); *Martín*, in: *Sieber/Tiedemann/Dannecker et al.* (Hrsg.), Strafrecht und Wirtschaftsstrafrecht, 2008, S. 485 (489).

352 Vgl. *Kölbel*, ZStW 125 (2013), 499 (507–510); *Sieber*, in: *Sieber/Tiedemann/Dannecker et al.* (Hrsg.), Strafrecht und Wirtschaftsstrafrecht, 2008, S. 449 (449, 460); *Martín*, in: *Sieber/Tiedemann/Dannecker et al.* (Hrsg.), Strafrecht und Wirtschaftsstrafrecht, 2008, S. 485 (488); *Pieth*, in: *Lüderssen* (Hrsg.), Festschrift für Klaus Lüderssen, 2002, S. 317 (325 f.).

353 *Kölbel*, ZStW 125 (2013), 499 (503); vgl. zu dieser Frage der Regulierung im Spannungsfeld von Wirtschaft und Strafrecht aus systemtheoretischer Perspektive, *Boers/Theile/Karliczek*, Ritsumeikan Law Review 21 (2004), 109.

354 Dazu, dass Compliance-Maßnahmen oft über die rechtlichen Vorgaben hinausgehen, *Kuhlen*, in: *Maschmann* (Hrsg.), Corporate Compliance und Arbeitsrecht, 2009, S. 11 (28).

355 Vgl. *Kölbel*, ZStW 125 (2013), 499.

diesem Gebiet. Die Verpflichtung zur Einführung von Compliance-Maßnahmen ist daher Teil der formellen sozialen Kontrolle. Im Unterschied zu positiven Strafrechtsnormen ist bei Compliance-Maßnahmen jedoch neben der bloßen Normbefolgung als zusätzliches Element die Implementierung entsprechender Programme im Unternehmen durch das Unternehmen selbst erforderlich. Die Einführung von Compliance-Maßnahmen als Instrument sozialer Kontrolle lässt sich folglich nicht darauf beschränken, dass diese in unterschiedlicher Ausprägung staatlich vorgegeben werden. Die staatliche Fremdregulierung steht damit in Wechselwirkung zur unternehmerischen Selbstregulierung, denn die formelle soziale Kontrolle durch Compliance-Programme funktioniert nur durch Mitwirkung der jeweiligen Unternehmen.[356] Daher ist jede Compliance-Maßnahme gesondert zu betrachten hinsichtlich der Frage, ob der staatliche oder der unternehmerische Einfluss prägend ist, insbesondere wenn die konkrete Ausgestaltung den Unternehmen überlassen ist.[357]

Fraglich ist noch, ob und wie Compliance-Maßnahmen dem Zweck der sozialen Kontrolle, der soziale Integration,[358] dienen können. Nach der vorangegangenen Analyse sind Compliance-Maßnahmen mit unterschiedlichen staatlichen Vorgaben darauf gerichtet, dass Unternehmen selbst Vorkehrungen treffen, die es und seine Mitarbeiter zu normkonformen Handlungen anhalten. Ob es sich hierbei um integrative oder gar exkludierende Maßnahmen handelt, hängt von der konkreten Ausgestaltung ab. So kann etwa die Kommunikation von Werten im Unternehmen ohne Unterscheidung gegenüber allen Unternehmensmitarbeitern den Unternehmenszusammenhalt und damit die Integration im Unternehmen stärken. Auf der anderen Seite können selektive Kontrollen und unterschiedliche Behandlungen von einzelnen Unternehmensmitarbeitern eine Exklusion begünstigen. Welche Rolle hierbei der Wirtschaftsstraftätertypenbestimmung zukommt, wird noch vertieft im Abschnitt zu Tätertypologien als Labels[359] analysiert.

---

356 Vgl. i.E. *Rathgeber*, (2012), Criminal compliance, S. 90 ff.; *Rönnau*, in: *Schmidt* (Hrsg.), Begegnungen im Recht, 2011, S. 237 (243).

357 Denn die Seriosität der Durchführung von Compliance-Maßnahmen spielt durchaus eine Rolle, insbesondere bei den Haftungsfragen, vgl. *Theile*, in: *Rotsch* (Hrsg.), Criminal Compliance, 2015, S. 1448 (1453), der in diesem Zusammenhang von der Unzulänglichkeit eines „Windowdressing" spricht; vgl. so auch *Bussmann*, in: *Hellmann/Christian Schröder* (Hrsg.), Festschrift für Hans Achenbach, 2011, S. 57 (65).

358 Vgl. dazu Kapitel B. II. 3.

359 Kapitel D. IV.

2. Tätertypologien als Baustein von Compliance-Maßnahmen

Nachdem die Verpflichtung zur Einführung von Compliance-Maßnahmen als Instrument formeller sozialer Kontrolle mit Wechselwirkung zur unternehmerischen Selbstkontrolle bestimmt worden ist, wird nun deren konkrete Ausgestaltung untersucht. Zu klären gilt es, ob die im Rahmen von Compliance-Programmen eingesetzten Tätertypologien ebenfalls von einer staatlichen Fremdkontrolle beeinflusst werden oder Ergebnis unternehmerischer Selbstkontrolle sind. Dafür ist zunächst festzustellen, wie überhaupt die Kontrolle mit der wirtschaftskriminologischen Tätertypenbestimmung realisiert werden soll. Schließlich kann erst wenn die Art der Kontrollmaßnahme feststeht, diese als staatlicher oder privatwirtschaftlicher Baustein von Compliance-Maßnahmen eingeordnet werden.

Wie die vorherige Untersuchung ergeben hat, werden Wirtschaftsstraftätertypologien als Compliance- oder Compliance-ähnliche-Instrumente zur Prävention von Wirtschaftskriminalität empfohlen. Hierfür sollen typenspezifische Maßnahmen ergriffen werden, wie zum Beispiel die Verhinderung der Einstellung von Bewerbern mit kriminogenem Charakter, deren Ausschluss aus bestimmten beruflichen Stellen oder deren Unterwerfung unter ein ausdifferenziertes Kontrollsystem.[360]

Eine konkrete Nutzung von Tätertypen zur Prävention von Wirtschaftskriminalität als Compliance-Baustein ist dabei grundsätzlich nur durch Persönlichkeitstest realisierbar.[361] Denn nur wenn die Wirtschaftsstraftätertypen individualisiert werden, kann auch auf diese mit Präventionskonzepten eingewirkt oder die oftmals angestrebte Unterscheidung zu integren Mitbewerbern realisiert werden. So haben etwa *Schneider* und *RölfsPartner* eine Checkliste für die Identifizierung von Wirtschaftsstraftätertypen erstellt und *Schlegel* rät zu einer tätertypenspezifischen Personalauswahl.[362] Das Ziel einer solchen personenorientierten Prävention wird durch einen Blick über die analysierten Studien hinaus in die Praxis noch verstärkt.[363] So wird etwa bei dem Wirtschaftsprüfungsunternehmen *The*

360 Täterprofile werden als notwendig für Präventionsmaßnahmen gegen Wirtschaftsdelikte erachtet, vgl. *Hülsberg/Engels*, ZWH 2011, 14 (14); *RölfsPartner*, Wirtschaftskriminalität, 2009, S. 2; *Cleff/Luppold/Naderer et al.*, Tätermotivation in der Wirtschaftskriminalität, 2008, S. 39–45.

361 Vgl. so i.E. *Krüger*, in: *Dölling/Jehle* (Hrsg.), Täter, Taten, Opfer, 2013, S. 403 (410).

362 Vgl. dazu die Empfehlungen in den einzelnen Studien, Kapitel C. I.

363 Vgl. *The AuditFactory*, PIT-Persönlichkeitsinventar: integre und passende Mitarbeiter finden, http://www.auditfactory.de/integritaetstest/pit-persoenlichkeitsinventar.html (Stand: 17.01.2014); *Business Keeper AG*, Psychologische Integritätstests, http://

AuditFactory zum Schutz vor Wirtschaftskriminalität mit Persönlichkeitstests wie folgt geworben:

> „Die Suche nach guten Mitarbeitern ist aufwändig und teuer. Der von Psychologen entwickelte Integritätstest PIT®-Persönlichkeitsinventar hilft Ihnen, sich bei der Personalauswahl für integre und bestgeeignete Bewerber zu entscheiden. Integrität ist ein Schlüsselfaktor für die Einstellung guter Mitarbeiter – gerade bei sensiblen Positionen. Durch Charakter und Persönlichkeit unterscheiden sich integre Personen in bestimmten Einstellungen und Persönlichkeitsmerkmalen von solchen, die zu betriebsschädigendem Verhalten neigen. PIT-Persönlichkeitsinventar macht diese Faktoren sichtbar: Er zeigt Ihnen auf, welcher potenzielle Mitarbeiter loyal, verlässlich und erfolgreich für Ihr Unternehmen arbeiten wird. Messbar sind dabei Risiken hinsichtlich Diebstahl, unerlaubten Fehlzeiten, Betrug, Korruption, Aggression und auch Alkoholkonsum am Arbeitsplatz."[364]

Ohne die Individualisierung der Täterprofile ist eine Unterscheidung zwischen „Wirtschaftskriminellen" und „Normalpopulation", wie sie etwa *Schlegel* vornimmt, nur theoretischer Natur und kann keine Anwendung im Rahmen von Compliance-Maßnahmen finden. Sofern eine Individualisierung der als tätertypisch bestimmten Personen nicht erfolgt, kann demnach keine täterspezifische Ausrichtung der Compliance-Maßnahmen erfolgen. Erst bei einer Konkretisierung des Adressatenkreises auf die bestimmten Täterprofile können die jeweils für effektiv erachteten Präventionskonzepte auf diesen ausgerichtet werden. Solche Persönlichkeitstests können etwa durch Interviews oder das Ausfüllen von Fragebögen ausgeführt werden. Andere Individualisierungsverfahren als Persönlichkeitstests sind nicht ersichtlich. Indirekte tätertypenkonkretisierende Verfahren können die täterspezifischen Personen nicht ausmachen. Können aber diese Tätertypen nicht bestimmt werden, so ist das gesamte Verfahren für die präventiv legitimierten Tätertypologien hinfällig.

Wie die vorangegangene Analyse zur sozialen Kontrolle durch Compliance gezeigt hat, stehen Compliance-Maßnahmen grundsätzlich in Wechselwirkung mit staatlicher Fremd- sowie unternehmerischer Selbstregulierung. Für die Beantwortung der Frage, ob es sich bei der wirtschaftskriminologischen Tätertypenbestimmung um eine staatlich oder privatwirtschaftlich zu qualifizierende

---

www.business-keeper.com/psychologische-integritaetstests.html (Stand: 16.01.2014); http://www.personalpsychologie.de/personaldiagnostik/integrity_assessment/ (Stand: 07.05.2014).

364 http://www.auditfactory.de/integritaetstest/pit-persoenlichkeitsinventar.html (Stand: 16.08.2014).

Maßnahme handelt, ist zunächst zu analysieren, wer diese Maßnahmen in das Unternehmen einführt und wer darüber die Kontrolle hat.

Eine staatliche Vorgabe zur Einführung von Tätertypologien als Compliance-Maßnahme besteht nicht. Obwohl auch dem heutigen Strafrecht, wie eingangs aufgezeigt, Tätertypologien nicht fremd sind, bleibt ein Unterschied zu den im Rahmen von Compliance-Programmen aufgezeigten Wirtschaftsstraftätertypen. Typologien im Sinne des Strafrechts werden bei bereits begangenen Straftaten zur Aufklärung eingesetzt, während wirtschaftskriminelle Tätertypologien vor einer Straftat zum Tragen kommen sollen. Eine staatliche Anleitung ist allenfalls darin zu sehen, dass eine Anreizfunktion zu dieser Tätertypenbildung geschaffen wird. Denn durch das Anhalten zur Selbstregulierung der Unternehmen im Bereich der Wirtschaftskriminalität entsteht erst ein Markt für kriminalpräventive Instrumente, wie dies bezüglich der Bestimmung des typischen Wirtschaftsstraftäters angeführt wird. Bei einer solchen Argumentationsweise wäre jedoch jede Maßnahme, die von einem Unternehmen unter Angabe eines Regulierungszwecks im Unternehmen eingeführt wird, als staatlich vorgegeben anzusehen. Daher ist eine konkrete Anleitung zu einer Maßnahme von staatlicher Seite zu fordern, um von einem Element der Fremdregulierung auszugehen. Eine solche Anleitung zur Bildung von wirtschaftskriminologischen Tätertypen ist nicht ersichtlich. Wirtschaftsstraftätertypologien sind folglich ein Baustein von Compliance-Maßnahmen, wenn diese durch Persönlichkeitstests in einem Unternehmen Anwendung finden. Mangels staatlicher Vorgaben zur Tätertypisierung im Bereich der Wirtschaftskriminalität kommt deshalb nur eine privatwirtschaftliche Nutzung als Kontrollinstrument in Betracht.

Wirtschaftsstraftätertypen im Zusammenhang mit Compliance-Maßnahmen werden als Präventionskonzepte „überwiegend von Wirtschaftsberatungsgesellschaften in den Unternehmen installiert“ und nicht von den Unternehmen selbst.[365] Daher stellt sich die Frage, ob Wirtschaftsprüfungsgesellschaften die Macht über die Art und Weise der Einführung einer Tätertypenbestimmung haben, oder ob dies von den Unternehmen selbst gelenkt wird. Durch die Mitwirkung bei der Beratung und praktischen Ausgestaltung von Compliance-Maßnahmen im Unternehmen wird durch Wirtschaftsprüfungsgesellschaften auf unternehmensinterne Prozesse Einfluss genommen. Bezüglich der Tätertypenbildung erfolgt dies durch Maßnahmen bei der Personalauswahl.

365 Vgl. *Schneider*, NStZ 27 (2007), 555 (555).

Es kommt daher in Betracht, auch in der Tätigkeit durch Wirtschaftsprüfungsgesellschaften eine Form sozialer Kontrolle zu sehen. Wirtschaftsprüfungsgesellschaften sind meistens große Unternehmen, die kommerziell ausgerichtet sind und eigene unternehmerische Interessen verfolgen. Die Interessen der sie beauftragenden Unternehmen fallen zwar mit den eigenen kommerziellen Interessen zusammen. Allerdings werden die Interessen der Unternehmen nur verfolgt, soweit sie dem wirtschaftlichen Erfolg der Wirtschaftsprüfungsgesellschaften dienen. In Bezug auf Compliance-Programme kann die Verfolgung dieser Interessen durch die Vermarktung der Programme, aber auch durch die Setzung hoher Compliance-Standards erfolgen. Da sich die Rechtsprechung bezüglich der Enthaftungswirkung an bereits etablierten Compliance-Maßnahmen orientiert, werden diese hohen Standards zur Bemessungsgrundlage für die Frage, ob es zur Enthaftung der verantwortlichen Führungspersonen kommt.[366] Umso höher die Standards gesetzt sind, umso strenger werden die Anforderungen an eine Haftungserleichterung oder eine Enthaftung.[367] Wirtschaftsprüfungsgesellschaften haben folglich in diesem Bereich die Macht zur Setzung von Standards. Dies hat zur Folge, dass Wirtschaftskonzerne für Compliance-Maßnahmen häufig auf die Leistung von Wirtschaftsprüfungsgesellschaften angewiesen sind. Zudem haben Wirtschaftsprüfungsgesellschaften durch die zunehmende Abhängigkeit von Konzernen auch die Möglichkeit, den unternehmerischen Ablauf durch Compliance-Programme zu beeinflussen. Sie können etwa vorgeben, dass es das Profil des typischen Wirtschaftsstraftäters gibt, wie der typische Wirtschaftsstraftäter zu erkennen ist und mit welchen Maßnahmen ein Schutz vor diesem Typus erzielt werden kann.[368]

Die Entscheidungsgewalt über die Art der Compliance-Programme, die ein Unternehmen einführt, liegt allerdings bei einer fehlenden staatlichen Vorgabe über die konkrete Ausgestaltung bei den Unternehmen selbst. Wirtschaftsprüfungsunternehmen werden letztendlich nur auf Verlangen von Unternehmen tätig. Die Durchführung der für das Unternehmen eingeführten Compliance-Maßnahmen obliegt zudem den Unternehmen selbst, auch wenn sich diese bei

---

366 Vgl. *Bittmann*, Complianceanforderungen in der Unternehmenskrise, 2. Compliance-Tagung am 7. und 8.12.2012 „Criminal Compliance vor den Aufgaben der Zukunft" in Gießen, Deutschland.

367 Weiter ist es möglich, dass diese Standards auch in Deutschland Einzug in legislative Vorhaben finden, wie in anderen Ländern bereits geschehen: etwa der Sarbanes-Oxley Act in den USA oder der UK-Bribery Act in Großbritannien.

368 Zu diesen Wirkungsmechanismen von Diskursen im Hinblick auf Kriminalität und Kriminalisierung, vgl. *Singelnstein*, Diskurs und Kriminalität, 2009.

der Befolgung ebenfalls der Hilfe von Wirtschaftsprüfungsunternehmen bedienen können. Daher ist die Ausgestaltung von Compliance-Programmen letztlich eine Maßnahme informeller sozialer Kontrolle von privatwirtschaftlichen Unternehmen.

Von der festgestellten theoretischen Einsatzmöglichkeit der Tätertypologien als Instrument privater sozialer Kontrolle ist die tatsächliche kriminalpräventive Wirkung von wirtschaftskriminologischen Tätertypologien als Baustein von Compliance-Maßnahmen zu unterscheiden. Diese soll im Folgenden anhand der Aussagekraft der dargestellten empirischen Studien sowie einer allgemeinen theoretischen Analyse zur Eignung einer wirtschafskriminologischen Tätertypenbestimmung als Präventionsinstrument überprüft werden.

3. Ergebnisse

Die Analyse der Nutzungsmöglichkeit von Wirtschaftsstraftätertypologien als kriminalpräventives Instrument hat ergeben, dass diese nur über den Einsatz von Persönlichkeitstests angewendet werden können. Dies liegt darin begründet, dass nur so Präventionsmaßnahmen täterspezifisch ausgerichtet werden können und ansonsten der Nutzen einer Differenzierung zwischen Tätertypen und Nicht-Tätertypen hinfällig ist.

Da die präventiv legitimierte wirtschaftskriminologische Tätertypenbildung primär im Rahmen von Compliance-Maßnahmen empfohlen wird, wurde zuerst der Charakter der Compliance als soziales Kontrollinstrument untersucht. Hierbei wurde festgestellt, dass Compliance-Maßnahmen grundsätzlich ein Instrument zur regulierten Selbstregulierung von Unternehmen sind, mit einer Wechselwirkung von staatlichen Impulsen zur Einführung und unternehmenseigenen Ausgestaltung der Maßnahmen. Auch eine unternehmensinterne Selbstregulierung ist möglich, indem eigene Vorgaben im Unternehmen gemacht werden, die wiederum die Mitarbeiter zur Selbstregulierung anhalten. Bei der wirtschaftskriminologischen Tätertypenbildung wurde festgestellt, dass diese zwar als Baustein von Compliance-Maßnahmen empfohlen wird, allerdings derzeit nur im privatwirtschaftlichen Bereich eingesetzt wird und in keiner Wechselwirkung zur staatlichen Fremdkontrolle steht.

II. Analyse des methodologischen und methodischen Vorgehens der Studien zur Wirtschaftsstraftätertypenbestimmung

Nach der Untersuchung der Nutzungsmöglichkeit der wirtschaftskriminologischen Tätertypologien wird in diesem Abschnitt analysiert, ob die intendierte kriminalpräventive Wirkung mit den einzelnen Studien erzielt werden kann. Hierzu wird zunächst auf die beispielhaft dargestellten konzeptionellen Studien und deren methodisches Vorgehen eingegangen. Im Anschluss daran wird die Aussagekraft der empirischen Tätertypen als Instrument zur Kriminalprävention untersucht. Darauf aufbauend werden die dargestellten empirischen Studien sowohl hinsichtlich ihres methodologischen Vorgehens analysiert, also ob der Eignung der jeweiligen Methode zur Tätertypenbestimmung, als auch bezüglich ihres methodischen Vorgehens überprüft, also hinsichtlich der Datenerhebung und Datenauswertung.

1. Schwierigkeiten der einzelnen konzeptionellen Studien

In diesem Unterabschnitt wird nach vorab festgelegten Prüfkriterien analysiert, ob sich die den empirischen Untersuchungen vorgelagerten Ansätze zur Tätertypenbestimmung vom Konzept her zur Kontrolle von Wirtschaftskriminalität eignen und in der Praxis beobachten lassen.

a) Bestimmung der Prüfkriterien für die Analyse der konzeptionellen Studien

Die Analyse der konzeptionellen und empirischen Studien überschneidet sich teilweise hinsichtlich der Prüfkriterien. Um Aussagen über die Eignung der konzeptionellen Studien zu Wirtschaftsstraftätertypologien als Präventionsinstrument treffen zu können, werden der methodischen Analyse die folgenden Prüfkriterien zugrunde gelegt: 1. Ist der Untersuchungsgegenstand konkret festgelegt worden und empirisch überprüfbar?; 2. Gibt es einen theoretischen Bezugsrahmen?; 3. Welche Art von Typologie wurde verwendet?

(1) Bestimmung des Untersuchungsgegenstandes und der empirischen Überprüfbarkeit

Ein Kriterium für eine ergiebige konzeptionelle Studie ist, ob das gewünschte Ziel mit der gewählten Vorgehensweise erreicht werden kann. Sofern kriminalpräventive Empfehlungen mit der Bestimmung von wirtschaftskriminologischen Tätertypen abgegeben werden, kann die Aussagekraft des Konzepts nur im Rahmen einer empirischen Überprüfung festgestellt werden. Voraussetzung für eine empirische Überprüfbarkeit ist die konkrete Eingrenzung des Untersuchungsgegenstandes und die genaue Bestimmung der im Rahmen des Untersuchungsgegenstandes verwendeten Begrifflichkeiten. Hinsichtlich des Untersuchungsgegenstandes von Tätertypen und Wirtschaftskriminalität bereitet, wie eingangs der Untersuchung aufgeführt, insbesondere die Bestimmung von Wirtschaftskriminalität Schwierigkeiten.[369] Aber auch bei der konzeptionellen Beschreibung von Tätertypen ist eine Abgrenzung zwischen der genauen Bedeutung der zugeschriebenen Persönlichkeitseigenschaften, Motivationen oder Werteeinstellungen nicht immer eindeutig zu ziehen. Eine konzeptionelle Studie kann nur empirisch überprüft werden, wenn der Untersuchungsgegenstand konkret festgelegt wird.[370]

(2) Theoretische Annahmen der konzeptionellen Studien zu wirtschaftskriminologischen Tätertypologien

Weiter ist der theoretische Bezugsrahmen entscheidend dafür, ob die Anwendung der Tätertypen in kriminalpräventiver Hinsicht Aussicht auf Erfolg haben können. Bei den konzeptionellen Studien ist zu überprüfen, inwiefern der theoretische Bezugsrahmen zur präventiv legitimierten Tätertypenbestimmung geeignet ist.

Wirtschaftskriminologische Tätertypen sollen nach der vorangegangenen Analyse bestimmt werden, damit Unternehmen sich diesen gegenüber bereits schützen können, bevor eine Straftat begangen wird. Neben Einstellungstests werden hierzu verschiedene Compliance-Maßnahmen für bereits im Unternehmen tätige Tätertypen empfohlen. Die als Tätertypen bestimmten Personen sollen von Wirtschaftsstraftaten abgehalten werden, indem ihre Kosten-Nutzen-Analyse derart beeinflusst wird, dass sie von wirtschaftskriminellen Handlungen Abstand nehmen. Diesem Ansatz liegt das theoretische Leitbild vom homo oeconomicus zugrunde, der sich nach einer individuellen Kosten-Nutzen-Analyse für oder gegen die Begehung einer Wirtschaftsstraftat entscheidet. Rational Choice Modelle werden heute allerdings geprägt durch Framing-Effekte. Dem sogenannten „Framing" liegen Beobachtungen zugrunde, wonach „oft minimale Veränderungen in der Art der Informationsvermittlung und geringfügige Variationen des Entscheidungskontextes zu oft dramatischen Veränderungen im

---

369 Vgl. dazu Kapitel B. II. 2.

370 *Sartori*, in: *Collier/Gerring* (Hrsg.), Concepts and Method in Social Science, 2009, S. 97 (110).

Entscheidungsverhalten führen"[371] können. Diese Beobachtungen lassen darauf schließen, dass die Kosten-Nutzen Analyse des homo oeconomicus nicht ausschließlich rational erfolgt. Dies kann zu der Annahme verleiten, dass bestimmte „Typeneigenschaften" eine Handlungsentscheidung beeinflussen können.

Sofern das Phänomen des Framings außen vor gelassen wird und von einem rational beeinflussbaren Entscheidungskalkül ausgegangen wird, steht die Bestimmung von Tätertypen allerdings einer rationalen Kosten-Nutzen-Analyse diametral entgegen. Der homo oeconomicus als eigener Idealtypus ökonomischer Handlungstheorien ist in diesem Fall weitestgehend frei von Persönlichkeitseigenschaften, reduziert auf ein rationales Kosten-Nutzen-Kalkül. Im engen Sinne trifft also der homo oeconomicus stets für seinen eigenen Nutzen maximierte Entscheidungen. Daran anknüpfend wird davon ausgegangen, dass diese Entscheidungen durch eine bestimmte Anreizsetzung beeinflussen werden kann, um etwa eine unternehmenspolitisch erwünschte Handlung zu begünstigen. Demgegenüber geht die präventiv legitimierte Tätertypenbestimmung davon aus, dass es messbare personenbezogene Faktoren gibt, anhand derer potentielle Wirtschaftsstraftätertypen von Nicht-Wirtschaftsstraftätertypen unterschieden werden können.

Neben der konkreten Festlegung des Untersuchungsgegenstandes ist deshalb die Wahl des theoretischen Bezugsrahmens maßgeblich für die Eignung einer konzeptionellen Studie zur präventiv legitimierten Tätertypenbestimmung.

(3) Ideal- und Realtypen zur Bestimmung von Wirtschaftsstraftätern

Die Inhaltsanalyse der Studien zu Wirtschaftsstraftätertypologien hat ergeben, dass diese teilweise auf die Bestimmung von Realtypen abzielen, teilweise aber auch auf die Abbildung idealtypischer Wirtschaftsstraftäter.[372] Wie bereits aufgezeigt, ermöglicht eine Typologie grundsätzlich die vereinfachte Erfassung der Realität und ist daher ein beliebtes empirisches sowie heuristisches Mittel. Dabei gilt es zu beachten, dass der Nutzen und die Aussagekraft kriminologischer Typologien maßgeblich durch zwei Erwägungen begrenzt sind. Zum einen hat eine möglichst detaillierte und realtypische Beschreibung zur Folge, dass nur einige wenige Fälle unter den speziellen Typus gefasst werden können. Zum anderen hat eine abstrakte generalisierende oder gar ideale Typisierung zur Folge, dass zwar eine Vielzahl von Fällen erfasst werden kann, dass diese jedoch wenig über

371 *Stocké*, Framing und Rationalität, 2002, S. 10.
372 Vgl. Kapitel C. I.

die einzelnen Fälle auszusagen vermag.[373] Ein methodologisches Problem resultiert folglich aus der Tätertypenbildung selbst, da bei kriminologischen Tätertypologien Nutzen und Aussagekraft beschränkt sind.[374]

Generell wird deshalb hinsichtlich der Art der Bildung von Typologien eine Kontroverse zwischen der Bevorzugung von Ideal- und Realtypen geführt. Bei Idealtypen wird grundsätzlich das intuitive Vorgehen und der dadurch fehlende konkrete Bezug zur Empirie kritisiert. Aber auch Realtypen bilden nicht die exakte Realität ab, da verschiedene Elemente, die zu einem Typus zusammengefasst werden sollen, sich „nur ähneln und nicht vollständig gleichen".[375] So werden sowohl bei Ideal- als auch bei Realtypen nur Ausschnitte der Wirklichkeit abgebildet, was eine Verzerrungsgefahr in sich birgt.

> „Im Extremfall können dabei sogar einzelne Typen herausgegriffen und zu Normgebern oder gar Stereotypen (gemacht) werden, die das Augenmerk nur noch auf einzelne Aspekte richten und dazu führen, daß die empirische Vielfalt gänzlich in den Hintergrund gerät".[376]

Realtypen sollen der wirklichkeitsgetreuen Abbildung dienen und Idealtypen als konstruierte „begriffliche Werkzeuge und allgemein gültige gedankliche Modelle"[377] für theoretische Analysen fungieren. Das wichtigste Differenzierungskriterium zwischen Ideal- und Realtypen ist der Abstraktionsgrad der Wirklichkeit.[378]

Aus den Zielsetzungen folgt, dass eine Nutzung präventiv legitimierter Tätertypologien nur durch die Individualisierung anhand von Persönlichkeitstests Anwendung finden kann.[379] Eine solche Individualisierung anhand von Persönlichkeitstests ergibt allerdings nur Sinn, wenn sich diese auf Realtypen konzentriert.[380] Denn Idealtypen sind überzeichnete Konstrukte der Realität

---

373 Vgl. *Eisenberg*, 6. Aufl. (2005), Kriminologie, S. 165.

374 Vgl. dazu insgesamt *Eisenberg*, 6. Aufl. (2005), Kriminologie, S. 165.

375 Vgl. dazu ausführlich *Kluge*, Empirisch begründete Typenbildung, 1999, S. 23 f., 58 ff. m.w.Nachw.

376 *Kluge*, Empirisch begründete Typenbildung, 1999, S. 24.

377 *Kluge*, Empirisch begründete Typenbildung, 1999, S. 59.

378 Vgl. zum Ganzen *Kluge*, Empirisch begründete Typenbildung, 1999, S. 23 f., 58 f., 60 ff., 66, 78 m.w.Nachw.

379 Vgl. dazu Kapitel D. I. 2.

380 Nach *Eisenberg* kann generell nur von kriminologischen Typen gesprochen werden, sofern „es sich um erfahrungswissenschaftlich festgestellte und zur erfahrungswissenschaftlichen Überprüfung geeignete Realtypen handelt". Darüber hinaus soll es

und nur äußerst selten in der Lebenswirklichkeit vorzufinden.[381] Bei der Idealtypenbildung von Wirtschaftsstraftätern zur Kriminalprävention im Rahmen von Compliance-Programmen besteht folglich ein Konflikt zwischen der Wahl der Methode und dem angestrebten Ziel. Da Idealtypen nicht in der Realität vorkommen, können grundsätzlich nur Realtypen für eine personenindividualisierte Prävention genutzt werden, es sei denn ein Persönlichkeitstest zielt darauf ab, Wahrscheinlichkeiten zu bestimmen, die ausdrücken, wie sehr eine Person dem Idealtypus entspricht. Damit kommt bereits der Wahl der Art der Typen eine Bedeutung hinsichtlich der Nutzungsmöglichkeit zur Prävention von Wirtschaftskriminalität zu.

b) Analyse der konzeptionellen Studien

Im Folgenden werden die beispielhaft angeführten konzeptionellen Studien hinsichtlich ihres methodologischen Vorgehens analysiert.

(1) Analyse der Studie von Wheeler

Der Untersuchungsgegenstand wird bei der Studie von *Wheeler* mit dem Begriff des white-collar crime festgelegt, ohne dass allerdings ausgeführt wird, was genau darunter zu verstehen ist. Die von *Wheeler* durchgeführte Untersuchung ist theoriegeleitet. Die Wirtschaftsstraftätertypen werden, orientiert an der Prospect Theorie von *Kahneman* und *Tversky*, anhand ihrer Motivationen bestimmt.[382] Nach dieser Theorie kann die Kosten-Nutzen-Kalkulation von Akteuren im Vorfeld von risikoträchtigen Entscheidungshandlungen, insbesondere bei wirtschaftlichen Verhaltensweisen, kognitiven Verzerrungen unterliegen.[383] Dieser ökonomische Erklärungsansatz geht also von einem Menschenbild aus,

---

erforderlich sein, „dass die Typen möglichst zuverlässig identifizierbar sind", *Eisenberg*, 6. Aufl. (2005), Kriminologie, S. 165.

381 Auf dieses Problem weist auch *Bock* hin, vgl. *Bock*, in: *Bock* (Hrsg.), Göppinger, Kriminologie, 6. Aufl. (2008), S. 1 (82). Nach *Pfahler* ist „jede Persönlichkeit, die sich in den Rahmen eines Typus einfügen läßt, […] doch unendlich viel mannigfaltiger, lebendiger und rätselhafter als der Typus. In gewissem Sinne ist jeder Typus Zwischenglied auf dem Wege vom Allgemeinsten zum Einmaligen. Solange diese Funktion der Typen […] ernstgenommen wird, sind sie alles andere als bloßes Schema und Mittel, die Fülle des Lebens zu stauen", *Pfahler*, 2. Aufl. (1936), System der Typenlehre, S. 36.

382 Siehe Kapitel C. I. 1. b).

383 *Kahneman/Tversky*, Econometrica 47 (1979), 263; zit. nach *Burkatzki*, zfwu 12 (2011), 377 (378).

bei dem die Person in ihrem Kosten-Nutzen-Kalkül beeinflussbar ist. Die Merkmale, mit denen die Tätertypen beschrieben werden, wie Gier, Risikofreudigkeit oder die Angst vor dem sozialen Abstieg, werden klar bestimmt. Die Darstellung der Tätertypen erfolgt idealtypisch und trifft daher konzeptionell nur eine Aussage darüber, dass gewisse Merkmale einer Person einem Idealtypus entsprechen können, ohne eine weitere Konkretisierung zu ermöglichen. Das Konzept birgt daher das Risiko, dass über alle Personen, die Merkmale eines Idealtypen aufweisen, der Generalverdacht verhängt wird, Täter einer Wirtschaftsstraftat zu sein.

Als Ziel der Untersuchung wird angegeben, durch das Verstehen der Motive neue Erkenntnisse für die Ursachenerklärung von Wirtschaftskriminalität zu gewinnen.[384] Nach der Untersuchung und dem Vergleich der Zielsetzungen der Studien zur Wirtschaftsstraftätertypenbestimmung ist die Studie von *Wheeler* die einzige ohne Anwendungsbezug. Die Individualisierung der Tätertypen ist damit nicht notwendig für die Zielsetzung der Untersuchung. Daher besteht auch kein Widerspruch zwischen dem ökonomischen Ausgangspunkt und der Tätertypenbildung. Die fehlende Konkretisierung des Untersuchungsgegenstandes verhindert jedoch die empirische Überprüfung der konzeptionellen Untersuchung von *Wheeler*.

(2) Analyse der Studie von Becker *und* Holzmann

Wie *Wheeler* stützen *Becker* und *Holzmann* ihre Tätertypen auf ökonomische Erklärungsansätze. Ihre Typologie soll sowohl die Betrachtung situativer als auch persönlichkeitsimmanenter Risikofaktoren ermöglichen, um so Präventionsmaßnahmen direkt nach dem Tätertypus auszurichten.[385] Wirtschaftskriminalität wird auf die Delikte Korruption, Untreue, Betrug, Diebstahl, Wettbewerbsdelikte und Geldwäsche eingegrenzt.[386] Der Begriff der Motivation wird bestimmt und es wird zwischen intrinsischen und extrinsischen Motivationen differenziert. Der Untersuchungsgegenstand wird damit festgelegt.

Die Untersuchung von *Becker* und *Holzmann* ist wie die von *Wheeler* eine theoriebasierte. Die Tätertypen werden von der Prinzipal-Agent-Theorie und der Stewardship-Theorie abgeleitet.[387] Auch *Becker* und *Holzmann* stützen damit ihre wirtschaftskriminologische Tätertypenbildung auf ökonomische

---

384 *Wheeler*, in: *Schlegel/Weisburd* (Hrsg.), White-Collar Crime Reconsidered, 1992, S. 108 (108 f., 119).

385 *Becker/Holzmann*, zfwu 12 (2011), 354 (355, 372).

386 *Becker/Holzmann*, zfwu 12 (2011), 354 (357).

387 Vgl. dazu Kapitel C. I. 1. c).

Erklärungsmodelle. Von der gebildeten Tätertypologie ausgehend werden je nach Tätertypus verschiedenen Compliance-Maßnahmen entsprechende Empfehlungen zur Prävention von Wirtschaftskriminalität abgegeben. Um die Maßnahmen täterspezifisch auszurichten, ist es erforderlich, dass die Tätertypen bestimmt werden können. Ausgangspunkt ist folglich auf der einen Seite die Bestimmbarkeit von Tätertypen. Auf der anderen Seite basiert der theoretischen Bezugsrahmen von *Becker* und *Holzmann* auf dem rational handelnden Akteur, der frei entscheidet, ob er eine Wirtschaftsstraftat begeht und damit in jeder Person zum Tragen kommen kann und nicht spezifizierbar ist. Dieser grundsätzliche Widerspruch setzt sich auch in der Wahl der Art der Typologie fort. Die anhand der Prinzipal-Agent-Theorie und der Stewardship-Theorie bestimmten vier Tätertypen sind idealtypisch konzipiert und damit vom Konzept her nur geeignet, eine Unterscheidung zwischen Wirtschaftsstraftätertypen und Nicht-Wirtschaftsstraftätertypen anhand von Wahrscheinlichkeiten vorzunehmen. Zwar wollen *Becker* und *Holzmann* nach eigener Angabe ihre Typologie lediglich als Orientierungshilfe verstanden wissen.[388] Eine Tätertypenbestimmung anhand von Wahrscheinlichkeiten birgt jedoch das Risiko, eine Vielzahl von Personen zu erfassen, die niemals eine Wirtschaftsstraftat begehen werden.

2. Schwierigkeiten der einzelnen empirischen Studien

Nach den vorangegangenen Ausführungen zu allgemeinen methodologischen und methodischen Schwierigkeiten täterbezogener wirtschaftskriminologischer Untersuchungen werden im Folgenden die einzelnen dargestellten empirischen Studien analysiert. Dabei wird jede Studie nach den vorgestellten Prüfkriterien ausgewertet.

a) Bestimmung der Prüfkriterien für die methodische und methodologische Analyse der empirischen Studien

Im Anschluss an die Erörterung der allgemeinen methodologisch und methodisch zu berücksichtigenden Besonderheiten bei der Bestimmung von Wirtschaftsstraftätertypen wird jede der empirischen Studien anhand des folgenden Prüfungsschemas (Tabelle 3) analysiert:

388 Vgl. *Becker/Holzmann*, zfwu 12 (2011), 354 (373).

Tabelle 3: Prüfkriterien für die methodische und methodologische Analyse der empirischen Studien

Methodologische Prüfkriterien:	**Methodische Prüfkriterien:**
1. Real- oder Idealtypen	1. Repräsentativität
2. Qualitative oder quantitative Datenerhebung	2. Theoriebildung, Operationalisierung der Variablen, Replizierbarkeit der Ergebnisse
3. Tauglichkeit des gewählten Messverfahrens	3. Kreuzvalidierung
	4. Kontrolle von situativen Variablen und sozial erwünschtem Antwortverhalten
	5. Kausalität der Ergebnisse für Wirtschaftskriminalität

Die Prüfkriterien wurden nach den Problempunkten ausgewählt, die allgemein bei empirischen Untersuchungen in der Kriminologie und insbesondere der Wirtschaftskriminologie von Relevanz sind, um die Aussagekraft der Ergebnisse einer Datenerhebung zu bestimmen.

Die in Tabelle 3 aufgezeigten Prüfkriterien für die Analyse des methodologischen und methodischen Vorgehens der einzelnen Studien werden zunächst vorab erläutert. Bezüglich der Prüfkriterien der Real- und Idealtypen wird auf die Ausführungen bei der Analyse der konzeptionellen Studien Bezug genommen.[389]

(1) Qualitative und quantitative Datenerhebung

Eine methodologische Problematik der empirischen, präventiv legitimierten wirtschaftskriminologischen Tätertypenbestimmung liegt in der Wahl der Datenerhebungsart begründet. Während mit qualitativen Studien eine große Informationsfülle von einer bestimmten Person gewonnen werden kann, ermöglichen quantitative Erhebungen über den Einzelfall hinausgehende, verallgemeinerungsfähige Aussagen. Deshalb kann für die Bestimmung von Wirtschaftsstraftätertypen von einer qualitativen Einzelfallstudie kein empirisches Ergebnis erwartet werden, das über den Einzelfall hinaus aussagekräftig ist.[390] Daher verwenden einige Studien zur Bestimmung von Wirtschaftsstraftätertypen ein kombiniertes

389 Vgl. dazu Kapitel D. II. 1. a) (3).

390 Quantitative Studien zur Wirtschaftskriminalität stehen allerdings, aufgrund des großen Dunkelfeldes und der geringen Anzahl von bekannt werdenden Wirtschaftsstraftätern (Prävalenz), vor der Schwierigkeit, eine repräsentative Fallzahl zu erreichen.

Verfahren, indem Daten einer geringen Fallzahl von Einzelinterviews anhand einer größeren Fallzahl von Akten aus Wirtschaftsstrafverfahren evaluiert werden. Bei den quantitativen Aktenanalysen stellt sich die Problematik, dass die Angaben selektiv sind und nur Ausschnitte der relevanten Lebenswirklichkeit wiedergeben.[391] Bereits die Wahl des Erhebungsverfahrens zur Datengewinnung über Wirtschaftsstraftäter hat somit Einfluss darauf, ob die gewonnenen Ergebnisse Aussagen ermöglichen, die über den untersuchten Einzelfall hinausgehen. Darauf wird im Rahmen der methodologischen Analyse der einzelnen empirischen Studien eingegangen.[392]

(2) Repräsentativität

Die Repräsentativität setzt die „Auslesefreiheit" der Untersuchungseinheiten im Rahmen „der von der Forschungsfrage abhängigen Auswahlkriterien voraus" und „verlangt ferner eine ausreichend große Zahl von Fällen".[393] Insbesondere kann die Repräsentativität einer Erhebung einzig durch Zufallsstichproben gewährleistet werden. Nur so kann „aus Ergebnissen einer Stichprobe in Bezug auf die Verteilung aller Merkmale (innerhalb bestimmter statistischer Fehlergrenzen) auf die Verteilung dieser Merkmale in der Grundgesamtheit geschlossen werden".[394] „Repräsentativität" und „Zufallsauswahl" einer Stichprobe werden als Synonyme verstanden.[395]

Wie bereits einleitend ausgeführt, existiert im Bereich der Wirtschaftsdelinquenz ein vermutetes großes Dunkelfeld. Durch die mangelnde Sichtbarkeit von Wirtschaftskriminalität ist das wahre Ausmaß schwer ermittelbar und kann nur geschätzt werden. Die große Dunkelziffer im Bereich der Wirtschaftskriminalität hat eine hohe Ungewissheit hinsichtlich der Auswertung von täterbezogenen Daten zur Folge. Eine empirische Möglichkeit, das Dunkelfeld von Wirtschaftskriminalität zu erforschen, ist die Befragung von Personen, beispielsweise von Unternehmensmitarbeitern. Solche Befragungen können allerdings kaum überprüft werden. So kann etwa die Aussage, in einem Unternehmen sei noch keiner der Mitarbeiter mit schädigenden wirtschaftskriminellen Handlungen in Erscheinung getreten, regelmäßig nicht kontrolliert werden. Eine Überprüfung

---

391 Vgl. *Eisenberg*, 6. Aufl. (2005), Kriminologie, S. 109.

392 Vgl. Kapitel D. II. 2. b).

393 *Meier*, 4. Aufl. (2010), Kriminologie, S. 99; *Mokros*, in: *Musolff/Hoffmann* (Hrsg.), Täterprofile bei Gewaltverbrechen, 2006, S. 129 (139); *Eisenberg*, 6. Aufl. (2005), Kriminologie, S. 104; *Kunz*, 4. Aufl. (2004), Kriminologie, S. 104.

394 *Schnell/Hill/Esser*, 8. Aufl. (2008), Methoden der empirischen Sozialforschung, S. 304 f.

395 *Schnell/Hill/Esser*, 8. Aufl. (2008), Methoden der empirischen Sozialforschung, S. 304 f.

kommt grundsätzlich nur in Betracht, wenn dies bei den Strafverfolgungsbehörden registriert worden ist. Bei Unternehmensauskünften ist zu beachten, dass eine Tat erst durch das Bestehen einer Gelegenheit möglich wird, was immer dann der Fall ist, wenn Zugang und Einblick in die Unternehmensstrukturen bestehen.[396] Dies impliziert, dass Wirtschaftsstraftäter dem geschädigten Unternehmen häufig in einer leitenden Funktion angehören und so der Aufdeckung der Tat entgegenwirken können. Die Wahrscheinlichkeit, dass die übrigen Unternehmensangehörigen nichts von der Tat wissen, ist dadurch groß. Selbst im Fall einer Kenntnis ist nicht mit einer wahrheitsgetreuen Antwort zu rechnen. Gründe können die Angst vor einer negativen Öffentlichkeitswahrnehmung für das Unternehmen sein, dass keine hinreichende Sicherheitsmaßnahmen bestanden,[397] oder das Bestreben, den eigenen Mitarbeiter vor einer Strafverfolgung zu schützen. Die Daten der Dunkelfeldstudien werden darüber hinaus regelmäßig ohne persönliche Anwesenheit des Interviewers erhoben, etwa am Telefon oder anhand eines Fragebogens, sodass die Umstände (situative Variablen) des Interviews nicht kontrolliert werden können. Das Antwortverhalten von Unternehmensmitarbeitern kann so etwa durch die Anwesenheit des Arbeitgebers bei der Beantwortung der Fragen beeinflusst werden. Darüber hinaus können die Daten verzerrt werden, wenn die Befragten sozial erwünschte Antworten abgeben, ohne dass diese ihrer eigenen Auffassung entsprechen (sog. sozial erwünschtes Antwortverhalten). Daneben gibt es eine Vielzahl weiterer Faktoren, die zu einer Beeinträchtigung der Aussagekraft der Daten führen können. Verzerrungen können beispielsweise durch die Personen, welche die Daten erheben sollen verursacht werden. So ist es etwa möglich, dass die Interviews teilweise fingiert werden, wenn externe Mitarbeiter mit der Datenerhebung beauftragt werden.[398] Auch bei den im Rahmen der Studie befragten Personen können die Daten verfälscht werden. Der Belastbarkeit von Aussagen im Rahmen einer Opferbefragung im Bereich der Wirtschaftskriminalität steht entgegen, dass oftmals

---

396 Vgl. *Meier*, 3. Aufl. (2007), Kriminologie, S. 295. Zur Einbeziehung von Dunkelfelddaten wird einer Täterbefragung wenig Erfolgsaussicht zugesprochen, da nicht mit näheren Auskünften zu rechnen ist und bereits die Erfassung einer repräsentativen Strichprobe als unwahrscheinlich angesehen wird, vgl. *Boers*, MschrKrim 84 (2001), 335 (336).

397 Auch die Gründe, welche Unternehmen dazu bewegen, keine Strafanzeige im Falle des Betroffenseins zu erheben, mögen dazu bewegen, keine oder nur unwahre Aussagen zu tätigen, vgl. *Bussmann*, zfwu 5 (2004), 35 (37).

398 Vgl. zur Problematik fingierter Interviews *Schnell/Hill/Esser*, 8. Aufl. (2008), Methoden der empirischen Sozialforschung, S. 352.

langjährige Vertragsbeziehungen mit den Verantwortlichen der Straftat bestanden. Deshalb werden teilweise die schädigenden Handlungen ignoriert oder in Kauf genommen, um die Vertragsverhältnisse oder die eigene Reputation nicht zu gefährden.[399] Die schwierige Erforschung des Dunkelfeldes von Wirtschaftskriminalität hat zur Folge, dass die Daten nur ein lückenhaftes Bild wiedergeben können und nicht die realen Fallzahlen widerspiegeln. Dies hat Auswirkungen auf die Repräsentativität von Studien zu Wirtschaftsstraftätern.

Neben dem großen Dunkelfeld ist die Zufallsauswahl einer ausreichend großen Fallzahl von Wirtschaftsstraftätern aufgrund datenschutzrechtlicher Hürden problematisch.[400] Dazu kommt, dass die Fallzahlen von Tätern einer Wirtschaftsstraftat im Vergleich zur Gesamtkriminalität nur einen kleinen Prozentsatz ausmachen (sog. Basis-Rate). Die Realisierbarkeit der Auswahl einer repräsentativen, die tatsächlichen Gegebenheiten wiederspiegelnden Stichprobe, ist nach den genannten Gründen deshalb mit erheblichen Schwierigkeiten verbunden.

(3) *Theoriebildung, Operationalisierung der Variablen, Replizierbarkeit der Ergebnisse*

Eine weitere für die empirische Erforschung von Wirtschaftskriminalität bestehende Schwierigkeit ist, dass bis heute Uneinigkeiten hinsichtlich der theoretischen Erklärung von speziell wirtschaftsstrafrechtlichem Verhalten und der Begriffsbestimmung herrscht.

Bei der Theoriebildung stellt sich zunächst ein allgemeines empirische Studien betreffendes Problem. Sollen die Aussagen einer Studie über eine aus Forscherperspektive subjektive Erklärung hinausgehen, ist eine allgemeine Formulierung und Prüfung einer Theorie erforderlich. Denn nur durch die Überprüfung einer theoriegeleiteten Hypothese kann ein valides empirisches Ergebnis gewonnen werden. Dies kann „nicht durch den Hinweis darauf ersetzt werden, dass ein bestimmtes Handeln sinnvoll, plausibel oder nachvollziehbar ist".[401]

---

399 Vgl. *Eisenberg*, 6. Aufl. (2005), Kriminologie, S. 136; *Boers*, MschrKrim 84 (2001), 335 (338); *Berthel*, in: *Gropp* (Hrsg.), Wirtschaftskriminalität und Wirtschaftsstrafrecht in einem Europa auf dem Weg zu Demokratie und Privatisierung, 1998, S. 51 (56).

400 Vgl. zu den rechtlichen Problempunkten ausführlich unter Kapitel E. I.

401 Vgl. *Schnell/Hill/Esser*, 8. Aufl. (2008), Methoden der empirischen Sozialforschung, S. 102; vgl. zu diesem Methodenstreit auch *Eisenberg*, 6. Aufl. (2005), Kriminologie, S. 97 f. Zu dem in diesem Zusammenhang diskutierten Problem der Werturteilsfreiheit, vgl. *Bock*, in: *Bock* (Hrsg.), Göppinger, Kriminologie, 6. Aufl. (2008), S. 1 (60).

Die Kontroversen um die Definition von Wirtschaftskriminalität[402] führen darüber hinaus zur Schwierigkeit der Operationalisierung des Begriffs und damit einer oft unklaren Eingrenzung des Untersuchungsgegenstandes.[403] Mit der Operationalisierung der Variablen gehen dabei allgemein zwei Probleme einher. Zum einen handelt es sich um das Problem der Gültigkeit (Validität) und zum anderen um das der Zuverlässigkeit (Reliabilität) der Ergebnisse. Von einer Validität der Operationalisierung ist nur auszugehen, wenn „durch Vollzug der in der operationellen Definition angegebenen Messoptionen genau das erfasst" wird, „worauf der Begriff mit seinem Bedeutungsinhalt verweist".[404] Die Reliabilität einer Operationalisierung ist anzunehmen, „wenn das Erhebungsinstrument bei wiederholter Anwendung unter denselben Bedingungen die gleichen Ergebnisse bringt (Wiederholbarkeit), und zwar auch bei Anwendung durch verschiedene Forscher (Objektivität)".[405] Die Ergebnisse können nicht repliziert werden, wenn Angaben zu Theorie oder Hypothesen fehlen, die Operationalisierung der Variablen mangelhaft oder nicht transparent gemacht worden ist oder die Untersuchungsgegenstände nicht klar benannt sind.

Des Weiteren gehört es bei empirischen Studien zum wissenschaftlichen Standard, dass das methodische Vorgehen ausführlich, oft über mehrere Seiten lang, erörtert wird.[406] Nur so können die gewonnen Ergebnisse auch überprüft werden und nur „wenn die Replikation ähnlicher Strukturen an anderen Datensätzen gelingt, kann man davon ausgehen, dass die Ergebnisse nicht beliebig sind".[407]

(4) Kreuzvalidierung

In der empirischen Forschung ist bei der (zufälligen) Befragung von bestimmten Vorkommnissen in einer Personengruppe erforderlich, dass eine vergleichbare Stichprobe gebildet wird, die als Kontrollgruppe dient.[408] Dieses Verfahren, also die Überprüfung der Gültigkeit von Ergebnissen durch die Replikation an einer

---

402 Vgl. dazu Kapitel B. II. 2.

403 Zur methodischen Schwierigkeit, vgl. *Boers*, MschrKrim 84 (2001), 335 (338).

404 *Meier*, 4. Aufl. (2010), Kriminologie, S. 96 ff.

405 *Meier*, 4. Aufl. (2010), Kriminologie, S. 96 ff. Vgl. insgesamt auch *Schwind*, 20. Aufl. (2010), Kriminologie: Eine praxisorientierte Einführung mit Beispielen, S. 169 ff.

406 Vgl. *Paternoster/Simpson*, Law & Society Review 30 (1996), 549 (557–566); *Weisburd/Waring/Wheeler*, Law and Social Inquiry 1990, 223 (229–232).

407 Vgl. *Mokros*, in: *Musolff/Hoffmann* (Hrsg.), Täterprofile bei Gewaltverbrechen, 2006, S. 129 (13).

408 *Eisenberg*, 6. Aufl. (2005), Kriminologie, S. 103 f.

anderen unabhängigen Stichprobe, wird als „Kreuzvalidierung" bezeichnet.[409] Bei einer fehlenden Kreuzvalidierung kann keine Aussage darüber getroffen werden, ob es sich bei den gewonnenen Ergebnissen um Unterscheidungsmerkmale handelt oder ob diese auf alle Personen, etwa sowohl auf Wirtschaftsstraftäter als auch auf Nicht-Wirtschaftsstraftäter, zutreffen.

(5) Kausalität

Von dem Erfordernis der Kreuzvalidierung ist der Nachweis der Kausalität bestimmter Faktoren für wirtschaftskriminelles Verhalten zu unterscheiden. Für die Darlegung der Kausalität ist erforderlich, dass die gewonnenen Ergebnisse zu Wirtschaftsstraftätertypen nicht nur zufällig bei Personen auftreten, die Wirtschaftsstraftaten begehen, sondern dass diese gerade ursächlich sind, also zum strafbaren Verhalten führen. Der Kausalitätsnachweis ist dabei von der Korrelation zu unterscheiden. „Die Korrelation ist das allgemeine Maß für die Höhe des Zusammenhangs zwischen zwei oder mehr Variablen. Jedoch sagen Korrelationen nichts über die Frage nach kausalen Beziehungen zwischen den im Zusammenhang stehenden Merkmalen aus". Eine Korrelation wird deshalb üblicherweise dahingehend untersucht, ob sie

> „zufällig ist oder als überzufällig (signifikant) angesehen werden kann. Hierzu wird bereits eine Irrtumswahrscheinlichkeit, die nicht größer als 5 % ist, für geeignet gehalten, die Vermutung für eine Zufallsbeziehung auszuschalten. Ein dieser formalen Regelung entsprechendes Ergebnis besagt jedoch nichts zu der Frage der Kausalität [...], d. h. ob der Wirkungszusammenhang von diesem oder von jenem Faktor innerhalb der Korrelation ausgeht oder ob er auf einer weiteren, intervenierenden Variablen beruht."[410]

Wenn etwa eine Korrelation festgestellt wird zwischen Persönlichkeitseigenschaften (wie Narzissmus, Hedonismus und fehlende Gewissenhaftigkeit) und einem wirtschaftsdelinquenten Verhalten, können die Eigenschaften ohne den Nachweis der Kausalität ebenso gut bei einer Vielzahl von Personen in vergleichbarer beruflicher Position auftreten. Das bloße Auftreten dieser Eigenschaften sagt daher über die Wahrscheinlichkeit, dass bei deren Vorliegen eine Wirtschaftsstraftat begangen wird, nichts aus, solange nicht der Nachweis der Kausalität erbracht worden ist. Da ein sicherer statistischer Nachweis der Kausalität

---

409 Vgl. *Mokros*, in: *Musolff/Hoffmann* (Hrsg.), Täterprofile bei Gewaltverbrechen, 2006, S. 129 (132).

410 *Eisenberg*, 6. Aufl. (2005), Kriminologie, S. 115 f. Vgl. auch Schnell/Hill/Esser, 8. Aufl. (2008), Methoden der empirischen Sozialforschung, S. 450, 452.

häufig nicht möglich ist, ist zumindest eine signifikante Korrelation für die Aussagekraft tätertypischer Merkmale festzustellen.

b) Analyse der einzelnen empirischen Studien

Nach der Erörterung der einzelnen Prüfkriterien und der damit verbundenen Schwierigkeiten, konzentriert sich die weitere Analyse auf das methodologische und methodische Vorgehen der im vorangegangen Kapitel dargestellten empirischen Studien.

(1) Analyse der Studie von Collins *und* Schmidt

Collins und *Schmidt* zielen mit ihrer Untersuchung darauf ab, Unterschiede bei Persönlichkeitseigenschaften zwischen Wirtschaftsstraftätern und Personen ohne strafrechtliche Registrierung in vergleichbaren Positionen festzustellen. Für die Unterscheidung testen sie die Konstruktvalidität von Persönlichkeitsskalen, von einem auf Persönlichkeitseigenschaften basierenden Integritätstest und von biographischen Skalen. Das Ziel von *Collins* und *Schmidt* ist eine realtypische Bestimmung von Wirtschaftsstraftätern. Dies entspricht im Gegensatz zur Idealtypenbildung dem Ziel, einzelne Wirtschaftsstraftäter zu individualisieren, um Wirtschaftskriminalität zu unterbinden.

In die Untersuchung sind 329 Gefangene und als Vergleichsgruppe 320 Personen einbezogen worden, die in hohen Positionen mit wirtschaftlichem Bezug arbeiten und nicht mit wirtschaftskriminellen Handlungen registriert sind.[411] Das Vorgehen ist quantitativ und auf die Überprüfung mithilfe einer Vergleichsgruppe ausgerichtet und folglich geeignet, über den Einzelfall hinaus eine Aussage zu treffen.

Als Messverfahren für die Studie werden das California Psychological Inventory (CPI), eine Adaption von *Owens* und *Schoenfeldt`s* Biodata Questionnaire (biografischer Fragebogen) und das PDI Employment Inventory (PDI-EI) verwendet.[412] Das CPI soll zwischen den beiden Untersuchungsgruppen Unterschiede in Verantwortung, Sozialisation und Selbstkontrolle messen. Der Fragebogen, eine systematische Methode Lebenserfahrungen zu skalieren, wurde genutzt, um 12 generelle Skalen zu entwickeln, die nicht geschlechtsspezifisch sind. Das CPI ist allgemein für das Testen von Persönlichkeiten in unterschiedlichsten Gebieten, wie Erziehung, Beratung oder Organisationspsychologie,[413]

---

411 *Collins/Schmidt*, Personnel Psychology 46 (1993), 295 (297).

412 *Collins/Schmidt*, Personnel Psychology 46 (1993), 295 (299 f.).

413 Vgl. *Butcher*, Oxford Handbook of Personality Assessment, 2009, S. 323.

jedoch nicht für die Bestimmung von wirtschaftsdelinquenten Persönlichkeiten konzipiert worden. Das gleiche gilt für *Owens* und *Schoenfeldt*'s Biodata Questionnaire. Das PDI-EI, ein Persönlichkeitsmessinstrument, das für die Vorhersage von „produktivem" und „unproduktivem" Arbeitsverhalten entwickelt wurde, misst Leistung, Beschäftigungsdauer und Aufrichtigkeit.[414] Auch dieses Verfahren ist also nicht für das Testen von wirtschaftsstrafrechtlich relevantem Verhalten entwickelt worden.

Die für die Studien relevanten Begriffe wurden in Form von Variablen operationalisiert.[415] Der Begriff der Wirtschaftskriminalität ist dabei anhand des „Dictionary of Criminal Justice Data Terminology" bestimmt worden.[416] Voraussetzung für die Aufnahme von Personen als Wirtschaftskriminelle in die Studie war ein Schuldspruch wegen einer Wirtschaftsstraftat in einem U.S. Gericht.[417]

Für Aussagen über personale Ursachen für Wirtschaftskriminalität sind eine repräsentative Fallzahl von Wirtschaftsstraftätern und die Überprüfung der gewonnenen Ergebnisse anhand einer Vergleichsgruppe erforderlich. Mit den aufgezeigten Messverfahren wurden hierfür die Faktoren Leistung, Sozialisation, Toleranz, Verantwortung und zusätzliche Lebenslaufaktivitäten gemessen.[418] In die Studie sind 258 männliche und 71 weibliche Wirtschaftsstraftäter einbezogen worden.[419] Die Kontrollgruppe bestand aus 148 männlichen und 172 weiblichen unternehmerischen Führungskräften.[420] Eine Zufallsauswahl für eine repräsentative Untersuchung war nach Ansicht von *Collins* und *Schmidt* nicht möglich.[421] Zudem bestünde das bereits aufgezeigte grundsätzliche Problem bei Wirtschaftskriminalität, dass die Basis-Rate sehr niedrig ist, also Wirtschaftsstraftäter im Vergleich zur Gesamtbevölkerung nur einen kleinen Teil ausmachen.[422] *Collins* und *Schmidt* gehen von einer Basis-Rate von Wirtschaftsstraftätern im Vergleich zur Gesamtbevölkerung von unter 1 % aus, haben in ihrer Studie jedoch eine

414 *Collins/Schmidt*, Personnel Psychology 46 (1993), 295 (300).
415 Vgl. Kapitel D. II. 2. a) (3).
416 Vgl. zu der Definition Kapitel C. I. 2. a).
417 *Collins/Schmidt*, Personnel Psychology 46 (1993), 295 (296).
418 *Collins/Schmidt*, Personnel Psychology 46 (1993), 295 (307).
419 *Collins/Schmidt*, Personnel Psychology 46 (1993), 295 (297).
420 Das Durchschnittsalter betrug bei beiden Untersuchungsgruppen 49 Jahre, vgl. *Collins/Schmidt*, Personnel Psychology 46 (1993), 295 (297).
421 *Collins/Schmidt*, Personnel Psychology 46 (1993), 295 (309).
422 Vgl. Kapitel D. II. 2. a) (2).

Basis-Rate von 50 % zugrunde gelegt.[423] Auch hierdurch können die Ergebnisse der Studie verzerrt worden sein.

Die Durchführung der verschiedenen Untersuchungsmaßnahmen ist von der Gefängnisleitung und den Arbeitgebern verwaltet worden.[424] Eine Berücksichtigung der Umstände, unter denen die Probanden an der Untersuchung teilnahmen und die möglicherweise das Antwortverhalten beeinflussten, ist daher nur begrenzt durch die Studienautoren möglich gewesen.

Die Delikte, aufgrund derer die Untersuchungsteilnehmer verurteilt wurden, werden genau angegeben. Die Untersuchungsteilnehmer beider Gruppen sind nach dem Zufallsprinzip in eine Validierungs- und Kreuzvalidierungsgruppe unterteilt worden. Dies ergab eine Validierungsgruppe von 216 Nicht-Delinquenten und 219 Delinquenten und für die Kreuzvalidierungsuntersuchung eine Zusammensetzung der Gruppe aus 104 Nicht-Delinquenten und 110 Delinquenten. Alle Ergebnisse der Studie wurden in einer zweiten, unabhängigen Stichprobe kreuzvalidiert und nur die Ergebnisse dieser Stichprobe sind interpretiert worden.[425]

Positiv sticht hervor, dass die Studie einen ausführlichen Methodenteil vorweist und die Ergebnisse der Untersuchung kritisch eingeordnet werden. Die Replizierbarkeit des Vorgehens wird so gewährleistet. *Collins* und *Schmidt* weisen darauf hin, dass aufgrund einer Vielzahl von Gründen die gewonnenen Ergebnisse und die dafür verwendeten Verfahren nicht als Grundlage für eine Personalauswahl genutzt werden können.[426] Es wird klargestellt, dass der empirische Nachweis dieses Zusammenhangs eine höhere Fallzahl von zu untersuchenden Gefangenen erfordern würde. Die Studie sei zudem auf die Mitwirkung der Arbeitgeber angewiesen gewesen. Die Anwesenheit der Arbeitgeber könne daher zu einer Verzerrung des Antwortverhaltens der Arbeitnehmer geführt haben.[427] Zu den von *Collins* und *Schmidt* vorgetragenen, die Aussagekraft ihrer Ergebnisse beeinflussenden Faktoren, ist hinzuzufügen, dass keine Kontrolle eines sozial erwünschten Antwortverhaltens erfolgte. Darüber hinaus ist anzumerken, dass die Signifikanz der gemessenen Korrelationen von bestimmten Persönlichkeitseigenschaften mit Wirtschaftskriminalität aufgrund der geringen Fallzahl nicht hinreichend geprüft wird. Eine Aussagekraft der Studie hinsichtlich der

---

423 *Collins/Schmidt*, Personnel Psychology 46 (1993), 295 (309 f.).
424 *Collins/Schmidt*, Personnel Psychology 46 (1993), 295 (298).
425 *Collins/Schmidt*, Personnel Psychology 46 (1993), 295 (297).
426 *Collins/Schmidt*, Personnel Psychology 46 (1993), 295 (309).
427 Vgl. Kapitel D. II. 2. a) (2).

Unterscheidung zwischen Wirtschaftsstraftätern und nicht zu Wirtschaftsstraftaten neigenden Personen ist folglich nicht gegeben.

(2) Analyse der Studie von Blickle et al.

Blickle et al. haben ihrer Studie vier Hypothesen vorangestellt. Die Teilnahme an der Studie erfolgte auf freiwilliger Basis und hatte eine Rücklaufquote von 76 Gefangenen aus 14 unterschiedlichen Einrichtungen in deutschsprachigen Ländern, welche früher eine gehobene Position in der Wirtschaft inne hatten und gemäß der Definition des *BKA* von 2004 eine Wirtschaftsstraftat begangen haben. Als Vergleichsgruppe sind 400 Manager angeschrieben worden, wobei 150 sich zurückmeldeten.[428] Die Studie wurde demnach mit Daten von 150 Managern durchgeführt, welche zu diesem Zeitpunkt in deutschsprachigen Unternehmen tätig waren und 76 „white-collar criminals", die einmal eine solche Position innehatten, zum Zeitpunkt der Studie aber inhaftiert waren.[429] Das Vorgehen von *Blickle et al.* ist folglich quantitativ und auf die Bestimmung von Realtypen ausgerichtet.

Blickle et al. haben anhand der Schwartz Value Scale, des Neo-Fünf-Faktoren-Inventars (NEO-FFI) und des Diagnostischen und Statistischen Manuals zu Psychischen Störungen (DSM-III-R) die Persönlichkeitseigenschaften Hedonismus, Gewissenhaftigkeit und Narzissmus gemessen und auf sozial erwünschtes Antwortverhalten nach *Crowne* & *Marlowe* sowie auf verhaltensbezogene Selbstkontrolle hin überprüft.[430] Das NEO-FFI ist ein aus der Psychologie stammendes Testverfahren, mit dem fünf Persönlichkeitseigenschaften gemessen werden können, nämlich Neurotizismus, Extraversion, Offenheit für Erfahrungen, Verträglichkeit und Gewissenhaftigkeit. Das DSM-III-R ist ein Verfahren zur Messung psychischer Auffälligkeiten, das von der American Psychiatric Association in den 1950-er Jahren in der Form des DSM-I bis zum aktuellen DSM-V fortentwickelt worden ist.[431] Die DMS-Verfahren sind dazu gedacht, antisoziale

---

428 *Blickle/Schlegel/Fassbender et al.*, Applied Psychology: An International Review 55 (2006), 220 (224 f.).

429 *Blickle/Schlegel/Fassbender et al.*, Applied Psychology: An International Review 55 (2006), 220 (221, 224).

430 *Blickle/Schlegel/Fassbender et al.*, Applied Psychology: An International Review 55 (2006), 220 (221, 227).

431 Vgl. zu diesem Messverfahren, http://behavenet.com/diagnostic-and-statistical-manual-mental-disorders-fourth-edition-text-revision (Stand: 02.05.2014). Das DSM-I wurde im Jahr 1952 veröffentlicht, das DSM-II im Jahr 1968, das DSM-III im Jahr 1980, das DSM-III-R im Jahr 1987, das DSM-IV im Jahr 1994, das DSM-IV-TR im

Persönlichkeitsstörungen aufzudecken, aber nicht Wirtschaftsstraftaten oder Wirtschaftsstraftäter.[432] Beide Verfahren sagen daher nichts über die Kausalität der gemessenen Persönlichkeitseigenschaften für Wirtschaftsstraftaten aus, dies gilt auch für das Verfahren nach *Crowne* & *Marlowe*, mit dem sozial erwünschtes Antwortverhalten gemessen werden kann. Eine zwangsläufige Verbindung zwischen Persönlichkeitsstörungen und Wirtschaftsdelinquenz ist daher nicht erkennbar.

Da den Studienteilnehmern Anonymität zugesichert wurde, sind Daten wie Familienstatus, Bildungsgrad, Berufsbezeichnung oder die Sparte ihres früheren Unternehmens nicht erhoben worden. Daraus folgt, dass die erhobenen Daten einen sehr allgemeinen Charakter haben. Zudem wird wie bei *Collins* und *Schmidt* die fehlende Zufälligkeit der erhobenen Stichprobe genannt, das heißt die gewonnenen Ergebnisse sind nicht repräsentativ.

Zwar ist aufgrund der Datenerhebung bei einer Vergleichsgruppe von einer Kreuzvalidierung der Daten auszugehen. Bei 76 white-collar criminals und 150 non white-collar criminals ist allerdings nicht von einer realistischen Basis-Rate auszugehen.[433] Im Bereich der Wirtschaftskriminalität ist vielmehr davon auszugehen, dass die Fallzahlen von Tätern einer Wirtschaftsstraftat im Vergleich zur Gesamtkriminalität nur circa 1 % ausmachen.[434]

Blickle et al. führen vergleichbare Gründe wie *Collins* und *Schmidt* für die fehlende Aussagekraft ihrer Studie an: es sei ihnen nicht möglich gewesen, die Bedingungen zu kontrollieren, unter denen die Umfrage stattfand, da kein direkter Kontakt mit den Gefangenen bestand, sondern ausschließlich via E-Mail korrespondiert wurde. *Blickle et al.* raten daher wie *Collins* und *Schmidt* dazu, vor der Nutzung der Ergebnisse für eine Personalauswahl zunächst weitere Untersuchungen durchzuführen.[435]

Jahr 2000, das DSM-V erschien im Frühjahr 2013, vgl. http://www.psychiatry.org/practice/dsm/dsm-history-of-the-manual (Stand: 25.11.2014).

432 „Nach DSM-IV stellt eine Persönlichkeitsstörung ein überdauerndes Muster von innerem Erleben und Verhalten dar, das merklich von den Erwartungen der soziokulturellen Umgebung abweicht, tiefgreifend und unflexibel ist, seinen Beginn in der Adoleszenz oder im frühen Erwachsenenalter hat, im Zeitverlauf stabil ist und zu Leid oder Beeinträchtigungen führt“, *Kunz*, 4. Aufl. (2004), Kriminologie, S. 128.

433 Siehe Kapitel D. II. 2. a) (2) und Kapitel D. II. 2. b) (1).

434 *Bock*, in: *Bock* (Hrsg.), Göppinger, Kriminologie, 6. Aufl. (2008), S. 345 (432).

435 *Blickle/Schlegel/Fassbender et al.*, Applied Psychology: An International Review 55 (2006), 220 (230 f.).

Neben den von *Blickle et al.* aufgeführten Problemen der Studie, welche die Aussagekraft beeinträchtigen, ist zudem die unzureichende Überprüfung der Kausalität dafür verantwortlich, dass die Ergebnisse zur Unterscheidung zwischen Wirtschaftsstraftätern und nicht strafrechtlich in Erscheinung getretenen Personen nicht als valide angesehen werden können. Um zumindest signifikante Aussagen über die Korrelationen von bestimmten Persönlichkeitseigenschaften und Wirtschaftskriminalität zu treffen, wären in jedem Fall eine repräsentative Fallzahl von Wirtschaftsstraftätern sowie eine ebenso repräsentative Vergleichsgruppe erforderlich. Darüber hinaus müssten die Daten auf Faktoren untersucht werden, die das Antwortverhalten beeinflussen.

(3) Analyse der Studie von Bannenberg

Bannenberg beschreibt mit ihrer Studie auf der einen Seite zwei Idealtypen von Wirtschaftsstraftätern und bestimmt auf der anderen Seite Wirtschaftsstraftäter real- beziehungsweise durchschnittstypisch anhand der Sozialdaten. Die Ergebnisse zu den Sozialdaten werden dabei in Prozentsätzen angegeben. *Bannenberg* zieht für ihre Korruptionsanalyse „mehr als 100 Strafverfahren aus 14 Bundesländern“ [436] in Deutschland heran. In die Untersuchung sind 436 Beschuldigte aus 101 Strafverfahren einbezogen worden, wobei die Mehrzahl männlich (3,7 % Frauen) und deutsch (nicht-deutsch 16 %) war.[437] Die Untersuchung geht daher lediglich von Hellfelddaten aus, die Einbeziehung von Daten aus dem Dunkelfeld bleibt im Gegensatz zu den anderen Studien außen vor.

Die Untersuchungsergebnisse basieren auf einer Kombination verschiedener Erhebungsmethoden. Neben der Auswertung der Strafakten sind Interviews mit Beschuldigten, Polizeibeamten, Staatsanwälten und Richtern durchgeführt worden „oder es fand weitergehend eine Begleitung und Beobachtung der laufenden Ermittlungsmaßnahmen statt“.[438] Für die Interviews wurde ein Erhebungsbogen und ein Leitfaden mit unterschiedlichen Fragen genutzt.[439] Als Untersuchungsmethode sind also ein quantitatives und ein qualitatives Verfahren kombiniert worden. Der Untersuchungsgegenstand wurde dabei auf die

---

436 *Bannenberg*, Korruption in Deutschland und ihre strafrechtliche Kontrolle, 2002, S. 83.

437 *Bannenberg*, Korruption in Deutschland und ihre strafrechtliche Kontrolle, 2002, S. 93, 209.

438 *Bannenberg*, Korruption in Deutschland und ihre strafrechtliche Kontrolle, 2002, S. 84.

439 *Bannenberg*, Korruption in Deutschland und ihre strafrechtliche Kontrolle, 2002, S. 72 f.

Korruptionsdelikte der Bestechung im Zusammenhang mit einem Amtsträger in den §§ 331–334 StGB, der Bestechung und Bestechlichkeit im geschäftlichen Verkehr in § 299 StGB sowie die Angestelltenbestechung § 12 UWG a.F., die nun in § 299 Abs. 1 StGB n.F. geregelt ist, eingegrenzt.

Wie *Bannenberg* anführt, ist die Untersuchung nicht theorie- und hypothesengeleitet, sondern offen geführt worden. Neben der allgemeinen Zielsetzung, Erkenntnisse über die Phänomene der Korruption in der Strafrechtswirklichkeit und den Umgang der Strafverfolgungsbehörden mit unterschiedlichen Fallstrukturen der Korruption zu gewinnen, will *Bannenberg* über die strafrechtliche Perspektive hinaus Antworten über Verbreitung und Phänomene der Korruption geben.[440] Eine „offene" Untersuchung ohne konkrete Hypothesenüberprüfung hat jedoch, wie bei den vorab erörterten Prüfkriterien dargestellt, zur Folge, dass die Ergebnisse beliebig gedeutet werden können.[441]

Bannenberg unterteilt die untersuchten Delikte in drei Strukturen und leitet aus der zweiten und dritten Struktur die „Betrügerpersönlichkeiten" und die „typischen Täter struktureller Korruption" ab. Die Beschreibung der beiden Tätertypen erfolgt detailliert über mehrere Seiten, ohne allerdings nachzuweisen, auf welchen Daten diese Ergebnisse jeweils basieren.[442] Eine Replizierbarkeit der Ergebnisse ist daher nicht gewährleistet. Insbesondere werden keine möglichen Fehlerquellen, wie der Einfluss situativer Variablen oder das Problem des sozial erwünschten Antwortverhaltens, bei der Datenerhebung als berücksichtigt ausgewiesen.[443]

Eine bundesweite repräsentative Untersuchung von Strafakten zur Korruption ist nach Angabe von *Bannenberg* nicht gelungen.[444] Das bedeutet sogleich, dass keine Zufallserhebung erfolgte und damit eine Repräsentativität der Ergebnisse nicht gewährleistet ist. Die gewonnenen Erkenntnisse werden darüber hinaus weder anhand einer Vergleichsgruppe noch auf ihre Kausalität für Wirtschaftskriminalität hin überprüft. So meint *Bannenberg*:

---

440 Vgl. *Bannenberg*, Korruption in Deutschland und ihre strafrechtliche Kontrolle, 2002, S. 68, 71.

441 Siehe Kapitel D. II. 2. a) (3).

442 Vgl. *Bannenberg*, Korruption in Deutschland und ihre strafrechtliche Kontrolle, 2002, S. 211–236.

443 Vgl. zum Verständnis der situativen Variablen und des sozial erwünschten Antwortverhaltens, Kapitel D. II. 2. a) (2).

444 *Bannenberg*, Korruption in Deutschland und ihre strafrechtliche Kontrolle, 2002, S. 69.

> „Die hier zu diskutierende Persönlichkeit des Korruptionsstraftäters dient demnach auch in einem ersten Schritt dem Versuch, über das bloße Sozialprofil hinaus deskriptive Auffälligkeiten festzuhalten und Schlussfolgerungen daraus zu ziehen, die sich präventiv nutzen lassen. Eine Ursachenerklärung ist damit nicht verbunden".[445]

Wie die Erkenntnisse über den „typischen Täter struktureller Korruption" und die „Betrügerpersönlichkeiten" zur sozialen Kontrolle von Korruption konkret genutzt werden sollen und ob diese ihren gewünschten Effekt haben können, wird nicht dargelegt. *Bannenberg* führt vielmehr an, dass es für die Wirkung von Präventionsmaßnahmen im Bereich der Korruption keine empirischen Untersuchungen gebe.[446] Gleichzeitig wird jedoch eine Vielzahl von Empfehlungen abgegeben, ohne zu erklären, warum gerade diese und keine anderen Maßnahmen für ihre gebildeten Tätertypen einen kriminalpräventiven Erfolg versprechen sollen. Folglich kann nicht von einer Aussagekraft der gebildeten Tätertypologie ausgegangen werden.

(4) Analyse der Studie von KPMG

Das von *KPMG* im Jahr 2013 bestimmte „Profile of a Fraudster" setzt sich aus Mittelwerten der Befragungsergebnisse zusammen. Der gezeichnete Wirtschaftsstraftätertypus wird darüber hinaus mit Einzelfallaussagen charakterisiert. Da der beschriebene Typus eine überzeichnete Abbildung einer Vielzahl unterschiedlicher Fälle in der Realität darstellt, ist von einem Idealtypus auszugehen.

Für die Studie wurden 596 Wirtschaftsstraftäter, welche in Straftaten in 78 verschiedenen Ländern verwickelt waren, von 42 *KPMG* Fachleuten interviewt. Die Daten basieren auf Ermittlungen zu „white collar" Delikten[447] von Firmen, die *KPMG* angehören und in Europa, dem Nahen Osten, Nord- und Südamerika sowie im asiatisch-pazifischen Raum tätig sind. Hinsichtlich des Begriffs „Wirtschaftsstraftat" oder „Wirtschaftskriminalität" sind in die Studie von 2007 sowohl Straftaten als auch Ordnungswidrigkeiten aufgenommen worden, „die sich im Wirtschaftsleben unter Ausnutzung des dort herrschenden Vertrauensprinzips ereignen und bei denen eine Schädigung des Unternehmens beabsichtigt oder billigend in Kauf genommen wird". Ob diese Definition auch der Studie aus dem Jahr 2013 zugrunde gelegt wurde, wird nicht bekannt gegeben. Möglich

---

445 Vgl. *Bannenberg*, Korruption in Deutschland und ihre strafrechtliche Kontrolle, 2002, S. 345.

446 *Bannenberg*, Korruption in Deutschland und ihre strafrechtliche Kontrolle, 2002, S. 447.

447 *KPMG Deutschland*, Profile of a Fraudster, 2007.

erscheint, dass durch den Titel der Studie „Global profiles of the fraudster", eine Eingrenzung der Untersuchung auf „Fraud" im Sinne von Betrugsdelikten erfolgt ist, dies wird jedoch nicht klargestellt.

Die Täter wurden nach eigenen Angaben von den Fachleuten von *KPMG* als solche identifiziert.[448] Ein Maßstab hierfür wird nicht genannt. Veröffentlicht werden in der Studie lediglich einzelne Aussagen von *KPMG* Mitarbeitern und Prozentangaben zu Ergebnissen über Wirtschaftsstraftäter, die wahrscheinlich im Rahmen der Interviews gewonnen worden sind. Es wird nicht klar gestellt, auf welchen Angaben diese Ergebnisse beruhen und welche Fallzahl den jeweiligen Ergebnissen zugrunde lag. Eine Berücksichtigung situativer Variablen, also wie genau diese Interviews durchgeführt wurden, wird nicht aufgezeigt. Unklar ist auch, wie die Interviews geführt wurden: ob die Teilnahme anonymisiert erfolgte (in der Studie wird lediglich angeführt, dass die personenbezogenen Daten nicht veröffentlicht werden), ob die Befragten vergütet wurden oder ob Dritte, etwa der Arbeitgeber, bei der Befragung anwesend waren. Nicht informiert wird zudem über die Methoden der Datenauswertung.[449]

Als theoretische Grundlage wird zunächst auf das Fraud-Triangle von *Cressey* eingegangen.[450] Nach dem Fraud-Triangle ist Voraussetzung für das Begehen einer Wirtschaftsstraftat, dass es eine Tatgelegenheit und eine Motivation zur Tat gibt und der Täter die eigene Tat als gerechtfertigt ansieht. Das Fraud-Triangle mag wichtige Faktoren für die Begehung einer Wirtschaftsstraftat nennen, die auch kriminalpräventiv genutzt werden können. Es ist jedoch zweifelhaft, inwiefern dieses theoretische Modell zur Profilbestimmung eines Wirtschaftsstraftäters beitragen kann. Ohne dies theoretisch einzuordnen, wird

---

448 *KPMG International*, Global profiles of the fraudster, 2013, S. 2.

449 *KPMG International*, Global profiles of the fraudster, 2013, S. 4. Für die Studie von *KPMG* aus dem Jahr 2007 zum „Profile of a Fraudster" wurden die Daten mittels eines Online-Fragebogens erhoben. Kritisch wird eingeräumt, dass die Studie nicht „im statistisch-mathematischen Sinne repräsentativ ist", da sie sich nur auf die gemeldeten und von *KPMG* untersuchten Fälle beziehe. Dies wird jedoch als weniger relevant erachtet, da die Studie nicht auf „freiwilligen Angaben" beruhe, sondern auf der Kenntnis von „realen Fällen". Inwiefern Kenntnis von diesen „realen Fällen" gewonnen wurde, ohne dass die befragten Personen „freiwillige Angaben" machten, bleibt jedoch unklar. So wird in der Einführung der Studie bereits klargestellt, dass die Ergebnisse ein „interessantes und lehrreiches Bild von dem ‚typischen Täter'" aufzeigen. Vgl. *KPMG Deutschland*, Profile of a Fraudster, 2007, S. 2 f.

450 *KPMG International*, Global profiles of the fraudster, 2013, S. 5.

das Fraud-Triangle um das Element der Fähigkeit erweitert.[451] Neben der zu bezweifelnden theoretischen Grundlage, erfolgt auch keine Hypothesenprüfung, sodass von einer freien Interpretierbarkeit der Daten ohne valides empirisches Ergebnis auszugehen ist.[452]

Zur Aussagekraft der Studie ist anzumerken, dass diese zwar auf einer vergleichsweise großen Fallzahl von interviewten Personen beruht, allerdings wird das Auswahlverfahren für die Teilnahme nicht transparent gemacht. Es ist nicht ersichtlich, ob die Daten im Zuge einer Zufallserhebung gewonnen wurden und damit eine Repräsentativität der Ergebnisse gewährleistet ist. Auch die Definition von Wirtschaftskriminalität als Grundthema der Studie wird nicht klargestellt. Des Weiteren findet keine Kreuzvalidierung der gewonnen Ergebnisse statt und die soziale Erwünschtheit des Antwortverhaltens bei den Interviews wird nicht überprüft. Ebenso unterbleibt eine Überprüfung der Kausalität der Eigenschaften, die einem Wirtschaftsstraftäter zugeschrieben werden auf das Begehen einer Wirtschaftsstraftat. So können hinter den als typisch bezeichneten Sozialdaten von Wirtschaftsstraftätern andere Ursachen stehen, wie etwa, dass die sozialen Kontrollmechanismen besonders gering in der Berufsposition ausgeprägt sind, in der eine Wirtschaftsstraftat besonders wahrscheinlich ist.

Die aktuelle Studie von *KPMG* aus dem Jahr 2013 erhält durch ihren Bezug auf die vorherigen Studien mit dem Verweis auf Compliance-Programme einen starken privatwirtschaftlichen Charakter. In der aktuellen Studie wird allerdings auch die Bedeutung der staatlichen Regulierung von Wirtschaftskriminalität erwähnt. Inwiefern die Ergebnisse für konkrete Präventionskonzepte genutzt werden können und welchen Erfolg Präventionskonzepte, wie die Optimierung von Revisionsprozessen oder Compliance-Maßnahmen versprechen, wird allerdings nicht untersucht. Das von *KPMG* bestimmte Täterprofil ist folglich nicht aussagekräftig und es werden mit der Tätertypisierung auch keine darauf basierenden Präventionswirkungen nachgewiesen.

(5) Analyse der Studie von PricewaterhouseCoopers

Wie auch in den Studien zur Wirtschaftskriminalität von *PricewaterhouseCoopers* in den Jahren zuvor, werden in der aktuellen Studie zu Wirtschaftsstraftätern

---

451 Das Fraud-Triangle erweitert um die Voraussetzung der Fähigkeit, entspricht dem theoretischen Modell des Fraud-Diamonds von *Wolfe* und *Hermanson*. Vgl. *Wolfe/Hermanson*, The Fraud Diamond: Considering the Four Elements of Fraud, http://www.nysscpa.org/cpajournal/2004/1204/essentials/p38.htm (Stand: 06.02.2013).

452 Siehe Kapitel D. II. 2. a) (3).

von 2013 die Daten in Prozentangaben veröffentlicht. Da ein Täterprofil erstellt werden soll, ist von einer realtypischen Bestimmung auszugehen.[453]

Die Datenerhebung erfolgte im Auftrag von *PricewaterhouseCoopers* und der Universität Halle-Wittenberg durch das *TNS Emnid* in Deutschland mittels Telefoninterviews. Interviewt wurden 603 Verantwortliche in deutschen Großunternehmen im Zeitraum von Mitte Mai bis Ende Juli 2013, die nach eigenen Angaben für den Themenbereich Kriminalitätsprävention und Kriminalitätsaufklärung zuständig gewesen sind.[454] Als Großunternehmen sind Unternehmen bestimmt worden, die „in Deutschland bzw. weltweit mindestens 500 Mitarbeiter" haben. Angegeben wird dabei, dass die Antwortbereitschaft der befragten Unternehmen hoch und die Studie aufgrund der Größe sowie der Stichprobenziehung repräsentativ war. Zu der Erstellung der Täterprofile wird angeführt, dass hierzu Fallstudien durchgeführt worden sind, die es ermöglichten, „Analysen der schadensbegleitenden Umstände, der konkreten Tatursachen sowie der Reaktionen und Sanktionen der Unternehmen"[455] zu bestimmen.

Die Angaben zum Täterprofil sollen auf Grundlage der Berichterstattung der befragten Unternehmen basieren und schließen 277 gravierende Wirtschaftsdelikte ein. Der Begriff der Wirtschaftskriminalität wird in der Studie allerdings nicht bestimmt. Es wird lediglich angeführt, dass es sich bei den im Rahmen der Fallanalyse untersuchten „gravierenden Wirtschaftsdelikten [...] zumeist um Vermögensdelikte (71 %) sowie um wettbewerbswidrige Absprachen (10 %) und Korruption (9 %)"[456] handelte.

Durch den Verweis in den methodischen Ausführungen der Publikation auf vorherige Studien kann vermutet werden, dass derselbe Begriff aus der letzten vergleichbaren Studie von 2009 zu Grunde gelegt worden ist. Dies genügt allerdings nicht methodischen Standards und führt insbesondere im Bereich der Wirtschaftskriminalität, bedingt durch den rasanten Wandel wirtschaftlicher

453 *PricewaterhouseCoopers/Martin-Luther-Universität Halle-Wittenberg*, Wirtschaftskriminalität und Unternehmenskultur 2013; *PricewaterhouseCoopers/Martin-Luther-Universität Halle Wittenberg*, Wirtschaftskriminalität, 2009; *PricewaterhouseCoopers*, Wirtschaftskriminalität, 2007; *PricewaterhouseCoopers/Martin-Luther-Universität Halle Wittenberg*, Wirtschaftskriminalität, 2005.

454 *PricewaterhouseCoopers/Martin-Luther-Universität Halle-Wittenberg*, Wirtschaftskriminalität und Unternehmenskultur 2013, S. 12.

455 *PricewaterhouseCoopers/Martin-Luther-Universität Halle-Wittenberg*, Wirtschaftskriminalität und Unternehmenskultur 2013, S. 13.

456 Vgl. *PricewaterhouseCoopers/Martin-Luther-Universität Halle-Wittenberg*, Wirtschaftskriminalität und Unternehmenskultur 2013, S. 80.

Möglichkeiten und Strafbarkeiten, zu einer erheblichen Unsicherheit hinsichtlich des Untersuchungsgegenstandes.

Es wird nicht dargelegt, in welcher Unternehmensposition Mitarbeiter in Unternehmen telefonisch interviewt worden sind, unter welchen Bedingungen das Interview abgehalten wurde, ob z. B. das Interview am Arbeitsplatz unter Aufsicht des Arbeitgebers gegeben wurde oder ob, wie bei der Untersuchung aus dem Jahr 2009, ein teilstandardisiertes computerunterstütztes Telefoninterview stattfand. Des Weiteren wird nicht darauf eingegangen, ob die befragten Unternehmen nach einem randomisierten Verfahren ausgewählt worden sind und wie viele Unternehmen genau auf welche Frage geantwortet haben. Mittgeteilt wird lediglich, dass es eine hohe Antwortbereitschaft gab.[457] Entgegen den Angaben der Studienautoren ist deshalb nicht von einer Repräsentativität auszugehen.

Zur Überprüfung der im Rahmen der Fallanalyse zu den Täterprofilen gewonnenen Daten ist auch keine Vergleichsgruppe gebildet worden. Es wird zudem nicht dargelegt, ob die durchgeführten Interviews auf mögliche Fehler bei der Interviewführung geprüft wurden. Es wird des Weiteren nicht informiert, ob die Teilnehmer an der Fallstudie mit Anreizen als Teilnehmer beworben oder ob die Antworten auf soziale Erwünschtheit hin überprüft worden sind. Problematisch bei der Studie von *PricewaterhouseCoopers* ist zudem, dass diese ausschließlich auf Selbstauskünften von befragten Unternehmern beruht. Wie aufgezeigt, unterliegt eine solche Täter- oder Opferbefragung, insbesondere im Bereich der Wirtschaftskriminalität, einer Vielzahl von Unwägbarkeiten, die eine erhebliche Verzerrungsgefahr des Antwortverhaltens in sich bergen.

Schließlich wird auch nicht der Kausalitätszusammenhang der gewonnenen Ergebnisse mit wirtschaftsstrafrechtlichem Verhalten überprüft. Von einer Aussagekraft der Ergebnisse zu einem Wirtschaftsstraftätertypus ist nach der Analyse der Studie nicht auszugehen.

(6) Analyse der Studie von Schneider *und* RölfsPartner

Die Autoren bilden nach eigener Angabe vier Idealtypen von Wirtschaftsstraftätern. Dem idealtypischen Vorgehen steht die der Studie beigefügte Checkliste zur Identifizierung der bestimmten Tätertypen, also Realtypen, gegenüber. Der Widerspruch wird durch die Zielsetzung der Studie verstärkt, mit den Tätertypen Wirtschaftskriminalität zu unterbinden. Denn eine täterspezifische Prävention

457 Vgl. *PricewaterhouseCoopers/Martin-Luther-Universität Halle-Wittenberg*, Wirtschaftskriminalität und Unternehmenskultur 2013, S. 13.

kann nach den vorangegangenen Untersuchungsergebnissen nur durch eine realtypische Täterindividualisierung erfolgen.

Die Daten für die Tätertypologisierung sind mit einem kombinierten qualitativen-quantitativen Verfahren gewonnen worden. Dafür haben *Schneider* und *RölfsPartner* ihre Studie in zwei Phasen durchgeführt. In der ersten Phase sind von den drei Berliner Wirtschaftsstrafkammern im Jahr 2007 ergangenen Urteile mittels eines teilstandardisierten Erhebungsbogens analysiert worden. Der Begriff der Wirtschaftskriminalität wird in der Studie von *Schneider* und *RölfsPartner* über § 74c GVG definiert. Der Erhebungsbogen hat neben quantitativen Angaben zu „Geschlecht, Alter, Familienstand bei der Tatbegehung, Erwerbsstatus, Bildung, Vorstrafenbelastung, Staatsangehörigkeit, verwirklichten Straftatbeständen, Strafmaß und Schadenshöhe"[458] auch Rubriken zur Tatgelegenheitsstruktur enthalten. Die erste Phase stellt die Grundlage für die Datenerhebung und Auswertung von 21 Verfahren und 37 Angeklagten dar. Zuvor sind solche Fälle ausgeschieden worden, die bei der Tat keinen Zusammenhang mit der Ausübung einer legitimen Berufstätigkeit oder einer legalen wirtschaftlichen Betätigung aufwiesen, die nicht unter die für die Studie festgelegte Definition von Wirtschaftskriminalität fielen oder wo ein Freispruch erfolgte.[459] Darüber hinaus wird angegeben, dass nicht alle Urteile gegen die untersuchten Täter rechtskräftig waren. Wie viele Personen dies betrifft, wird nicht veröffentlicht. In der zweiten Phase haben *Schneider* und *RölfsPartner* eine Auswahl getroffen von 30 Verfahren mit insgesamt 50 Tätern aus forensischen Ermittlungen in Unternehmen und mit 13 als Wirtschaftsstraftäter bestimmten Personen ein teilstandardisiertes, anonymisiertes Interview durchgeführt. Diese Datenerhebung ist von Teammitgliedern der *Rölfs WP Partner AG* durchgeführt worden.[460] Aus diesen Angaben für die individualisierten, als „Täter" interviewten Studienteilnehmer ist zu schließen, dass es sich hierbei um noch nicht verurteilte Täter handelt.

Als theoretische Grundlage ziehen die Autoren das von *Schneider* entwickelte Leipziger Verlaufsmodell wirtschaftskriminellen Handelns heran.[461] *Schneider*

458 *RölfsPartner/Universität Leipzig*, Der Wirtschaftsstraftäter in seinen sozialen Bezügen, 2009, S. 6.

459 *RölfsPartner/Universität Leipzig*, Der Wirtschaftsstraftäter in seinen sozialen Bezügen, 2009, S. 6.

460 *RölfsPartner/Universität Leipzig*, Der Wirtschaftsstraftäter in seinen sozialen Bezügen, 2009, S. 7.

461 Vgl. zum Leipziger Verlaufsmodell, *Schneider*, NStZ 27 (2007), 555 (555–562). Zur Kritik an diesem Modell, vgl. *Cleff/Luppold/Naderer et al.*, Tätermotivation in der Wirtschaftskriminalität, 2008, S. 17.

und *RölfsPartner* führen in „der methodischen Anlage und Zielsetzung" ihrer Untersuchung an, die Grundbegriffe des „Leipziger Verlaufsmodells" nicht zu operationalisieren, „sondern vergleichbar dem Ansatz ‚gegenstandsbezogener Theorien' anhand des empirischen Materials induktiv"[462] fortzuentwickeln. Welche Bedeutung dies für die Tätertypenbildung hat, wird nicht klar aufgezeigt.

Den Autoren zufolge konnten bei der Auswertung der Urteile im Hinblick auf die qualitativen Aspekte der personalen und situativen Risikofaktoren, die Feststellungen zu den persönlichen Verhältnissen und die Strafzumessungserwägungen des Gerichts herangezogen werden. Einschränkungen hätten sich insoweit aus dem Umstand ergeben, dass es sich um unter juristischen Gesichtspunkten vorinterpretierte Lebenssachverhalte und um Informationen aus „zweiter Hand" gehandelt habe. Aufgrund der erheblichen Zugangsbarrieren bei der Erforschung von Wirtschaftskriminalität wird es von den Autoren aber als glücklicher Umstand eingestuft, dass Ihnen überhaupt die Möglichkeit eröffnet wurde, die Urteile auszuwerten. Zur Sicherung der Reliabilität bei der qualitativen Einzelauswertung[463] seien diese unabhängig voneinander durch *Dieter John* von *RölfsPartner* und drei Doktoranden vorgenommen worden. Dies habe es ermöglicht, „Konvergenzen und Differenzen"[464] bei der qualitativen Einzelauswertung festzustellen und die Einordnung der Sachverhalte in die Fehler der personalen und situativen Risikobereiche intern zu kontrollieren. Mit welchem Verfahren die erhobenen Daten ausgewertet worden sind, wird jedoch nicht deutlich gemacht. Auch wird bei den Interviews nicht dargelegt, inwiefern diese auf sozial erwünschtes Antwortverhalten oder hinsichtlich des Einflusses von situativen Variablen überprüft worden sind. Die gewonnen Ergebnisse können daher nicht repliziert werden und es kann keine Aussage über Faktoren getroffen werden, welche die Ergebnisse möglicherweise verzerrt haben.

Bei den analysierten Gerichtsurteilen handelt es sich um Hellfelddaten, welche durch Instanzen formeller Sozialkontrolle gewonnen worden sind.[465] Die Untersuchung der bloßen Hellfelddaten führt im Bereich der Wirtschaftskriminalität

---

462 *RölfsPartner/Universität Leipzig*, Der Wirtschaftsstraftäter in seinen sozialen Bezügen, 2009, S. 6.

463 Dies wird von den Autoren dahingehend konkretisiert, dass hier die interpersonelle Stabilität der Messwerte gemeint sei.

464 *RölfsPartner/Universität Leipzig*, Der Wirtschaftsstraftäter in seinen sozialen Bezügen, 2009, S. 8.

465 Vgl. *RölfsPartner/Universität Leipzig*, Der Wirtschaftsstraftäter in seinen sozialen Bezügen, 2009, S. 7 f.

aufgrund des großen Dunkelfeldes dazu, dass nur ein kleiner Ausschnitt untersucht worden ist. Lediglich Daten zu 13 interviewten Personen wurden nach eigener Angabe aus dem Dunkelfeld gewonnen, wobei die als Täter interviewten Personen nur durch privatwirtschaftlich handelnde Parteien als Wirtschaftsstraftäter bestimmt worden sind. Die Repräsentativität der Daten wird hierdurch nicht gewährleistet. Dazu wäre eine zufällige Datenerhebung bei einer Anzahl von Wirtschaftsstraftätern erforderlich gewesen, die dazu geeignet ist, die realen Gegebenheiten widerzuspiegeln.[466]

Zudem erfolgt keine Kreuzvalidierung, sodass eine Aussage über die typischen Eigenschaften von Wirtschaftsstraftätern nicht getroffen werden kann, da diese ebenso bei anderen Personengruppen auftreten können. Des Weiteren wird nicht überprüft, mit welcher Wahrscheinlichkeit die ermittelten Eigenschaften von Wirtschaftsstraftätern zu einem wirtschaftsstrafrechtlich relevanten Verhalten führen. Teilweise entsprechen die in der Studie getroffenen Aussagen auch nicht den Tatsachen. So wird angeführt, dass neuere Untersuchungen „über Persönlichkeitsmerkmale von Wirtschaftsstraftätern Korrelationen zwischen Wirtschaftskriminalität und Hedonismus sowie Narzissmus“[467] belegen, wobei als Nachweis die Studie von *Blickle et al.* zitiert wird. In der Studie von *Blickle et al.* wird jedoch explizit darauf hingewiesen, dass aufgrund einer Reihe von methodischen Mängeln für eine Aussagekraft weitere Studien mit größeren Fallzahlen erforderlich sind.[468]

Nach der Analyse der empirischen Typenbildung von *Schneider* und *RölfsPartner* ist eine Aussagekraft der Tätertypologie nicht gegeben. Insbesondere wird der damit angepriesene kriminalpräventive Effekt als Baustein von Compliance-Maßnahmen nicht dargelegt.

(7) Analyse der Studie von Cleff, Naderer *und* Volkerts

Die Studie von *Cleff*, *Naderer* und *Volkerts* bestimmt nach eigener Angabe vier idealtypische Wirtschaftsstraftäter.[469] Die Studie erfolgte anhand einer qualitativen Befragung in Kombination mit einer quantitativen Aktenanalyse. Dafür sind zunächst qualitativ-psychologische Interviews mit 13 Wirtschaftsstraftätern

466 Siehe Kapitel D. II. 2. a) (2).

467 *RölfsPartner/Universität Leipzig*, Der Wirtschaftsstraftäter in seinen sozialen Bezügen, 2009, S. 4.

468 Siehe Kapitel D. II. 2. b) (2).

469 *Cleff/Luppold/Naderer et al.*, Tätermotivation in der Wirtschaftskriminalität, 2008, S. 22 f. Dies ist daraus zu folgern, dass versucht wird die anhand von qualitativen Interviews gebildeten Tätertypen im Wege der Aktenanalyse zu bestätigen.

aus verschiedenen Vollzugsanstalten durchgeführt worden, von denen 12 der 13 Interviewten einen Persönlichkeitstest nach dem NEO-FFI[470] ausfüllten. Zudem wurden für eine Validierung der 13 Interviews die Gerichtsakten von 60 Wirtschaftsstraftätern aus elf deutschen Staatsanwaltschaften systematisch hinsichtlich der Motive, charakteristischen Persönlichkeitsmerkmale und begünstigenden Rahmenbedingungen analysiert und ausgewertet.[471] Der Persönlichkeitstest NEO-FFI dient dabei der Erfassung individueller Merkmalsausprägungen in den Persönlichkeitsdimensionen Neurotizismus, Extraversion, Offenheit für Erfahrung, Verträglichkeit und Gewissenhaftigkeit.[472]

Die Interviews sind über einen durchschnittlichen Zeitraum von „etwa fünf bis sechs Stunden, verteilt auf zwei Gesprächstermine" und „auf Basis der Grundprinzipien non-direktiver Gesprächsführung" durchgeführt worden. „Die Gerichtsakten wurden mittels thematisch strukturierter Protokollbögen erfasst, codiert und quantitativ" mithilfe einer Clusteranalyse systematisch ausgewertet.[473] Bei der Auswahl der Interviewten fand eine Fokussierung auf Betrug, Unterschlagung, Untreue und Korruption statt. Weiter wird angegeben, dass sich die Studie auf die Manager- und Geschäftsführungsebene von Unternehmen mit Delikten zum Nachteil eines Unternehmens richtete.[474] Der Begriff der Wirtschaftskriminalität wird jedoch nicht genau bestimmt. Es werden lediglich beispielhaft Delikte aufgezählt, die zum Nachteil eines Unternehmens begangen werden. Davon werden wiederum bestimmte Delikte ausgeschlossen, wie etwa die Industriespionage.[475] Bevor die Autoren die empirischen Untersuchungsergebnisse vorstellen, wird „ein allgemeines Erklärungsmodell wirtschaftskrimineller Handlungen"[476] dargestellt. Dieses Erklärungsmodell wird in sechs Phasen aufgeteilt, die ein Täter grundsätzlich bis zur Tatbegehung

470 Vgl. zu dem Messverfahren des Neo-FFI ausführlich, Kapitel D. II. 2. b) (2).

471 *Cleff/Naderer/Volkert*, MschrKrim 94 (2011), 4 (5, 8); *Cleff/Luppold/Naderer et al.*, Wirtschaftskriminalität, 2009, S. 22, 34; *Cleff/Luppold/Naderer et al.*, Tätermotivation in der Wirtschaftskriminalität, 2008, S. 6, 32.

472 *Cleff/Luppold/Naderer et al.*, Wirtschaftskriminalität, 2009, S. 34; vgl. zum NEO-FFI auch siehe oben Kapitel D. II. 2. b) (2).

473 *Cleff/Luppold/Naderer et al.*, Wirtschaftskriminalität, 2009, S. 37; *Cleff/Luppold/Naderer et al.*, Tätermotivation in der Wirtschaftskriminalität, 2008, S. 35 ff.

474 *Cleff/Luppold/Naderer et al.*, Tätermotivation in der Wirtschaftskriminalität, 2008, S. 19.

475 Vgl. *Cleff/Luppold/Naderer et al.*, Wirtschaftskriminalität, 2009, S. 22; *Cleff/Luppold/Naderer et al.*, Tätermotivation in der Wirtschaftskriminalität, 2008, S. 19.

476 *Cleff/Naderer/Volkert*, MschrKrim 94 (2011), 4 (8).

durchlaufe und die zur kriminellen Handlung führen sollen.[477] Das der Untersuchung vorangestellte „allgemeine Erklärungsmodell“[478] wird nicht empirisch überprüft. Es wird auch nicht klargestellt, inwiefern das Erklärungsmodell die Ergebnisse der Studie stützt. Das vorangestellte theoretische Rahmenmodell setzt sich im Wesentlichen aus der kriminologischen Anomie-Theorie von *Merton*[479] zusammen, ohne dass hierauf jedoch Bezug genommen wird.[480]

Für die Auswertung sind den Gerichtsakten sechs emotionale, vier motivationale und vier besondere Persönlichkeitsmerkmale als binäre Variablen entnommen worden. In einer Tabelle werden neben der Codierungsanweisung für den Wert 1 einer binären Tätereigenschaft zudem die erwarteten Ausprägungen

---

477 *Cleff/Naderer/Volkert*, MschrKrim 94 (2011), 4 (8); *Cleff/Luppold/Naderer et al.*, Wirtschaftskriminalität, 2009, S. 23. Die erste Phase sei dadurch gekennzeichnet, dass berufliche wie private Ziele zunächst auf legalem Wege zu erreichen versucht werden. In der zweiten Phase würden die eingeschlagenen legalen Wege durch Erfolglosigkeit und negative Erlebnisse gekennzeichnet. Daraufhin folge das als Phase drei bezeichnete Ausloten von rechtlichen Grenzbereichen und illegalen Wegen. In Phase vier werde bei verbuchten Erfolgen in Phase drei ein kriminelles Vorgehen verstärkt. Die fünfte Phase sei dadurch gekennzeichnet, dass das persönliche Rechtsempfinden sich den kriminellen Gegebenheiten anpasse. Im Falle einer Aufdeckung der Tat, trete dann ein Realitätsschock ein, Phase sechs. Das Verhalten in den einzelnen Phasen sei dabei bedingt durch interne Faktoren wie die Persönlichkeitsstruktur sowie individuelle Motiv- und Wertestrukturen. Aber auch unternehmensspezifische Umwelteinflüsse, auf Misserfolgen basierende negative Gefühle und die subjektive Wahrnehmung von Gelegenheiten sollen nach *Cleff, Naderer* und *Volkert* die Begehung einer Straftat beeinflussen. Die Herausgeber der Studie betonen dabei, dass dieser Prozess nicht zwangsläufig in einer kriminellen Handlung enden müsse.

478 *Cleff/Naderer/Volkert*, MschrKrim 94 (2011), 4 (8); *Cleff/Luppold/Naderer et al.*, Tätermotivation in der Wirtschaftskriminalität, 2008, S. 21 f.

479 Vgl. *Merton*, Soziologische Theorie und soziale Struktur, 1995; *Merton*, in: *Sack* (Hrsg.), Kriminalsoziologie, 1979, S. 283–313. Nach der Anomie-Theorie ist Anomie die Folge einer Kluft zwischen den gesellschaftlichen legitimen Zielen und den zur Erreichung dieser Ziele einzusetzenden legalen Mitteln. Bei Fehlen des Zugangs zur Zielerreichung mit legalen Mittel, bestehen fünf Verhaltensalternativen: „Innovation“, „Rebellion“, „Rückzug“, „Konformität“ oder „Ritualismus“.

480 Vielmehr sehen die Autoren nur eine Parallele des Beitrags zum Leipziger Verlaufsmodell von *Schneider*, da beide die zentrale Rolle der individuellen Gefühlslage als kausalen Faktor für Wirtschaftskriminalität beleuchten. Vgl. *Cleff/Naderer/Volkert*, MschrKrim 94 (2011), 4 (6). Wie *Cleff et al.* zudem aufführen, soll „die Ursachenanalyse der Wirtschaftskriminalität [...] nur zu einem geringen Teil theoriegeleitet“ sein. Vgl. *Cleff/Luppold/Naderer et al.*, Wirtschaftskriminalität, 2009, S. 14.

für die jeweiligen Tätertypen angegeben.[481] Die Auswertung der Daten wurde mithilfe einer hierarchischen Clusteranalyse vorgenommen.[482] Bei einer Clusteranalyse handelt es sich den Autoren nach um „ein Struktur entdeckendes quantitatives Verfahren zur Ermittlung von Gruppen (Clustern) von Subjekten oder Objekten, deren Eigenschaftsausprägungen Ähnlichkeiten aufweisen"[483]. Nach Durchführung einer hierarchischen Clusteranalyse identifizieren die Autoren vier Tätertypen.[484] Die Ursache für die fehlende Bestätigung des „narzisstischen Visionärs" durch die Aktenanalyse vermuten die Autoren im Fehlen einer operationalisierten Entscheidungsvariable „Narzissmus" und der damit einhergehenden fehlenden Möglichkeit einer empirischen Ausdifferenziertheit von diesem „Straftätertyp".[485]

Die durchgeführten qualitativen Befragungen sind alle nicht auf sozial erwünschtes Antwortverhalten oder situative Einflüsse hin kontrolliert worden. Es ist daher unklar, ob die Ergebnisse durch äußere Umstände oder durch die Art der Antworten verfälscht worden sein könnten. Eine Vergleichsgruppe von Personen in Management- und Führungspositionen, die nicht wegen einer Wirtschaftsstraftat in Erscheinung getreten sind, ist nicht untersucht worden.[486] Die Angabe, dass „Wirtschaftsstraftäter signifikant höhere Werte in der Persönlichkeitsdimension Narzissmus aufweisen"[487] kann damit auf alle Personen aus der Management- und Führungsetage zutreffen und muss nicht ein spezifischer Charakterzug von Personen sein, die eine Wirtschaftsstraftat begehen. Es besteht demnach die Möglichkeit, dass trotz gleicher Persönlichkeitsmerkmale ungleich gehandelt wird oder dass situative und nicht persönliche Faktoren tatauslösend sind.

Ein weiterer Kritikpunkt hinsichtlich der untersuchten Persönlichkeitseigenschaften besteht darin, dass es keine messbaren Ergebnisse gibt, wonach jemand

---

481 *Cleff/Naderer/Volkert*, MschrKrim 94 (2011), 4 (10); *Cleff/Luppold/Naderer et al.*, Wirtschaftskriminalität, 2009, S. 37.

482 *Cleff/Luppold/Naderer et al.*, Wirtschaftskriminalität, 2009, S. 39. In einem Schaubild werden die „relative[n] Häufigkeiten von Tätereigenschaften in den vier Clustern der Clusteranalyse" dargestellt (in Prozent), *Cleff/Luppold/Naderer et al.*, Wirtschaftskriminalität, 2009, S. 40.

483 *Cleff/Luppold/Naderer et al.*, Tätermotivation in der Wirtschaftskriminalität, 2008, S. 36.

484 *Cleff/Naderer/Volkert*, MschrKrim 94 (2011), 4 (10 f.).

485 *Cleff/Naderer/Volkert*, MschrKrim 94 (2011), 4 (11 f.); *Cleff/Luppold/Naderer et al.*, Wirtschaftskriminalität, 2009, S. 39.

486 *Cleff/Luppold/Naderer et al.*, Wirtschaftskriminalität, 2009, S. 8.

487 *Cleff/Luppold/Naderer et al.*, Wirtschaftskriminalität, 2009, S. 26.

bei Vorliegen einer bestimmten Persönlichkeitsdimension wirtschaftskriminell wird – und ein anderer nicht. Es wird daher nur eine Korrelation, aber keine Kausalität der untersuchten Eigenschaften gemessen. Dies wird letztlich auch von *Cleff*, *Naderer* und *Volkerts* selbstkritisch eingeräumt. Das Risiko des wirtschaftskriminellen Verhaltens einer Person verdichte sich allerdings, wenn „verschiedene Einflussgrößen in intensiver Ausprägung“[488] zusammenkommen.

Auch die geforderten kriminalpräventiven Maßnahmen, die auf die gebildete Tätertypologie differenziert ausgerichtet sein sollen, werden nicht hinsichtlich ihrer Wirkweise überprüft. Bei der Studie von *Cleff*, *Naderer* und *Volkert* wird in der 2009 im Internet veröffentlichten Studie das Begriffspaar „Prävention und Bekämpfung von Wirtschaftskriminalität“ sehr häufig verwendet.[489] Die Wirksamkeit einer Tätertypenbestimmung zur Prävention von Wirtschaftskriminalität wird allerdings nicht untersucht.

Die Zufallsauswahl der zur Validierung der Interviewergebnisse herangezogenen Akten wird nicht dargelegt. Da nur eine begrenzte Anzahl von Akten von lediglich elf deutschen Staatsanwaltschaften herangezogen worden sind, ist eine Repräsentativität der Daten nicht gegeben. Die weitere methodische Vorgehensweise wird in der Studie nur äußerst knapp beschrieben.[490] Eine Replikation der gewonnenen Ergebnisse erscheint insoweit nicht möglich. Zwar sind im Rahmen der Studie von *Cleff*, *Naderer* und *Volkerts* vergleichsweise umfangreich Daten ausgewertet worden. Die aufgezeigten methodischen und methodologischen Schwierigkeiten führen jedoch dazu, dass die Wirtschaftsstraftätertypen als nicht aussagekräftig angesehen werden können.

(8) Analyse der Studie von Schlegel

Schlegel zielt nach eigener Angabe mit seiner quantitativen Studie auf eine reale Unterscheidung zwischen „den Wirtschaftskriminellen“ und „der Normalpopulation“ ab. *Schlegel* spricht bei seinen Ergebnissen von „Klassifizierungen“ in „Wirtschaftskriminelle“ anstelle von einer „Typisierung“.[491]

Schlegel untersucht in seiner Studie Persönlichkeitseigenschaften, soziale Erwünschtheit und Wertehaltungen von verurteilten Wirtschaftsstraftätern. Im Rahmen der Studie werden die Persönlichkeitseigenschaften – Narzissmus,

488 *Cleff/Luppold/Naderer et al.*, Wirtschaftskriminalität, 2009, S. 24.

489 *Cleff/Luppold/Naderer et al.*, Wirtschaftskriminalität, 2009, 8, 21 f., 42 f. So lautet dort auch das letzte Kapitel der Studie: „Erste Schlussfolgerungen für die Prävention und Bekämpfung von Wirtschaftskriminalität“.

490 Vgl. *Krüger*, in: *Dölling/Jehle* (Hrsg.), Täter, Taten, Opfer, 2013, S. 403 (409).

491 *Schlegel*, in: *Schlegel* (Hrsg.), Wirtschaftskriminalität und Werte, 2003, S. 113 (159 f.).

Kontrollüberzeugung und Gewissenhaftigkeit, soziale Erwünschtheit – und die Wertehaltungen von über 102 verurteilten „Wirtschaftskriminellen" in 14 deutschen Justizvollzugsanstalten analysiert und mit einer „Normalpopulation" von 88 Personen verglichen.[492]

Zum methodischen Vorgehen wird zunächst ausführlich auf die Zusammenstellung des Fragebogens eingegangen.[493] Bezüglich der Fragen sind bereits entwickelte Fragebögen eingesetzt worden. Für das Testen unterschiedlicher Persönlichkeitseigenschaften und Werteeinstellungen sind verschiedene Verfahren verwendet worden. Die Unterscheidung zwischen „Wirtschaftskriminellen" und „Normalpopulation" ist anhand der folgenden Variablen überprüft worden: Alter, Geschlecht, Brutto-Jahresgehalt, Kontrollüberzeugung, Wertehaltungen, Narzissmus, Gewissenhaftigkeit und günstige Gelegenheit. Bei der günstigen Gelegenheit sind sowohl die eigene Handlung als auch die Einschätzung, wie andere Kollegen in dieser Situation gehandelt hätten, abgefragt worden.[494]

Die allgemeine Forschungshypothese lautet: „Wirtschaftskriminelle unterscheiden sich in den Variablen Wertehaltungen, Gewissenhaftigkeit, Narzissmus, günstige Gelegenheit und Peers von der Vergleichsstichprobe der Untersuchung"[495]. Neben der allgemeinen Forschungshypothese werden sieben weitere operationale Hypothesen nachgeordnet, welche die Ergebnisse nach Vorgaben der allgemeinen Forschungshypothese prognostizieren sollen. Auch das Messen dieser Hypothesen und das statistische Vorgehen werden ausführlich dargelegt.[496] Die einzelnen an den Teilnehmern untersuchten Persönlichkeitseigen-

492 *Schlegel*, in: *Schlegel* (Hrsg.), Wirtschaftskriminalität und Werte, 2003, S. 113 (113, 145).

493 *Schlegel*, in: *Schlegel* (Hrsg.), Wirtschaftskriminalität und Werte, 2003, S. 113 (122–130).

494 *Schlegel*, in: *Schlegel* (Hrsg.), Wirtschaftskriminalität und Werte, 2003, S. 113 (130). Für die Messung der „Kontrollüberzeugung" ist der Fragebogen zu Kompetenz- und Kontrollüberzeugungen nach *Krampen* verwendet worden, für die „Wertehaltung" der Schwartz Value Survey, für die „soziale Erwünschtheit" eine von *Lück* und *Timmaeus* (1969) adaptierte Skala, für „Gewissenhaftigkeit" das Neo-FFI, für „Narzissmus" Items in Anlehnung an das Strukturierte Klinische Interview für DSM-II und für „günstige Gelegenheit und Rollenvorgabe" zwei Situationen mit günstiger Gelegenheit und entsprechende Fragen zum Umfeld, *Schlegel*, in: *Schlegel* (Hrsg.), Wirtschaftskriminalität und Werte, 2003, S. 113 (122–130).

495 *Schlegel*, in: *Schlegel* (Hrsg.), Wirtschaftskriminalität und Werte, 2003, S. 113 (131).

496 *Schlegel*, in: *Schlegel* (Hrsg.), Wirtschaftskriminalität und Werte, 2003, S. 113 (132–139, 142–146).

schaften werden ebenfalls operationalisiert.[497] Bezüglich der Bestimmung, wann eine Person als „Wirtschaftskrimineller“ einzuordnen ist, wird auf die Definition von *Bock* verwiesen.[498]

Eine Eingrenzung der untersuchten Personen ist nach eigener Angabe durch die Adressierung der Untersuchungsfragebögen vorgenommen worden, indem auf dem Deckblatt der Fragebögen darauf hingewiesen wurde, dass der Auszufüllende „bereits im Berufsleben stehen bzw. gestanden haben“[499] solle. Dies habe dazu gedient, die „Wirtschaftskriminellen“ auszuwählen, welche im „organisationalen Kontext delinquent wurden“[500]. Die Bejahung der Voraussetzungen ist den Studienteilnehmern überlassen worden. Eine Überprüfung der Richtigkeit dieser Angaben wird nicht dargelegt. Eine Sicherstellung der Einbeziehung von Personen, die im „organisationalen Kontext delinquent wurden“, ist nicht gegeben. Ob dritte Personen bei der Ausfüllung der Fragebögen beteiligt waren, konnte durch die fehlende Kontrolle des Studienautors ebenfalls nicht überprüft werden. Über die Werte, Kontrollüberzeugung und Persönlichkeitseigenschaften messenden Konstrukte hinaus ist auch eine geringe Anzahl „soziobiographischer bzw. deliktspezifischer Daten“ erhoben worden.[501]

Bei der Studie von *Schlegel* werden die gewonnenen Daten anhand einer Vergleichsgruppe von nicht wirtschaftsstrafrechtlich in Erscheinung getretenen Personen überprüft. Die soziale Erwünschtheit beim Antwortverhalten sei kontrolliert und das Antwortverhalten „der Wirtschaftskriminellen“ durch das Antwortverhalten der Kontrollgruppe („Normalpopulation“) verglichen worden.[502] Anhand einer Diskriminanzanalyse seien „83 % der Untersuchungsteilnehmer nur anhand weniger Skalen, den Diskriminationsvariablen des eingesetzten Fragebogens korrekt als Wirtschaftskriminelle bzw. Kontrollgruppe“[503] identifiziert worden. Die Signifikanz der Ergebnisse wird allerdings durch die Tatsache verzerrt, dass von der Kontrollgruppe „knapp die Hälfte der Personen

497 *Schlegel*, in: *Schlegel* (Hrsg.), Wirtschaftskriminalität und Werte, 2003, S. 113 (115–122).
498 *Schlegel*, in: *Schlegel* (Hrsg.), Wirtschaftskriminalität und Werte, 2003, S. 113 (141).
499 *Schlegel*, in: *Schlegel* (Hrsg.), Wirtschaftskriminalität und Werte, 2003, S. 113 (123).
500 *Schlegel*, in: *Schlegel* (Hrsg.), Wirtschaftskriminalität und Werte, 2003, S. 113 (123).
501 *Schlegel*, in: *Schlegel* (Hrsg.), Wirtschaftskriminalität und Werte, 2003, S. 113 (123).
502 *Schlegel*, in: *Schlegel* (Hrsg.), Wirtschaftskriminalität und Werte, 2003, S. 113 (113, 115, 119, 121).
503 *Schlegel/Schwarte*, in: *Schlegel* (Hrsg.), Wirtschaftskriminalität und Werte, 2003, S. 177 (184).

Organisationen“[504], wie dem Bund Katholischer Unternehmer und dem Deutschen Netzwerk für Wirtschaftsethik (DNWE), angehörten, bei denen es naheliegend ist, dass diese von vornherein eher ein besonders stark ausgeprägtes Werteverständnis haben. Dies ist bedeutend, da so „die Unterschiede, die sich zwischen Wirtschaftskriminellen und der Kontrollgruppe finden [...,] letztlich nur Differenzen zwischen ‚Normalen‘ und Menschen mit besonders ethischer Orientierung“[505] sind. *Schlegel* weist diesen selbst vorgetragenen Einwand zwar als unbegründet zurück.[506] Hier hätte allerdings ein Datenvergleich zwischen den Mitgliedern des Bundes Katholischer Unternehmer, dem DNWE und Personen, die in vergleichbaren Positionen arbeiten, einen signifikanten Persönlichkeits- und Werteunterschied ergeben können. Auch ist *Schlegel* selbst im Jahr 2000, also im Zeitraum der Erstellung der Studie, Mitglied des DNWE geworden. Zudem sind zwei der Autoren in dem Buch zur Studie von *Schlegel* Mitglied des Vorstands beziehungsweise Mitbegründer des DNWE, bei dem wesentliche Daten für die Studie erhoben wurden. Die mitpublizierende Autorin *Kleinfeld* ist seit 1993 im Vorstand des DNWE tätig, dessen Mitglieder maßgeblich Fragebögen im Rahmen der Studie von *Schlegel* beantworteten und damit einen Teil der Kontrollpersonen für die bei Wirtschaftsstraftätern erhobenen Daten bildeten.[507] Zudem wurden Anfragen für die Teilnahme an der Studie an das von *Kleinfeld* geführte Unternehmen *Bickmann & Collegen Unternehmensberatung* gesandt.[508] Der ebenfalls an der Publikation von *Schlegel* beteiligte *Tur* ist Mitbegründer des DNWE[509] und Gründer des privatwirtschaftlichen Unternehmens *Business Keeper AG*, das seit 2001 existiert und heute auf der Website Integritätstests zur Identifizierung von Wirtschaftsstraftätern anbietet.[510] Dies lässt nicht nur erhebliche Zweifel an der Repräsentativität der gewonnenen Daten aufkommen, sondern stellt auch die wissenschaftliche Unabhängigkeit der Studie als solches in

504 *Schlegel*, in: *Schlegel* (Hrsg.), Wirtschaftskriminalität und Werte, 2003, S. 113 (145).

505 Vgl. *Schlegel*, in: *Schlegel* (Hrsg.), Wirtschaftskriminalität und Werte, 2003, S. 113 (145 f.).

506 Vgl. *Schlegel*, in: *Schlegel* (Hrsg.), Wirtschaftskriminalität und Werte, 2003, S. 113 (145 f.).

507 *Kleinfeld*, Lebenslauf, http://www.kleinfeld-cec.com/ueber-uns/team.html (Stand: 10.04.2014).

508 Dieses Unternehmen firmiert heute unter dem Namen *Dr. Kleinfeld CEC*, http://www.kleinfeld-cec.com/ueber-uns/team.html (Stand: 10.04.2014).

509 Vgl. https://www.business-keeper.com/gruender-und-vorstand.html (Stand: 10.04.2014).

510 Vgl. dazu https://www.handelsregister.de/rp_web/direct-download.do;jsessionid=3582DBCAE1069FEEE42720C67025C4B9.tc 02n03?id=0 und http://www.business-keeper.com/unternehmen.html (Stand: 10.04.2014).

Frage. Der Vergleich mit der „Normalpopulation" geht darüber hinaus von einer Basis-Rate von ca. 1 zu 2 aus, diese ist jedoch tatsächlich viel kleiner.[511]

Die Problematik der Abweichung von Tatzeit- und Testzeitpersönlichkeit, die *Schlegel* selbst anführt, wird mit einem Zirkelschluss aufgelöst. Bei den gemessenen Persönlichkeitseigenschaften soll es sich um „traits" handeln, was bedeute, dass es sich bei den gemessenen Eigenschaften um „über die Zeit relativ stabile Eigenschaften eines Individuums" handle. Deshalb seien mittels dieser „traits" auch Vorhersagen über zukünftiges wirtschaftskriminelles Verhalten möglich.[512] Die Einschränkung, dass nicht von einer 100-prozentigen Prädiktion ausgegangen wird, ändert nichts an der Tatsache, dass sich die Tatzeitpersönlichkeit von der Testzeitpersönlichkeit unterscheiden kann.[513]

Für die von *Schlegel* für die Überprüfung der Werteeinstellung, Kontrollüberzeugung und Persönlichkeitseigenschaften verwendeten Messverfahren gab es nach eigenen Angaben nicht für jede Eigenschaft entwickelte Fragebögen.[514] Diese wurden daher von ihm teilweise selbst aufgesetzt. Ob hier die Reliabilität gewährleistet wird, ist fraglich. So wird etwa von *Schlegel* selbst angeführt, dass „kaum aktuelle Forschungen zum Thema Narzissmus in der Ökonomie und keine Forschungsarbeiten zu Narzissmus und Wirtschaftskriminalität" existieren.[515]

Neben den aufgezeigten methodischen Einwänden, ist auch methodologisch Kritik an der Studie von *Schlegel* zu üben. Die verwendeten Messverfahren sind nicht für die Überprüfung von wirtschaftsstrafrechtlichem Verhalten getestet. Das NEO-FFI misst, wie bereits bei vorherigen Studien analysiert, lediglich das Vorliegen bestimmter Persönlichkeitseigenschaften. Das DSM-II ist für Messung von Persönlichkeitsstörungen entwickelt worden, nicht für die Bestimmung von Wirtschaftsstraftätern und ist bereits zum Zeitpunkt der Untersuchung durch ein neueres Verfahren ersetzt worden. Die Analyse der Studie von *Schlegel* hat damit zum Ergebnis, dass trotz des umfangreichen Methodenteils die vorgenommene Differenzierung zwischen „Wirtschaftskriminellen" und „Normalpopulation" nicht aussagekräftig ist.

Wie aufgezeigt, spricht *Schlegel* bei seinen Ergebnissen von „Klassifizierungen" anstelle von einer „Typisierung".[516] Nach der dieser Untersuchung zugrunde

---

511 Vgl. Kapitel D. II. 2. a) (2).

512 *Schlegel/Schwarte*, in: *Schlegel* (Hrsg.), Wirtschaftskriminalität und Werte, 2003, S. 177 (178).

513 Vgl. dazu ausführlich, Kapitel D. III. 2.

514 *Schlegel*, in: *Schlegel* (Hrsg.), Wirtschaftskriminalität und Werte, 2003, S. 113 (122).

515 *Schlegel*, in: *Schlegel* (Hrsg.), Wirtschaftskriminalität und Werte, 2003, S. 113 (135).

516 *Schlegel*, in: *Schlegel* (Hrsg.), Wirtschaftskriminalität und Werte, 2003, S. 113 (159 f.).

liegenden Definition unterteilt die Klassifikation abschließend sämtliche Einheiten eines „Forschungsgegenstandes und ermöglicht grundsätzlich eine eindeutige Zuordnung des Individuums zu ausschließlich einer Klasse“[517]. Die Analyse der Studie von *Schlegel* hat jedoch ergeben, dass aufgrund der methodischen und methodologischen Schwierigkeiten nicht pauschal zwischen „Wirtschaftskriminellen“ und „Normalpopulation“ unterschieden werden kann. Die Unterscheidung, die *Schlegel* anhand bestimmter Persönlichkeitseigenschaften und Werteeinstellungen vornimmt, kann aufgrund der Fehleranfälligkeit dazu führen, dass etwa Mitarbeiter eines Unternehmens als Wirtschaftsstraftäter eingeordnet werden, ohne jemals eine Wirtschaftsstraftat zu begehen. Da sowohl Wirtschaftsstraftäter als auch Nicht-Wirtschaftsstraftäter die als wirtschaftsstraftäterspezifisch ausgewiesenen Merkmale aufweisen können, handelt es sich nach der vorliegenden Definition nicht um eine Klassifikation, sondern um eine Typologisierung. Da *Schlegel* eine möglichst realitätsgetreue Bestimmung von (potentiellen) Wirtschaftsstraftätern anstrebt, ist die Unterscheidung zwischen „Wirtschaftskriminellen“ und „Normalpopulation“ realtypisch.

3. Zusammenfassung der Ergebnisse

Die methodologische Analyse der konzeptionellen Studien hat einen Grundwiderspruch zwischen dem Ziel einer präventiv legitimierten Tätertypenbestimmung und dem Bezug auf ökonomische Handlungstheorien ergeben. Während mit dem Ziel einer tätertypischen Kriminalprävention die Ansicht verbunden ist, dass bei bestimmten Personen im Vorfeld einer Straftat kriminogene Merkmale gemessen werden können, ist das Bild vom homo oeconomicus dadurch geprägt, dass frei nach einer individuellen Kosten-Nutzen-Analyse entschieden wird. Auch hat die Auswertung der konzeptionellen Studien ergeben, dass diese nur teilweise den Untersuchungsgegenstand konkret eingrenzen, wodurch eine empirische Überprüfung des Konzepts nicht möglich ist. Bei der Wahl der Art des Typus hat die vorangegangene Analyse ergeben, dass alle der untersuchten konzeptionellen Studien Idealtypen gebildet haben. Dies erscheint zunächst plausibel, da die konzeptionellen Studien keine empirischen Ergebnisse vorweisen können und daher die Bildung von Idealtypen naheliegend ist. Eine Idealtypenbestimmung steht jedoch dem Ziel der Prävention von Wirtschaftskriminalität durch die Bestimmung von Tätertypen entgegen.

---

517 *Schöch*, in: *Kaiser* (Hrsg.), Kleines kriminologisches Wörterbuch, 1993, S. 214 (214); siehe Kapitel B. II. 1.

Dies kann nach den Ergebnissen der vorangegangenen Untersuchung nur mit Realtypen erreicht werden.

Die Analyse des methodologischen und methodischen Vorgehens der empirischen Studien zu Wirtschaftsstraftätertypologien hat ergeben, dass die präventiv legitimierte Tätertypenbestimmung nicht aussagekräftig ist. Dabei sind frappierende Unzulänglichkeiten in der Methodik der Datenerhebung festgestellt worden. Insbesondere betroffen sind: die Repräsentativität, die Kontrolle des Antwortverhaltens der Studienteilnehmer, die situativen Variablen bei der Datengewinnung sowie die Überprüfung der Kausalität oder zumindest signifikanter Korrelationen. Die verwendeten Messverfahren wie Neo-FFI oder DSM-III-R für die Feststellung bestimmter Persönlichkeitseigenschaften oder Werteeinstellungen wurden nur für die Messung bestimmter Eigenschaften getestet. Unklar ist, ob die mit den reliablen Verfahren gemessenen Eigenschaften auch zu wirtschaftskriminellem Verhalten führen. Oftmals waren die gewonnenen Ergebnisse nicht replizierbar, da die Untersuchung entweder ohne die Überprüfung einer Theorie beziehungsweise Hypothese erfolgte oder die Variablen nicht operationalisiert worden sind. Darüber hinaus haben lediglich drei der empirischen Studien ihre Ergebnisse zu Wirtschaftsstraftätern anhand einer Vergleichsgruppe überprüft.[518]

Die Ergebnisse der Analyse des methodologischen und methodischen Vorgehens der ausgewählten empirischen Studien lassen sich wie folgt zusammenfassen (Tabelle 4):

518 Mit einem anderen Untersuchungsziel als die vorliegende Arbeit machen *Ragatz* und *Fremouw* in ihrer kritischen Untersuchung der Forschung zu Persönlichkeitsprofilen von Wirtschaftsstraftätern ähnliche Probleme bei der Tätertypenbestimmung aus wie die vorangegangene Analyse. So wird auch von *Ragatz* und *Fremouw* das Fehlen einer Vergleichsgruppe bei der Tätertypenbildung moniert, was es unmöglich macht zwischen Wirtschaftsstraftätern und anderen Personen zu unterscheiden. Darüber hinaus wird die fehlende Generalisierbarkeit der Ergebnisse festgestellt, da die Begriffsbestimmungen von Wirtschaftskriminalität von Studie zu Studie differieren oder teilweise deren Parameter erst gar nicht in der Studie definiert werden. Weitere bedeutende Kritikpunkte sind, dass das Antwortverhalten nicht kontrolliert und nicht zwischen verurteilten und unentdeckten Wirtschaftsstraftätern unterschieden wurde, *Ragatz/Fremouw*, Journal of Forensic Psychology Practice 10 (2010), 373 (383, 393, 398).

Tabelle 4: Ergebnisse der methodologischen Prüfkriterien zu den empirischen Studien

Studie	**Methodologische Prüfkriterien**				
	Real-typen	**Ideal-typen**	**Quali-tatives Verfahren**	**Quan-titatives Verfahren**	**Datengewinnung/ Messverfahren**
Collins/ Schmidt	+	–	–	+	CPI, Biodata Questionnaire, PDI-EI
Blickle et al.	+	–	–	+	Neo-FFI, DSM-III-R, sozial erwünschtes Antwortverhalten nach *Crowne* & *Marlow*
Bannenberg	+*	+*	+	+**	Aktenanalyse und Interview
KPMG	–	+	–	+	Interview
PWC	+	–	–	+	Interview
RölfsPartner/ Schneider	–	+	+	+**	Dokumentenanalyse und teilstandardisiertes Interview
Cleff/ Naderer/ Volkert	–	+	+	+**	Interview mit Persönlichkeitstest nach Neo-FFI und Aktenanalyse mit thematisch Strukturierten Protokollbögen, Auswertung mithilfe von Clusteranalyse
Schlegel	+	–	–	+	Fragebögen, Kompetenz und Kontrollüberzeugung nach Krampen, Wertehaltung nach Schwarz Value Skala, soziale Erwünschtheit nach *Lück* und *Timmaeus*, NEO-FFI, DSM-II
Gesamt	**4 + 1***	**3 + 1***	**3**	**5 + 3****	-

* Unklarer Fall.

** Kombiniertes Verfahren aus qualitativer und quantitativer Datengewinnung.

Die tabellarische Übersicht der Untersuchungsergebnisse nach den methodologischen Prüfkriterien zeigt, dass *Collins* und *Schmidt*, *Blickle et al.*, *PricewaterhouseCoopers* und *Schlegel*, also vier der acht Studien, eine realtypische Tätertypenbestimmung anstreben und *KPMG*, *RölfsPartner* sowie *Cleff*, *Naderer* und *Volkert*, also drei der Studien, eine idealtypische. In einem Fall konnte keine klare Einordnung der Art der Tätertypenbildung festgestellt werden, da sowohl realtypische als auch idealtypische Elemente verwendet wurden. Die vorangegangene Untersuchung ist zu dem Ergebnis gekommen, dass eine Profilbestimmung von Tätern zu kriminalpräventiven Zwecken nur genutzt werden kann, sofern die Täter auch individualisiert werden. Anderenfalls ist eine Tätertypologisierung entbehrlich, da sich Präventionsprogramme unterschiedslos an alle Unternehmensmitarbeiter richten können. Ohne eine Täterindividualisierung ergeben tätertypische Präventionsmaßnahmen folglich keinen Sinn. Da Idealtypen lediglich überzeichnete Konstrukte der Realität sind und als solches kaum in der Realität vorkommen, können lediglich die realtypischen Tätertypenbestimmungen zum Ziel einer Täterindividualisierung führen. Für die Datenerhebung verwendeten drei Studien ein qualitatives Verfahren und fünf ein quantitatives Verfahren, in drei Fällen ist neben dem qualitativen Vorgehen zusätzlich eine Kombination mit quantitativen Erhebungsmethoden erfolgt. Während die qualitativen Studien eine Vielzahl von Informationen im Einzelfall liefern können, ist lediglich mit quantitativen Erhebungen eine über den Einzelfall hinausgehende Aussage für andere Fälle möglich. Nur die quantitativen Studien können damit Ergebnisse für eine Profilbestimmung liefern, die eine vom untersuchten Einzelfall losgelöste Tätertypenbestimmung auch für neue Fälle ermöglicht.

Fünf der Studien haben die Daten im Rahmen von Interviews gewonnen. Zwei der Studien haben die Daten aus den Interviews anhand einer Aktenanalyse überprüft. Eines der Interviews wurde mithilfe eines teilstandardisierten Fragebogens geführt. Drei der Studien haben die Daten nach dem Neo-FFI erhoben, wobei dies bei einer Studie im Rahmen von Interviews geschah und bei den anderen zwei in Form von Fragebögen. Die Studie von *Collins* und *Schmidt* hat ihren Fragenbogen ohne das Neo-FFI konzipiert, mit den Messverfahren des CPI, Biodata Questionnaire und des PDI-EI. Die Datenerhebung nach dem Neo-FFI ist dabei in zwei Studien mit anderen Messverfahren kombiniert worden. Eine Studie hat das Neo-FFI mit dem DSM-III-R sowie dem sozial erwünschten Antwortverhalten nach *Crowne* & *Marlow* kombiniert und eine Studie hat neben Faktoren nach dem Neo-FFI, die Kompetenz und Kontrollüberzeugung nach *Krampen* gemessen, die Wertehaltung nach der Schwarz Value Skala, die soziale Erwünschtheit nach *Lück* und *Timmaeus* sowie Faktoren nach dem DSM-II für psychische Störungen. Die verwendeten Messverfahren stammen aus der psychologischen Persönlichkeitsforschung und sind darauf angelegt bestimmte Eigenschaften zu messen, nicht aber, ob die gemessene Eigenschaft zu einem wirtschaftsdelinquenten Verhalten führen. Angesichts der methodologischen Vorgehensweisen ist fraglich, ob die untersuchten Studien für eine aussagekräftige Bildung von wirtschaftskriminologischen Tätertypen geeignet sind.

Dieses Bild ist durch die Untersuchung des methodischen Vorgehens der Studien verstärkt worden (Tabelle 5):

Tabelle 5: Ergebnisse der methodischen Prüfkriterien zu den empirischen Studien

Studie	**Methodische Prüfkriterien**				
	Repräsentativität	**Theoriebildung, Operationalisierung der Variablen, Replizierbarkeit der Ergebnisse**	**Kreuzvalidierung**	**Kontrolle des Antwortverhaltens und situativer Variablen**	**Kausalität**
Collins/Schmidt	–	+	+	–	–
Blickle et al.	–	+	+	–	–
Bannenberg	–	–	–	–	–
KPMG	–	–	–	–	–
PWC	–	–	–	–	–
RölfsPartner/ Schneider	–	–	–	–	–
Cleff/Naderer/ Volkert	–	+*	–	–	–
Schlegel	–	+	+	–	–
Gesamt	**0**	**3 + 1***	**3**	**0**	**0**

* Unklarer Fall.

Die Untersuchung der Studien nach den methodischen Prüfkriterien hat ergeben, dass die zu wirtschaftskriminologischen Tätertypen erhobenen Daten nicht repräsentativ sind. Lediglich bei drei der Studien war das methodische Vorgehen so transparent, dass eine Replizierbarkeit der Daten angenommen werden kann. Bei einer Studie war die Replizierbarkeit nicht klar zu beurteilen. In drei von acht Fällen wurden die gewonnen Daten anhand einer Kontrollgruppe kreuzvalidiert. Alle acht Studien haben es entweder unterlassen, die Antworten der untersuchten Probanden auf ihr sozial erwünschtes Antwortverhalten hin zu untersuchen oder sie haben die situativen Variablen nicht kontrolliert, die das Antwortverhalten beeinflusst haben können. Keine der Studien konnte die Kausalität oder signifikante Korrelationen zwischen bestimmten Eigenschaften der Personen und Wirtschaftskriminalität aufzeigen.

III. Tätertypen zur Prävention von Wirtschaftskriminalität – ein probates Instrument?

Im vorangegangenen Abschnitt ist das methodologische und methodische Vorgehen der konzeptionellen empirischen Studien zu präventiv legitimierten Tätertypologien analysiert worden. Die Untersuchung hat ergeben, dass keine der ausgewählten Studien aussagekräftige Ergebnisse zur Bestimmung von Wirtschaftsstraftätertypen vorweist. Daher wird in diesem Abschnitt untersucht, ob ein tätertypisierter Präventionsansatz grundsätzlich zur Bekämpfung von Wirtschaftskriminalität geeignet ist.

Nach *Bannenberg* können „charakteristische Merkmale und Zusammenhänge zwischen bestimmten Formen von Kriminalität und sozialen Auffälligkeiten der Täter [...] nicht ernsthaft geleugnet werden".[519] Als Hauptunterscheidungskriterien wurden bei der Tätertypenbestimmung Sozialdaten, Persönlichkeitseigenschaften und Werteeinstellungen[520] festgestellt. Zu klären gilt es somit, ob sich Personen, die Wirtschaftsstraftaten begehen, von nicht straffälligen Vergleichspersonen bereits im Vorfeld einer Straftat anhand solcher Merkmale unterscheiden lassen. Diese Kriterien werden deshalb auf ihre Eignung zur Differenzierung zwischen Wirtschaftsstraftätertypen und Nicht-Wirtschaftsstraftätertypen im Vorfeld einer Wirtschaftsstraftat untersucht.[521] Hierzu wird eine Abwägung der in der Literatur vertretenen Positionen vorgenommen und argumentativ auf Aussagen konstruktivistischer Handlungs- und Kriminalitätstheorien Bezug genommen.

1. Sozialdaten als Unterscheidungskriterium

Die Sozialdaten eines Wirtschaftsstraftäters, etwa die lange Unternehmenszugehörigkeit und das damit korrelierende Alter um die 40 Lebensjahre, stimmen

519 *Bannenberg*, Korruption in Deutschland und ihre strafrechtliche Kontrolle, 2002, S. 344.

520 Motivationen sind dabei unter die Kategorie Werteeinstellung gefasst worden, da sie als spezielle Bewertungsdispositionen angesehen werden, und bei Werthaltungen stets von der Implikation bestimmter Motive ausgegangen wird, vgl. Kapitel C. I.

521 Wie in der Untersuchung zur Wirkungsweise von Wirtschaftsstraftätertypologien als Instrument sozialer Kontrolle festgestellt wurde, können Tätertypen als Kontrollinstrument nur nach eine Täterindividualisierung mithilfe von Persönlichkeitstests genutzt werden, da ansonsten nicht geklärt werden kann, welchem Tätertypus entspricht die Person entspricht, vgl. Kapitel D. I.

bei den Tätertypenbildungen im Wesentlichen überein.[522] Sozialdaten können, unter der Voraussetzung der empirischen Validität, einen grundsätzlichen Indikator dafür liefern, auf welcher Unternehmensebene besonders laxe Bestimmungen vorherrschen. So kann auch festgestellt werden, ob dort ein gesonderter Handlungsbedarf besteht. So scheint es in der Unternehmenspraxis üblich zu sein, bei neuen Mitarbeitern besondere Kontrollen und Überprüfungsmaßnahmen vorzunehmen, während bei langjährigen Mitarbeitern überwiegend auf Vertrauensbasis gearbeitet wird. Dies sollte jedoch nicht als personenbezogener Handlungsapell missverstanden werden, sondern vielmehr als Hinweis auf strukturelle Defizite wahrgenommen werden. Denn die wirtschaftskriminologischen Studien zu Tätertypen untersuchen nicht, inwieweit die Sozialdaten auf anderen Ursachen basieren, wie etwa dem Fehlen sozialer Kontrollmechanismen. Die Sozialprofile eines Wirtschaftsstraftäters erscheinen vielmehr als solche, die üblich oder sogar erforderlich sind, um eine Stelle zu erhalten, in der die Begehung von Wirtschaftsstraftaten ermöglicht ist.[523]

Auch nach *Heinz* korrespondieren die vorausgesetzten Deliktsfähigkeiten und Gelegenheiten mit dem Beruf, wobei das Sozialprofil zunächst nur die These der unterschiedlichen Zugangschancen belegt, beziehungsweise die These von Wirtschaftsstraftaten als „economic special-opportunity crimes“.[524] Dies entspricht auch dem theoretischen Erklärungsansatz des Fraud-Triangle von *Cressey*, demzufolge die Gelegenheit einer der maßgeblichen Faktoren für die Begehung von Wirtschaftskriminalität ist.[525] Im Hinblick auf eine unternehmensorientierte Kriminalprävention vermögen die Ergebnisse zu den Sozialdaten von typischen Wirtschaftsstraftätern allenfalls Schwachstellen in der Unternehmensorganisation aufzuzeigen, z.B. dass bei allen Unternehmensangehörigen eine gewisse Kontrolle erforderlich sein kann, nicht nur bei neuen Mitarbeitern. Wirtschaftsstraftätertypen und sonstige Vergleichspersonen können jedoch anhand der Sozialdaten nicht unterschieden werden. Ansonsten würden alle Unternehmensmitarbeiter einer bestimmten Altersgruppe sowie Unternehmenszugehörigkeitsdauer zwangsläufig zum Täter einer

522 Vgl. Kapitel C. I.

523 Sog. Gelegenheitstheorie, vgl. *Heinz*, in: *Gropp* (Hrsg.), Wirtschaftskriminalität und Wirtschaftsstrafrecht in einem Europa auf dem Weg zu Demokratie und Privatisierung, 1998, S. 13 (27). So i.E. *Theile*, ZIS 3 (2008), 406 (407).

524 *Heinz*, in: *Gropp* (Hrsg.), Wirtschaftskriminalität und Wirtschaftsstrafrecht in einem Europa auf dem Weg zu Demokratie und Privatisierung, 1998, S. 13 (27).

525 Vgl. *Cressey*, (1973), Other people's money. Zu dem Erklärungsansatz des Fraud-Triangle, vgl. Kapitel D. II. 2. b) (4).

Wirtschaftsstraftat mutieren und müssten demzufolge unter Generalverdacht gestellt werden.

Mit *Krüger* ist daher die Einschätzung zu teilen, dass die quantitativen Eckdaten zu Tätern von Wirtschaftsstraftaten zwar interessant sind, da sie „erste empirische Hinweise zu deren Sozialprofil geben, mithin einen Aspekt dieses Kriminalitätsbereichs jedenfalls beschreiben“[526]. Außer als Präventionsansatz im Rahmen der Unternehmensstruktur selbst „erschöpft sich jedoch die Nützlichkeit dieser Sozialdaten, da sie eben nur beschreiben, aber selbst keine Zusammenhänge und Hintergründe erklären.“[527] Dabei ist insbesondere zu bedenken, dass bei einer Unterscheidung zwischen Wirtschaftsstraftätertypen und nicht zu Wirtschaftsstraftaten neigenden Personen das Risiko einer bedeutenden Anzahl von *false positives* besteht. Sozialdaten sind für die präventiv legitimierte Bestimmung eines Wirtschaftsstraftätertypus somit grundsätzlich kein probates Mittel.

2. Persönlichkeitseigenschaften als Unterscheidungskriterium

Studien zu Persönlichkeitseigenschaften von Wirtschaftsstraftätern basieren auf der Annahme, dass die ursächlichen Faktoren und damit auch die Präventionsansätze von Wirtschaftskriminalität in der Person eines potentiellen Täters zu suchen sind.[528] Die Gegenposition gibt einer unternehmensbezogenen Kriminalprävention den Vorzug und sieht in der Suche nach Tätern mit „kriminogenem Charakter“ ein Hindernis für die Erkennung systemischer Ursachen.[529] Zu klären ist deshalb, ob Persönlichkeitseigenschaften im Gegensatz zu den

---

526 *Krüger*, in: *Dölling/Jehle* (Hrsg.), Täter, Taten, Opfer, 2013, S. 403 (404).

527 *Krüger*, in: *Dölling/Jehle* (Hrsg.), Täter, Taten, Opfer, 2013, S. 403 (404).

528 Vgl. RölfsPartner/Universität Leipzig, Der Wirtschaftsstraftäter in seinen sozialen Bezügen, 2009; *Cleff/Luppold/Naderer et al.*, Tätermotivation in der Wirtschaftskriminalität, 2008; *Blickle/Schlegel/Fassbender et al.*, Applied Psychology: An International Review 55 (2006), 220 (220 ff.); *Collins/Schmidt*, Personnel Psychology 46 (1993), 295 (295 ff.).

529 So etwa der Ansatz bei *Bussmann*, in: *Hellmann/Christian Schröder* (Hrsg.), Festschrift für Hans Achenbach, 2011, S. 57 (73); *Bussmann*, in: *Bannenberg/Jehle Jörg-Martin* (Hrsg.), Wirtschaftskriminalität, 2010, S. 57 (71 f.). Dieser Paradigmenstreit im Bereich der Persönlichkeitsforschung wird etwa in der differentiellen Psychologie als sogenannte „personen- versus situationsbezogene“-Debatte geführt, vgl. *Amelang*, 6. Aufl. (2006), Differentielle Psychologie und Persönlichkeitsforschung, S. 71; *Pawlik*, in: *Pawlik* (Hrsg.), Grundlagen und Methoden der differentiellen Psychologie, 1996, S. 4 (21 ff.); wobei mittlerweile davon ausgegangen wird, dass die Personen durch ihre Interaktion mit der Umwelt von außen geprägt werden.

Sozialdaten als probates Unterscheidungskriterium zwischen Wirtschaftsstraftätertypen und nicht straffälligen Vergleichspersonen anzusehen sind.

Schon bei *Sutherland* findet sich eine Auseinandersetzung mit der Frage der Erklärbarkeit von Wirtschaftskriminalität anhand psychologischer Charakteristika.[530] Gegen die Ursächlichkeit von psychologischen Faktoren für Wirtschaftskriminalität wird dort angeführt, dass in unterschiedlichen Bereichen teilweise von denselben Personen gegen Gesetze verstoßen wird, zum Teil aber auch nicht, obwohl die Personen dieselben sind. Wären hierfür die Persönlichkeitsmerkmale ausschlaggebend, müssten in der Konsequenz eigentlich immer dieselben Personen gegen das Gesetz verstoßen.[531] Auch bleibt in vielen Unternehmen die Kriminalität trotz personellem Wechsel konstant, wie das Beispiel des Führens schwarzer Kassen zeigt.[532] Wären hierfür Persönlichkeitsmerkmale ursächlich, müsste bei einer personellen Diskontinuität von Straftätern auch eine diskontinuierliche Kriminalitätsrate in Unternehmen zu verzeichnen sein.[533]

Bereits die Untersuchung von Persönlichkeitseigenschaften wird durch den generell hohen Bildungsgrad der im betreffenden Wirtschaftssektor arbeitenden Personen erschwert.[534] Schließlich gibt in Persönlichkeitstests die Art der Fragestellung Aufschluss darüber, auf welche Eigenschaften die Frage abzielt und somit kann die Antwort gefälscht werden. Zwar besteht der Theorie nach die Möglichkeit, Antworten auf ein sozial erwünschtes Verhalten hin zu kontrollieren, diese Kontrollen können allerdings umgangen werden. Eine weitere Schwierigkeit bei der präventiv legitimierten Tätertypenbestimmung anhand von Persönlichkeitstest besteht darin, dass zwischen der „Tatzeitpersönlichkeit" und der „Testzeitpersönlichkeit" eine nicht unerhebliche Abweichung bestehen kann. Im Zeitpunkt der Befragung kann die Persönlichkeit daher

---

530 *Sutherland*, 11. Aufl. (1992), Principles of criminology, S. 119 ff.

531 Vgl. *Sutherland*, 11. Aufl. (1992), Principles of criminology, S. 119 ff.

532 Vgl. die Beschreibung eines Angeklagten im Siemens-Prozess bezüglich des Führens schwarzer Kassen im Jahr 2008, der sich lediglich als „Rad im System" ansieht, bei *Hartmann/Hildebrand*, Der Herr mit den schwarzen Kassen packt aus, http://www.welt.de/wirtschaft/article2035729/Der-Herr-der-schwarzen-Kassen-packt-aus.html (Stand: 17.09.2013).

533 Vgl. *Sutherland*, 11. Aufl. (1992), Principles of criminology, S. 119 ff.

534 Zu diesen Argumenten vgl. *Schuchter*, Perspektiven verurteilter Wirtschaftsstraftäter (2012), S. 80 m.w.Nachw.; *Schuchter*, ZRFC 2010, 80 (80, 82).

anders ausgeprägt sein, als im Zeitpunkt der Tatbegehung.[535] Persönlichkeitseigenschaften sind nicht konstant, sondern verändern sich mit den konkreten Lebensumständen.[536] Das Persönlichkeitsprofil eines Wirtschaftsstraftäters ist deshalb lediglich eine „Momentaufnahme".[537] Unter Berücksichtigung der fehlenden Konstanz von Persönlichkeitsausprägungen kann, selbst unter der Prämisse diese bei „potentiellen Wirtschaftsstraftätern" umfassend feststellen zu können, nicht von einem Nachweis für künftiges delinquentes Verhalten ausgegangen werden.[538]

Die Schwierigkeit der Persönlichkeitsbestimmung von Wirtschaftsstraftätern folgt auch daraus, dass für eine Wirtschaftsstraftat eine die Tat ermöglichende berufliche Position erforderlich ist.[539] Solche Positionen können regelmäßig nur mit ausgeprägt erfolgsorientierten Persönlichkeitseigenschaften erlangt werden, weshalb anzunehmen ist, dass Wirtschaftsstraftäter sowie Nicht-Wirtschaftsstraftäter oftmals vergleichbare Persönlichkeitsmerkmale aufweisen. „Ein risiko- und entscheidungsfreudiger, stark karriere-, erfolgs- und publicityorientierter bzw. extravertierter Manager" wird sowohl für das legale als auch für das illegale Geschäft als vorteilhaft angesehen.[540] Wenn Persönlichkeitseigenschaften mit denen eines Wirtschaftsdelinquenten übereinstimmen, bedeutet das nicht zwangsläufig, dass diese tatsächlich zur Begehung einer Wirtschaftsstraftat führen.[541] In Ermangelung der Kenntnis, welcher Mitarbeiter welchem Tätertypus entspricht, ist jedoch

535 *Schlegel*, in: *Schlegel* (Hrsg.), Wirtschaftskriminalität und Werte, 2003, S. 113 (124). Zu diesen Argumenten vgl. auch *Schuchter*, ZRFC 2010, 80 (80); *Schuchter*, Perspektiven verurteilter Wirtschaftsstraftäter (2012), S. 80 m.w.Nachw.

536 Vgl. insbesondere die aktuelle Persönlichkeitsforschung *Specht/Luhmann/Geiser*, Journal of personality and social psychology 107 (2014), 540 (540).

537 *Schuchter*, ZRFC 2010, 80 (81, 83); *Meier*, 4. Aufl. (2010), Kriminologie, S. 45.

538 Zu diesen Argumenten vgl. *Schuchter*, ZRFC 2010, 80 (80, 83); *Schuchter*, Perspektiven verurteilter Wirtschaftsstraftäter (2012), S. 80 m.w.Nachw.

539 Vgl. *Theile*, ZIS 3 (2008), 406 (407): „Natürlich sind Spitzenmanager ‚Riskseeker' und ‚Erfolgstypen', interessant wird dieser Aspekt aber erst insofern, als die Eingehung von Risiken Ausdruck der strukturfunktionalen Abläufe innerhalb des Wirtschaftssystems ist. Dann aber kommt es für die Analyse weniger auf die Risiken eingehende Person, sondern auf das Risiko als strukturfunktionalen Bestandteil des sozialen Systems an, in dem eine solche Person agiert."

540 Vgl. *Schuchter*, ZRFC 2010, 80 (80 f.) m.w.Nachw.; *Bussmann*, zfwu 5 (2004), 35 (40).

541 *Sutherland*, 11. Aufl. (1992), Principles of criminology, S. 150; *Schuchter*, ZRFC 2010, 80 (80, 83).

> „eine Ausrichtung präventiver Bemühungen an unterschiedlichen Persönlichkeiten praktisch wertlos. Denn wenn an der Persönlichkeit ausgerichtete Maßnahmen bei einigen Persönlichkeitstypen effektive Prävention versprechen, bei anderen hingegen nicht bzw. sogar kriminalitätsfördernd wirken, ist letztlich mit diesem Ansatz gar nichts gewonnen, sofern man nicht ermitteln kann, wem wie zu begegnen ist."[542]

Daher können Persönlichkeitseigenschaften selbst bei umfangreicher Eruierung nicht als Indiz für künftiges delinquentes Handeln gewertet werden.[543] Es wird vielmehr als gesichert angesehen, dass der Faktor Mensch „durch kein auch noch so ausgefeiltes Kontrollsystem beherrschbar" ist und auch von Kontrollmaßnahmen wie Hinweisgebersystemen nicht zu viel erwartet werden darf.[544] Etwaige Unterschiede mögen zwar kriminelles Verhalten beeinflussen, sie liefern allerdings keinen Kausalitätsnachweis für kriminelles Verhalten.[545]

Mit *Bussmann* ist daher festzustellen, dass bei einer Wirtschaftsstraftat die Ursache nicht in der Person des Überführten zu suchen ist, da in aller Regel der

---

542 *Krüger*, in: *Dölling/Jehle* (Hrsg.), Täter, Taten, Opfer, 2013, S. 403 (410 ff.). Dafür, dass die Ursachen für Kriminalität in den situativen Umständen und strukturellen Kontexten von Unternehmen zu suchen, vgl. *Kunz*, 4. Aufl. (2004), Kriminologie, S. 136; *Boers*, MschrKrim 84 (2001), 335 (339).

543 Zu diesen Argumenten vgl. *Schuchter*, ZRFC 2010, 80 (80, 83)., *Schuchter*, Perspektiven verurteilter Wirtschaftsstraftäter (2012), S. 80 m.w.Nachw. Abgesehen von den genannten methodischen Problemen bei der Bestimmung von Wirtschaftsstraftätertypologien kann aufgrund der Dynamik und Veränderung von Persönlichkeitsmerkmalen eine präventive Wirkung nicht nachgewiesen werden, vgl. *Schnatterly*, Strategic Management Journal 24 (2003), 587 (591 ff.); vgl. zur Kritik auch *Bussmann*, in: *Bannenberg/Jehle Jörg-Martin* (Hrsg.), Wirtschaftskriminalität, 2010, S. 57 (72).

544 *Bussmann*, FORUM Wirtschaftsethik 15 (2007), 13 (22).

545 Nach *Kaiser* „scheint sich im Bereich der Wirtschaftskriminalität eine Wiederholung dessen Anzubahnen, was auch die Analyse der Verkehrskriminalität einige Zeit beherrscht hat und in der klassischen Kriminologie mittlerweile ausgeräumt ist. Wir treffen nämlich auf die Annahme, als gäbe es für bestimmte Tätergruppen spezifische Persönlichkeitsmerkmale. Aber die These vom ‚geborenen Verbrecher' ist in der allgemeinen Kriminologie schon seit mehreren Generationen zu Grabe getragen. Man sollte sie auch im Bereich der Wirtschaftskriminologie nicht erneut in Gestalt eines kriminalisierten ‚homo oeconomicus' zu beleben suchen", *Kaiser*, 3. Aufl. (1996), Kriminologie, S. 853.

„Fehler im System" liegt.[546] Dies geht stimmt mit den Gelegenheitstheorien,[547] dem „Routine Activity Approach"[548] und dem theoretischen Ansatz der „Differential Association" von *Sutherland*[549] überein. Danach sind Gelegenheiten für kriminelles Verhalten und das Erlernen der damit verbundenen Praktiken maßgeblich für die Begehung einer Straftat. Grundsätzlich ist davon auszugehen, dass sich jeder Mensch frei nach einer Kosten-Nutzen Analyse für oder gegen eine Straftat entscheiden kann.[550] Jeder Entscheidungsprozess beinhaltet eine Abwägung zwischen Kosten, Nutzen, Risiken und Gewinnoptionen. Maßgeblich dafür, ob wirtschaftskriminelles Verhalten ermöglicht oder unterbunden wird, sind demnach nicht persönlichkeitsimmanente Faktoren, sondern die Struktur und, wie noch zu zeigen sein wird, auch die Kultur[551] in einem Unternehmen.[552] Die empirischen Versuche der Bestimmung des „typischen Wirtschaftsstraftäters" verleiten hingegen dazu, die Ursachen für die Kriminalität in einer Person begründet zu sehen. Dies hat zur Folge, dass Interaktionen zwischen Situationen und Personen außer Acht gelassen werden und nicht begründet wird, warum in erster Linie personale Faktoren und nicht die unserem grundsätzlich tatorientierten Strafrecht zugrunde liegenden Tatumstände im Fokus der kriminalpräventiven Studien liegen.

---

546 *Bussmann*, zfwu 5 (2004), 35 (41). Nicht nur bezüglich der Bestimmung „des Wirtschaftsstraftäters" nach unterschiedlichen Sozialdaten oder Persönlichkeitsmerkmalen, sondern auch hinsichtlich der Analyse „typischer krimineller Karrieren von Wirtschaftsstraftätern" ist mit der Untersuchung *Grundies* zu konstatieren, dass es ein „konsistentes Bild bezüglich typischer Karrieren" nicht gibt, vgl. *Grundies*, in: *Dölling/Jehle* (Hrsg.), Täter, Taten, Opfer, 2013, S. 36 (36); so i.E. *Hofmann*, Handbuch Anti-Fraud-Management: Bilanzbetrug erkennen – vorbeugen – bekämpfen, 2008, S. 63.

547 Vgl. z.B. das Fraud Triangle von *Cressey*, (1973), Other people's money. Das Fraud-Triangle wurde in der darauffolgenden Zeit weiterentwickelt und um das Erfordernis der „Fähigkeit zur Begehung von Wirtschaftsstraftaten" ergänzt. Dieses neue Modell wird als Fraud Diamond bezeichnet, vgl. *Wolfe/Hermanson*, The Fraud Diamond: Considering the Four Elements of Fraud, http://www.nysscpa.org/cpajournal/2004/1204/essentials/p38.htm (Stand: 06.02.2013).

548 *Cohen/Felson*, American Sociological Review 44 (1979), 588.

549 *Sutherland*, American Sociological Review 5 (1940), 1 (10 f.); *Sutherland*, in: *Sack* (Hrsg.), Kriminalsoziologie, 1974, S. 395.

550 Vgl. so im Ansatz das Rational Choice Modell, *Becker*, 2. Aufl. (1993), Der ökonomische Ansatz zur Erklärung menschlichen Verhaltens, S. 3 ff., 41.

551 Vgl. dazu Kapitel D. III. 3.

552 Vgl. *Hefendehl*, MschrKrim 86 (2003), 27 (42). Zur Übertragung der Theorie der Subkulturen auf Wirtschaftskriminalität, ursprünglich entwickelt für die Erklärung von Jugenddelinquenz, vgl. *Bussmann/England/Hienzsch*, MschrKrim 87 (2004), 244 (263).

Der Aussage von *Bannenberg*, es bestünden charakteristische Merkmale und Zusammenhänge zwischen bestimmten Formen von Kriminalität und sozialer Auffälligkeit der Täter,[553] ist zu widersprechen. Es fehlt ein empirischer Nachweis, dass Charaktereigenschaften oder Sozialprofile die Bestimmung eines Wirtschaftsstraftätertypus ermöglichen. Die präventiv legitimierte Tätertypenbildung beruht vielmehr auf der fehlerhaften Annahme, dass „sich Täter und Nichttäter quasi anthropologisch voneinander unterscheiden, obwohl sie zunächst nur durch normative Zuschreibungen, nicht durch ihr Verhalten getrennt werden"[554]. Die Bestimmung von Persönlichkeitseigenschaften ist demnach kein probates Mittel zur Prävention von Wirtschaftskriminalität. Um Wirtschaftskriminalität zu unterbinden, erscheinen nach gelegenheitstheoretischer Perspektive vielmehr strukturelle und unternehmensbezogene Ansätze erfolgsversprechend.

3. Werteeinstellungen als Unterscheidungskriterium

Neben der Bestimmung des typischen Wirtschaftsstraftäters anhand von Sozialdaten und Persönlichkeitseigenschaften wird auch eine Tätertypenbestimmung anhand von Werteeinstellungen vorgenommen.[555] Grundsätzlich haben Werte eine besondere Bedeutung bei der Entscheidung, ob eine Person eine Straftat begeht. Hierfür sprechen neben der aktuellen Werteforschung die Aussagen verschiedener konstruktivistischer Erklärungsansätze.

Nach dem handlungstheoretischen Ansatz ist für ein normkonformes Verhalten der Grad der vermittelten Werte sowie die Klarheit und Verständlichkeit von geltenden Normen maßgeblich.[556] Der Theorie des allgemeinen Handlungssystems von *Parsons* zufolge „sind an jeder Handlung drei Systeme beteiligt: das kulturelle System, das soziale System und das Persönlichkeitssystem."[557] Dem „kulturellen System", das auch als „Wertesystem" bezeichnet wird, kommt dabei eine normative Kontrollfunktion gegenüber den anderen Systemen zu.[558] Das Werteverständnis wird dabei „als ein alle anderen Komponenten der Gesellschaftsstruktur (Normen, Kollektive und Rollen) hierarchisch bestimmendes Ordnungsprinzip"[559] angegeben. Demnach werden Normen durch Werte legitimiert, während Normen

553 *Bannenberg*, Korruption in Deutschland und ihre strafrechtliche Kontrolle, 2002, S. 344.

554 *Sessar*, MschrKrim 80 (1997), 1 (2).

555 Vgl. *Schlegel*, in: *Schlegel* (Hrsg.), Wirtschaftskriminalität und Werte, 2003, S. 113.

556 *Hermann*, in: *Dölling/Jehle* (Hrsg.), Täter, Taten, Opfer, 2013, S. 432 (433).

557 Zit. nach *Abels*, 4. Aufl. (2009), Einführung in die Soziologie, S. 33.

558 Zit. nach *Abels*, 4. Aufl. (2009), Einführung in die Soziologie, S. 33.

559 *Abels*, 4. Aufl. (2009), Einführung in die Soziologie, S. 36.

allerdings keine Werte begründen.[560] Normen entfalten ihre Geltungskraft folglich abhängig von Werten. Das wird dadurch bestätigt, dass Personen in Unternehmen häufig aus ihrer Sicht moralisch gerechtfertigt handeln, obwohl sie gegen strafrechtliche Normen verstoßen und dies hätten erkennen können.[561] Eine solche Rechtfertigung ist nach dem theoretischen Ansatz von *Parsons* die logische Konsequenz, wenn die Einhaltung strafrechtlicher Normen nicht zur „Normalität" zählt, sondern es sich etwa um ein Geschäftsmodell unter anderen handelt.[562] Für die generelle Bedeutung von Werten für normkonformes Handeln kann zudem auf den theoretischen Erklärungsansatz der Subkulturen verwiesen werden. Nach diesem Ansatz entwickeln Gruppen oder Täter in Subkulturen ein eigenes Wertesystem. Da sich das eigene Handeln hauptsächlich in der eigenen Subkultur bewegt, ist es nach dem dort vorherrschenden Werteverständnis normkonform.[563] Auch dem Fraud-Triangle von *Cressey* zufolge[564] sind Werte maßgeblich für eine

---

560 Vgl. zit. nach *Abels*, 4. Aufl. (2009), Einführung in die Soziologie, S. 36 f., 38. Vgl. dazu insgesamt: *Parsons*, in: *Sack* (Hrsg.), Kriminalsoziologie, 1974, S. 9 (11); *Parsons*, The Structure of Social Action, 1949, S. 74–77; *Parsons*, International Journal of Ethics 45 (1935), 282 (298 ff.).

561 Dies entspricht auch dem kriminologischen Erklärungsmodell der Neutralisierungstechniken, vgl. *Sykes/Matza*, American Sociological Review 22 (1957), 664 (667 ff.). Vgl. zu den einzelnen Neutralisierungstechniken, Kapitel C. I. 1. b).

562 Vgl. *Bussmann*, in: *Hellmann/Christian Schröder* (Hrsg.), Festschrift für Hans Achenbach, 2011, S. 57 (73). Mit dem handlungstheoretischen Verständnis der Bedeutung von Werten harmoniert auch die empirisch nachweislich fehlende Abschreckungswirkung von Strafen. Dafür spricht auch die Prämisse, dass kriminelle Gelegenheiten nicht objektiv existieren, sondern einem „durch Werte und Normen gefilterten Wahrnehmungsprozess" unterliegen, vgl. *Bussmann*, in: *Hellmann/Christian Schröder* (Hrsg.), Festschrift für Hans Achenbach, 2011, S. 57 (74 f.); *Bussmann*, zfwu 5 (2004), 35 (38, 40).

563 Die Theorie der Subkulturen wurde ursprünglich im Bereich der Jugendkriminalität verortetet, vgl. zur Theorie der Subkulturen allgemein *Eisenberg*, 6. Aufl. (2005), Kriminologie, S. 61 m.w.Nachw. Vgl. zu diesem Ansatz für Wirtschaftskriminalität *Bussmann*, in: *Hellmann/Christian Schröder* (Hrsg.), Festschrift für Hans Achenbach, 2011, S. 57 (74).

564 Vgl. *Cressey*, (1973), Other people's money. Das Fraud-Triangle wird in aktuellen Publikationen oft zur Erklärung wirtschaftskriminellen Verhaltensweisen herangezogen. Das Element der Rechtfertigung entspricht den Neutralisationstechniken zur Erklärung Devianz nach nach *Sykes* und *Matza* in *Sykes/Matza*, American Sociological Review 22 (1957), 664; vgl. *Coleman*, American Journal of Sociology 93 (1987), 406 (410). Das Fraud-Triangle wurde in der darauffolgenden Zeit weiter entwickelt und um das Erfordernis der „Fähigkeit zur Begehung von Wirtschaftsstraftaten"

Wirtschaftsstraftat, da diese die Motivation und Rechtfertigung einer Tat prägen. Die kriminalpräventive Wirkung von Werten lässt sich ebenfalls anhand der Theorie der sozialen Kontrolle von *Hirschi* bekräftigen. Nach dieser ist, neben der Einbindung des Einzelnen in die Gesellschaft, der Glaube an die Verbindlichkeit moralischer Wertvorstellungen maßgeblich für die Frage, ob eine Person Straftaten begeht.[565] Dafür sprechen ebenfalls neuere Ausprägungen des Rational Choice Modells, wonach etwa Werteorientierungen als „Frame" für die Entscheidung für oder gegen ein bestimmtes Verhalten fungieren können.[566] Auch die aktuelle Werteforschung stützt die These, dass Werte für die Einhaltung von Normen maßgeblich sind.[567]

Zu klären ist jedoch, inwieweit von dieser generalisierte Annahme ausgehend die Bestimmung von Wirtschaftsstraftätertypen anhand ihrer Werte kriminalpräventiv erfolgsversprechend ist. Zwar ist nach der vorangegangenen Analyse und dem derzeitigen Stand der Werteforschung davon auszugehen, dass die Geltungskraft von Normen von den verinnerlichten Werten einer Person abhängt und Werten demzufolge eine kriminalpräventive Wirkung zukommt. Dies ist jedoch so zu verstehen, dass sich das in einem System vorherrschende Werteklima auf die in dem System bestehende Verbrechenswahrscheinlichkeit auswirkt. Eine präventiv legitimierte Bestimmung von Wirtschaftsstraftätertypen kann jedoch nicht überzeugen. Dies liegt in den zur Persönlichkeitsforschung von Wirtschaftsstraftätern aufgeführten Argumenten begründet, da auch die Werteeinstellungen in den gleichen Wirtschaftspositionen sich oft ähneln und keine konstanten Eigenschaften sind. Die Wertevorstellungen können daher wie bei den Persönlichkeitseigenschaften bei beiden Gruppen kongruent sein und sich im Laufe der Zeit ändern. Neben der biographischen Unauffälligkeit von Wirtschaftsstraftätern[568] und den kongruenten Persönlichkeitsmerkmalen nichtstraffälliger Vergleichspersonen wird häufig

---

ergänzt. Dieses neue Modell wird als Fraud-Diamond bezeichnet, *Wolfe/Hermanson*, The Fraud Diamond: Considering the Four Elements of Fraud, http://www.nysscpa.org/cpajournal/2004/1204/essentials/p38.htm (Stand: 06.02.2013).

565 Vgl. *Meier*, 4. Aufl. (2010), Kriminologie, S. 64; *Bussmann*, zfwu 5 (2004), 35 (43); *Schuchter*, ZRFC 2010, 80 (81).

566 *Esser*, Die Rationalität des Alltagshandelns, Zeitschrift für Soziologie 20 (1991), 430 (436, 442); *Miebach*, Soziologische Handlungstheorie, 2010, S. 434 f.

567 Vgl. *Hermann*, in: *Löhr/Burkatzki* (Hrsg.), Wirtschaftskriminalität, Institutionenordnung und Ethik, 2009, S. 123; *Galli/Krüger*, ZRFC 2009, 164; *Sieber*, in: *Sieber/Tiedemann/Dannecker et al.* (Hrsg.), Strafrecht und Wirtschaftsstrafrecht, 2008, S. 449 (474); *Burkatzki*, FORUM Wirtschaftsethik 15 (2007), 25; *Bussmann*, FORUM Wirtschaftsethik 15 (2007), 13 (19–21); *Bussmann*, zfwu 5 (2004), 35.

568 *Weisburd/Waring/Chayet*, (2001), White-Collar Crime and criminal Careers, S. 70 f.

von einer subkulturellen Normalität vieler Wirtschaftsstraftaten in Unternehmen ausgegangen. Da in diesem Fall aus Täterperspektive kein deviantes Verhalten vorliegt, werden entsprechende Tests auch bei einer differenzierten Messung keine fehlende Integrität feststellen können.[569] Dies entspricht ebenfalls den Ergebnissen aus dem Untersuchungsabschnitt zum methodischen und methodologischen Vorgehen der untersuchten Studien dieser Arbeit, nach denen keine signifikanten Unterschiede zwischen Wirtschaftsstraftätern und Nicht-Wirtschaftsstraftätern festgestellt werden konnten. Der Analyse zur Eignung von Werteeinstellungen zufolge ist nach kriminologischen und handlungstheoretischen Ansätzen von einer kriminalpräventiven Wirkung von Werten auszugehen. Diese stellen jedoch kein probates Unterscheidungskriterium zwischen Wirtschaftsstraftätertypen und Nicht-Wirtschaftsstraftätertypen dar.

4. Ergebnisse

Neben der Einzelfallanalyse der empirischen Studien hat die generelle Untersuchung der Tätertypenbestimmung anhand von Sozialdaten, Persönlichkeitsmerkmalen und Werteeinstellungen gezeigt, dass diese als zuverlässiges Unterscheidungskriterien zwischen Wirtschaftsstraftätertypen und Nicht-Wirtschaftsstraftätertypen nicht geeignet ist. Bei einer Unterscheidung anhand von Sozialdaten würde eine ganze Generation von Unternehmensmitarbeitern unter Generalverdacht gestellt werden. Einer Individualisierung anhand von Persönlichkeitseigenschaften und Werteeinstellungen steht die Kongruenz dieser Merkmale bei Wirtschaftsstraftätern und sonstigen Vergleichspersonen entgegen sowie die fehlende Konstanz dieser Eigenschaften. Bedenklich ist die Bildung von Wirtschaftsstraftätertypologien nicht zuletzt, weil die Analyse situativer Ursachen einer Tat in den Hintergrund gedrängt wird und Personen nach bestimmten Rastern exkludiert werden. Dabei wird nicht mit ein kalkuliert, dass es bei derart unzuverlässigen Unterscheidungskriterien zu einer bedeutenden Anzahl an *false positives* kommen kann.[570] So ist nach der vorangegangenen Untersuchung *Stefan Heißner* zuzustimmen,

569 *Bussmann*, MschrKrim 86 (2003), 89 (95). Vgl. auch zur Subkultur als theoretischem Erklärungsansatz bei Wirtschaftskriminalität, *Becker/Holzmann*, zfwu 12 (2011), 354 (370 f.); *Schneider*, NStZ 27 (2007), 555 (558 ff.).

570 Vgl. zu dieser Problematik im Hinblick auf die situative Kriminalprävention, *Hefendehl*, JZ 2006, 119 (121). Letztendlich bestätigen die Ergebnisse zur Aussagekraft der Wirtschaftsstraftätertypen die allgemeine Unsicherheit und Anfälligkeit von Kriminalitätsprognosen.

„dass Wirtschaftskriminalität ein hochgradig wandlungsfähiges Phänomen ist, das kaum adäquat zu verallgemeinern ist. Bei der Frage nach den Tätern und ihrer Typologie ist das ähnlich. Zwar festigen sich nach zwei Jahrzehnten im Kriminaldienst und der forensischen Wirtschaftsprüfung natürlich wiederkehrende Täterprofile. Es wäre dennoch töricht zu behaupten, dass es ein allgemeingültiges Raster für Wirtschaftskriminelle jemals geben wird. Den typischen Wirtschaftskriminellen gibt es schlichtweg nicht."[571]

Insbesondere ist der Wunsch nach der Bestimmung von Tätertypen in der Kriminologie auch wegen der statischen Zuschreibung kritisch zu würdigen.[572] Dies hat seinen Grund in der Komplexität menschlichen Denken und Handelns, welche durch eine Vielzahl von Faktoren beeinflusst werden, die bereits im Einzelfall schwer festgestellt und kaum generalisiert werden können. Für eine Wirtschaftsstraftat kann der Tätertypus nur bestätigt oder widerlegt werden. Für präventive Ansätze im Vorfeld einer Tat bleibt nur ein Spielraum, wenn über ganze Berufsgruppen ein genereller Tatverdacht verhängt wird. Schließlich lässt sich der typische Wirtschaftsstraftäter empirischen Analysen zufolge nicht signifikant von Personen in vergleichbaren beruflichen Positionen unterscheiden.[573] Mit *Kunz* ist vielmehr zu konstatieren, dass zwischen Gesetzestreuen und Kriminellen kein Unterschied besteht, außer „dem, dass letztere den Gesellschaftsvertrag gebrochen haben. Damit werden mögliche täterorientierte Erklärungen des Straffälligwerdens entschieden verworfen".[574]

Wirtschaftskriminalität ist demnach vielmehr ein strukturelles Problem und kein täterspezifisches. Vielversprechend erscheinen nach der vorangegangenen Untersuchung eine allgemeine, nicht auf einen bestimmten Tätertypen zielende Wertekommunikation sowie eine die Unternehmensstrukturen und Gelegenheiten berücksichtigende Prävention von Wirtschaftskriminalität. Für die Beantwortung der Untersuchungsfrage, inwiefern Wirtschaftsstraftätertypologien als Instrument sozialer Kontrolle fungieren, ist somit festzuhalten, dass sowohl nach der Analyse der empirischen Studien als auch nach der theoretischen Erörterung der grundsätzlichen Erfolgsaussichten, eine Tätertypenbestimmung kein probates Instrument zur Prävention von Wirtschaftskriminalität ist.

571 *Heißner*, Erfolgsfaktor Integrität, 2014, S. 60.

572 *Mergen*, 2. Aufl. (1978), Die Kriminologie, S. 165.

573 Vgl. *Weisburd/Waring/Chayet*, (2001), White-Collar Crime and criminal Careers, S. 4.

574 *Kunz*, 4. Aufl. (2004), Kriminologie, S. 87.

IV. Tätertypologien als Labels

Nachdem im vorherigen Abschnitt die mit der wirtschaftskriminologischen Tätertypenbildung verfolgte präventive Zielsetzung untersucht wurde, wird nachfolgend auf die von den Intentionen losgelösten, möglichen Auswirkungen einer präventiv legitimierten Tätertypenbestimmung eingegangen. Es wird untersucht, ob und wenn ja welche nicht intendierten Folgen mit einer Wirtschaftsstraftätertypenbildung theoretisch eintreten können.

Die Studien zur präventiv legitimierten wirtschaftskriminologischen Tätertypenbestimmung haben gezeigt, dass versucht wird, auf Personen einzuwirken, die in das Raster eines Wirtschaftsstraftätertypus fallen. In diesem Zusammenhang werden unterschiedliche Compliance-Programme empfohlen, wobei die Identifizierung einer bestimmten Täterpersönlichkeit nach der vorangegangenen Untersuchung grundsätzlich nur anhand von Persönlichkeitstests möglich ist.[575]

Mit der Identifizierung anhand von Persönlichkeitstests können Personen, die in das Cluster der jeweiligen Tätertypologie fallen, als typische Wirtschaftsstraftäter bestimmt werden. Es kommt daher in Betracht, dass Wirtschaftsstraftätertypologien als Etikettierungsinstrument fungieren. Um dies zu überprüfen, wird in einem ersten Schritt der Labeling-Charakter der Tätertypenbestimmung anhand der Grundaussagen des Labeling Approach untersucht. Dazu wird der Ansatz des Labeling Approach dargestellt und in drei Grundaussagen kategorisiert. In einem zweiten Schritt werden mögliche Auswirkungen einer Etikettierung anhand der Intentionen der untersuchten Studien und deren Motivationen untersucht.[576] Die Analyse in diesem Abschnitt ist theoriebasiert und darauf ausgerichtet, mögliche Auswirkungen und Risiken einer präventiv legitimierten wirtschaftskriminologischen Tätertypenbestimmung aufzuzeigen.[577] Der Labeling Approach ist der dieser Arbeit zugrundeliegenden konstruktivistischen Forschungsperspektive zuzuordnen, während die präventiv legitimierten Tätertypenbildungen auf einem ätiologischen Kriminalitätsverständnis basieren.

575 Vgl. hierzu Kapitel D. I. 2.

576 Vgl. dazu Kapitel C. II. 1. und Kapitel C. II. 2.

577 Ein empirischer Nachweis über die Möglichkeiten der dargestellten Studien zur sozialen Kontrolle erfolgt somit nicht.

1. Labeling-Effekte einer wirtschaftskriminologischen Tätertypisierung

Der Ansatz des Labeling Approach ist von *Tannenbaum*, *Lemert* und *Becker* entwickelt worden. Diese sahen die Ursachen für Kriminalität nicht nur in sozialen Defiziten, sondern in Definitions-, Etikettierungs- und Stigmatisierungsprozessen durch die Instanzen sozialer Kontrolle.[578] Dem Labeling Approach zufolge ist Devianz sozial konstruiert[579] und eine Person wird durch die Bezeichnung als „delinquent" zum „Delinquenten". Unterschieden wird dabei zwischen primärer und sekundärer Devianz.[580] Die primäre Devianz ist eine erste strafrechtlich relevante Handlung, die durch individuelle Gründe begangen wird.[581] Die sekundäre bezieht sich Devianz „auf eine besondere Klasse gesellschaftlich definierter Verhaltensweisen, mit denen Menschen auf die Probleme reagieren, die durch die gesellschaftliche Reaktion auf ihr abweichendes Verhalten geschaffen werden"[582]. Davon ausgehend ist Kriminalität „kein klar fassbarer ontologischer Befund im Sinne eines Realphänomens, sondern ein durch Interpretation der sozialen Wirklichkeit gewonnenes Konstrukt"[583]. Der Labeling Approach wird

---

578 Vgl. *Tannenbaum*, Crime and the Community, 1951; *Lemert*, (1951), Social pathology; *Lemert*, in: *Lüderssen* (Hrsg.), Seminar Abweichendes Verhalten; 1. Die selektiven Normen der Gesellschaft, 1975, S. 433; *Becker*, Außenseiter, 1973. Als bedeutender deutscher Vertreter hat *Sack* den Labeling-Ansatz radikalisiert, indem er die Ursachen für Kriminalität ausschließlichen in den sozialen Kontrollinstanzen sah, vgl. *Schwind*, 20. Aufl. (2010), Kriminologie: Eine praxisorientierte Einführung mit Beispielen, S. 151; *Singelnstein*, Diskurs und Kriminalität, 2009, S. 31; *Kunz*, 4. Aufl. (2004), Kriminologie, S. 173 f.

579 Vgl. *Singelnstein*, Diskurs und Kriminalität, 2009, S. 14; *Bock*, in: *Bock* (Hrsg.), Göppinger, Kriminologie, 6. Aufl. (2008), S. 345 (347); *Eisenberg*, 6. Aufl. (2005), Kriminologie, S. 71; *Sessar*, in: *Karliczek* (Hrsg.), Kriminologische Erkundungen: Wissenschaftliches Symposium aus Anlass des 65. Geburtstages von Klaus Sessar, 2004, S. 32 (59, 61 ff.); *Kunz*, 4. Aufl. (2004), Kriminologie, S. 175 f.); *Lamnek*, Neue Theorien abweichenden Verhaltens, 1994, S. 25, 44; *Lemert*, in: *Lüderssen* (Hrsg.), Seminar Abweichendes Verhalten; 1. Die selektiven Normen der Gesellschaft, 1975, S. 433 (433 ff.).

580 *Lemert*, in: *Lüderssen* (Hrsg.), Seminar Abweichendes Verhalten; 1. Die selektiven Normen der Gesellschaft, 1975, S. 433 (433 ff.).

581 *Eisenberg*, 6. Aufl. (2005), Kriminologie, S. 71.

582 *Lemert*, in: *Lüderssen* (Hrsg.), Seminar Abweichendes Verhalten; 1. Die selektiven Normen der Gesellschaft, 1975, S. 433 (433).

583 *Bock*, in: *Bock* (Hrsg.), Göppinger, Kriminologie, 6. Aufl. (2008), S. 345 (347). Der theoretische Ansatz des Labeling Approach gründet auf dem symbolischen

deshalb auch als „Etikettierungs-, Definitions- oder sozialer Reaktionsansatz“[584] bezeichnet. So werden konkrete Aussagen über die Entstehung von Kriminalität im Allgemeinen sowie die Bestimmung der Wirtschaftsstraftätertypen im Speziellen ermöglicht.

Mit der Annahme, dass Kriminalität erst durch die Bezeichnung einer Handlung als kriminell entsteht, ist auch die Frage nach der Definitionsmacht über Delinquenz verbunden.[585] Der Labeling Approach hinterfragt folglich kritisch die Definitionsprozesse von kriminellem Verhalten, die dahinter stehenden Definitionsinstanzen sowie die Probleme einer Selektivität dieser Instanzen. Die maßgeblichen Prüfkriterien des Labeling Approach sind demzufolge die Etikettierung, die Definitionsmacht über die Etikettierung sowie die Selektivität dieser Definitionsprozesse. Davon ausgehend wird analysiert, inwiefern diese Kriterien auf die präventiv legitimierte Tätertypenbestimmung zutreffen.

Die Definitionsprozesse, welche kriminelles Handeln als solches bestimmen, werden im Bereich der Wirtschaftskriminalität besonders deutlich. Dies liegt an dem rasanten wirtschaftlichen Wandel, der bei neuen strafwürdigen Handlungen neue gesetzgeberische Regelungen fordert.[586] Auch Tätertypologien sind aus empirischen Erkenntnissen abgeleitete Konstrukte der Realität. Die Untersuchung der einzelnen Studien zur wirtschaftskriminellen Tätertypenbildung hat gezeigt, dass anhand empirischer Daten von bereits als Wirtschaftsstraftäter in Erscheinung getretenen Personen Ideal- oder Realtypen gebildet werden.[587] Mit ihnen wird jedoch durch die kriminalpräventive Zielvorgabe versucht, reale Typen zu identifizieren, bevor diese zur Begehung einer Wirtschaftsstraftat angesetzt haben. Dadurch wird eine Prädiktion von Wirtschaftsstraftätertypen

---

Interaktionismus von *Herbert Mead* als ein dem konstruktivistischen Forschungsparadigma in der Kriminologie entspringender Erklärungsansatz, vgl. *Singelnstein*, Diskurs und Kriminalität, 2009, S. 31; *Kröber/Wendt*, in: *Bock* (Hrsg.), Göppinger, Kriminologie, 6. Aufl. (2008), S. 119 (158); *Sessar*, in: *Karliczek* (Hrsg.), Kriminologische Erkundungen: Wissenschaftliches Symposium aus Anlass des 65. Geburtstages von Klaus Sessar, 2004, S. 32 (63). Der symbolische Interaktionismus lässt sich wiederum in die theoretische Strömung des interpretativen Paradigmas einordnen, vgl. *Kunz*, 4. Aufl. (2004), Kriminologie, S. 184. Vgl. zum interpretativen Paradigma *Singelnstein*, Diskurs und Kriminalität, 2009, S. 21.

584 *Kunz*, 4. Aufl. (2004), Kriminologie, S. 173.

585 *Kröber/Wendt*, in: *Bock* (Hrsg.), Göppinger, Kriminologie, 6. Aufl. (2008),S. 119 (158 f.).

586 So wurde der Sanktionenkatalog z.B. in Deutschland durch das 1. WiKG vom 29.07.1976 (BGBl. I, S. 2034) und das 2. WiKG vom 15.05.1986 (BGBl. I, S. 721) begründet beziehungsweise erweitert; vgl. dazu Kapitel B. II. 2.

587 Siehe Kapitel C. I. und Kapitel D. II.

vorgenommen mit dem Ziel, die in das Cluster fallenden Personen als typische Wirtschaftsstraftäter zu bestimmen. Während der Labeling Approach allerdings von einer Konstruktion kriminellen Verhaltens durch die Bezeichnung als solches ausgeht, erfolgt die Konstruktion der wirtschaftskriminologischen Tätertypen durch das Bezeichnen der Person als Kriminellen. Insoweit besteht also eine Übereinstimmung mit dem theoretischen Ansatz des Labeling Approach, da der Definitionsprozess bei präventiv legitimierten Tätertypologien das maßgebliche Kriminalisierungselement ist.

Auf der einen Seite beinhalten die Tätertypologien aufgrund des Definitionsprozesses folglich eine konstruktivistische Komponente. Auf der anderen Seite ist der Ansatz, nach dem Personen aufgrund von bestimmten in der Person begründeten Eigenschaften in kriminell oder nicht-kriminell unterschieden werden, dem ätiologischen Forschungsparadigma zuzuordnen. Auch darin offenbart sich eine Widersprüchlichkeit der Wirtschaftsstraftätertypenbestimmung.

Diese Tätertypisierung hat zur Folge, dass Personen, die etwa in einem Unternehmen arbeiten und einem Wirtschaftsstraftätertypus entsprechen, als Straftäter abgestempelt werden können, ohne eine strafrechtlich relevante Handlung begangen zu haben. Eine Typologie bietet sich dabei besonders als Instrument sozialer Kontrolle an, da sie im Sinne der Komplexitätsreduktion ein Suchschema für die Kontrollinstanz schafft.[588] Mithilfe von Typologien können Personengruppen eingegrenzt werden und es wird so die Etikettierung mit dem Label „Wirtschaftsstraftätertypus" erleichtert. Dabei kann ein Labeling-Effekt schon im Definitionsprozess angelegt sein, durch den bestimmte Personen als wirtschaftskriminell bezeichnet werden. Denn bereits diese „offizielle Zuschreibung der Eigenschaft ‚kriminell' wird von kritischen Kriminologen als ‚Degradierungszeremonie' gedeutet"[589].

Die Etikettierung als Wirtschaftsstraftäter ist bei wirtschaftskriminologischen Tätertypen primär auf die Prävention von Straftaten gerichtet. Neben den anwendungsorientierten wirtschaftskriminologischen Tätertypologien hat die Untersuchung zum Phänomen der Tätertypenbildung ergeben, dass auch vereinzelt rein wissenschaftliche Studien durchgeführt werden.[590] In Betracht kommt, dass selbst von diesen eine Etikettierungswirkung ausgeht. Zwar sind die Studien mit einem rein wissenschaftlichen Erkenntnisinteresse über

588 Vgl. *Schöch*, in: *Kaiser* (Hrsg.), Kleines kriminologisches Wörterbuch, 1993, S. 214 (214, 217): „Stets ist auch die Gefahr zu beachten, daß Typisierungen Etikettierungseffekte haben und eine soziale Eigendynamik entfalten können."

589 *Kunz*, 4. Aufl. (2004), Kriminologie, S. 183.

590 Vgl. dazu Kapitel C. II. 1.

Wirtschaftsstraftätertypen nicht auf die Personalpolitik von Unternehmen ausgerichtet, allerdings bestärken auch die Studien ohne anwendungsorientierte Zielsetzung das Bild vom stereotypen, im Vorfeld einer Straftat identifizierbaren Wirtschaftsstraftäter. Sowohl von der anwendungsbezogenen als auch von der rein wissenschaftlich ausgerichteten Tätertypenforschung geht daher die Signalwirkung aus, dass es möglich ist, den typischen Wirtschaftsstraftäter zu bestimmen. Dadurch wird suggeriert, dass Tätertypen zur Prävention oder Aufklärung von Straftaten genutzt werden können, denn dies sind die kriminalpolitisch naheliegenden Anwendungsmöglichkeiten der Ergebnisse der Tätertypenforschung. So werden die festgestellten Etikettierungseffekte einer präventiv legitimierten Tätertypisierung verstärkt. Sowohl von der anwendungsbezogenen als auch von der rein wissenschaftlich ausgerichteten Bestimmung von Wirtschaftsstraftätertypen geht daher eine Etikettierungswirkung aus.

Zu klären ist, wer im Falle der wirtschaftskriminologischen Tätertypologien die Definitionsmacht der Tätertypisierung innehat. Für die Frage, wer die Macht über die Anwendung der Tätertypologien hat, ist in der Untersuchung zu Wirtschaftsstraftätertypologien als Baustein von Compliance-Maßnahmen zwischen den Wirtschaftsprüfungsunternehmen und den die Tätertypenbestimmung nutzenden Unternehmen unterschieden worden.[591] Dabei wurde festgestellt, dass die Tätertypenbildung maßgeblich durch Wirtschaftsprüfungsunternehmen sowie Wirtschaftsanwälte erfolgt. Solange jedoch keine staatlichen Vorgaben existieren, verbleibt die Entscheidungsmacht über die Tätertypenbestimmung bei den Unternehmen. Bei der Untersuchung von Wirtschaftsstraftätertypologien als Baustein von Compliance-Maßnahmen ist untersucht worden, wer mit der Tätertypenbestimmung die Kontrolle ausübt. Dafür war allein die Entscheidungsmacht hinsichtlich der Implementierung einer Tätertypenbestimmung als Kontrollmaßnahme im Unternehmen entscheidend. Bei der Frage nach der Definitionsmacht über die Tätertypenbestimmung kommt es hingegen darauf an, wer bestimmt, unter welchen Voraussetzungen eine Person als ein Wirtschaftsstraftäter anzusehen ist. Die Tätertypenbestimmung wird durch die Unternehmen von den Wirtschaftsprüfungsunternehmen und anderen Wirtschaftsstraftätertypen bildenden Autoren übernommen. Diese definieren folglich die wirtschaftskriminologischen Tätertypen und haben damit die Definitionsmacht über die Bestimmung einer Person als Wirtschaftsstraftätertypus inne. Die Unternehmen wenden diese Tätertypenbestimmung dagegen lediglich in der vorgegebenen Art und Weise an.

591 Vgl. dazu Kapitel D. I. 2.

Darüber hinaus kann mit der Bestimmung von Wirtschaftsstraftätertypen ein Selektionsprozess von Personen verbunden sein. Die Analyse der Zielsetzungen im vorangegangenen Kapitel hat ergeben, dass die Tätertypisierung zwischen Wirtschaftsstraftätertypen und Nicht-Wirtschaftsstraftätertypen unterscheiden soll. Hierdurch soll es ermöglicht werden, auf Wirtschaftsstraftätertypen mit gesonderten Maßnahmen zu reagieren, um so Wirtschaftskriminalität zu unterbinden. Die Bestimmung von Wirtschaftsstraftätertypen ist in diesem Fall selektiv, da eine Diskriminierung zwischen Wirtschaftsstraftätern und Nicht-Wirtschaftsstraftätern unterschieden wird und diese je nach Klassifikation unterschiedlich behandelt werden sollen. Festzuhalten ist, dass die Tätertypenbestimmung einen selektiven Etikettierungseffekt hat. Die Definitionsmacht über diese Etikettierung liegt bei den Autoren der Wirtschaftsstraftätertypenbestimmung, insbesondere bei den Wirtschaftsprüfungsunternehmen.

2. Auswirkungen des Labeling-Effekts

Im Anschluss an den festgestellten Etikettierungseffekt durch die Bestimmung von Wirtschaftsstraftätertypen wird in diesem Unterabschnitt auf möglicherweise damit verbundene Auswirkungen eingegangen. Grundsätzlich hat die vorangegangene Untersuchung ergeben, dass die Tätertypenbestimmung und darauf ausgerichtete Compliance-Maßnahmen dazu dienen sollen, Wirtschaftskriminalität zu verhindern und dadurch Schaden vom Unternehmen abzuwenden.[592]

Aus der Praxis ist bekannt, dass insbesondere für das Personalauswahlverfahren Persönlichkeitstests für die Bestimmung von Wirtschaftsstraftätertypen existieren.[593] Die Tätertypenbestimmung kann davon ausgehend zur Folge haben, dass Personen, die den Tätertypen entsprechen, nicht eingestellt werden. Diese personelle Selektion wird als „Gate-Keeping" bezeichnet.[594] Theoretisch können ebenfalls bereits im Unternehmen tätige Personen als Wirtschaftsstraftätertypen bestimmt werden. In diesem Fall kann Personen, die in das Cluster

---

592 Vgl. Kapitel C. II. 2.

593 Vgl. z.B. *The AuditFactory*, PIT-Persönlichkeitsinventar: integre und passende Mitarbeiter finden, http://www.auditfactory.de/integritaetstest/pit-persoenlichkeitsinventar.html (Stand: 17.01.2014); *Business Keeper AG*, Psychologische Integritätstests, http://www.business-keeper.com/psychologische-integritaetstests.html (Stand: 16.01.2014); Rölfs*Partner/Universität Leipzig*, Der Wirtschaftsstraftäter in seinen sozialen Bezügen, 2009; *Schlegel/Schwarte*, in: *Schlegel* (Hrsg.), Wirtschaftskriminalität und Werte, 2003, S. 177 (177 ff.).

594 *Schneider/John*, in: *Bannenberg/Jehle Jörg-Martin* (Hrsg.), Wirtschaftskriminalität, 2010, S. 159 (167 f.).

der Wirtschaftsstraftätertypen fallen, der Zugang zu bestimmten beruflichen Stellen verwehrt werden. Möglich ist auch, dass als Tätertypen etikettierte Personen aus bestimmten beruflichen Positionen verdrängt werden. Als schärfste Reaktion auf eine Tätertypenbestimmung kommt eine Kündigung in Betracht.[595] Das Phänomen der wirtschaftskriminellen Tätertypenbildung ist folglich für Mitarbeiter von Unternehmen von Nachteil, da sie bei einer Übereinstimmung mit dem Bild eines typischen Wirtschaftsstraftäters damit rechnen müssen, aus dem Unternehmen ausgeschlossen zu werden. Infolge der wirtschaftskriminologischen Tätertypisierung müssen den Tätertypen entsprechende Personen also mit einer negativen Diskriminierung durch die Stigmatisierung zum Tätertypus rechnen.

Die Stigmatisierung aufgrund bestimmter Eigenschaften nimmt nach *Kaiser* unter den Mitteln der Sozialkontrolle von jeher einen besonderen Rang ein.[596]

> „Das Problem der Verhaltenskontrolle würde wahrscheinlich erleichtert werden, wenn man den sozialgefährlichen Personenkreis an bestimmten Kennzeichen, etwa körperlichen Stigmata oder Verhaltensmerkmalen, klar erkennen könnte. Wie jedoch die Geschichte zeigt, finden wir hier verhängnisvolle Irrtümer bis hin zu Wahnvorstellungen (z.B. Hexenverfolgung). Bei negativer Stigmatisierung treten also für den Betroffenen und seine Angehörigen mitunter zerstörerische Haupt- und Nebenwirkungen hinzu. Damit trägt die Blickwendung von der Tat zum Täter, einstmals als Fortschritt gepriesen, Anzeichen eines Pyrrhussieges. Denn die lange Zeit vorherrschende Täterforschung führte zu dem, was man einen kriminologischen Persönlichkeitskult nennen könnte. Diese Entwicklung brachte auch wissenschaftlich den Übergang von der ‚bösen Tat' auf den ‚bösen Menschen'."[597]

Diese kritische Einschätzung von *Kaiser* wird durch die Ergebnisse der vorangegangenen Untersuchung bekräftigt, nach denen keine signifikanten Unterscheidungskriterien zwischen Wirtschaftsstraftätertypen und Nicht-Wirtschaftsstraftätertypen im Vorfeld einer Straftat festgestellt werden können.[598] Die Annahme, dass bei Vorliegen bestimmter persönlicher Merkmale deviantes Verhalten vorausgesagt wird, birgt die Gefahr der Stigmatisierung, die zumindest die soziale (Vor-)Verurteilung mit sich bringen kann. Von dieser (Vor-)Verurteilung unterscheiden sich die Tätertypen in der Wirtschaftskriminologie von

595 Zu den damit verbundenen rechtlichen Problemen, vgl. Kapitel E. I.

596 *Kaiser*, 10. Aufl. (1997), Kriminologie, S. 101.

597 *Kaiser*, 10. Aufl. (1997), Kriminologie, S. 101. Vgl. auch Kapitel B. II. 1.

598 Vgl. insbesondere Kapitel D. III.

anderen Tätertypen, welche ex post von Straftaten bestimmt werden, also erst, wenn tatsächlich ein strafrechtlich relevantes Verhalten erfolgt ist.[599]

Dem Risiko als Wirtschaftsstraftätertypus gebrandmarkt zu werden, sind alle Personen in der Wirtschaftsbranche ausgesetzt, die mit gängigen Persönlichkeitstests oder auch nur anhand von Sozialdaten in das Raster einer Tätertypologie fallen. Damit besteht die Gefahr, dass letztlich neben dem Ausschluss aus Unternehmen auch eine Form sozialer Exklusion ausgeübt wird. Da der typische Wirtschaftsstraftäter als bestimmbar gilt, wird ihm eine feststehende kriminelle Tendenz zugeschrieben. Unter der Annahme einer solchen Tendenz besteht bei einer Fortbeschäftigung im Unternehmen eine permanente, zumindest latente Gefahr der Schädigung des Unternehmens durch wirtschaftskriminelle Verhaltensweisen. Danach erscheint es aus Unternehmensperspektive als effektive Prävention, den typischen Wirtschaftsstraftäter aus dem Unternehmen und seinem unternehmerischen Bezugsfeld zu exkludieren. Präventiv legitimierte Wirtschaftsstraftätertypologien können damit als Labels von Unternehmen als Ausgrenzungsinstrument instrumentalisiert werden.[600] Mit der Unterscheidung zwischen Wirtschaftsstraftätertypen und Nicht-Wirtschaftsstraftätertypen wird, anstelle eines inkludierenden und die Mitarbeiter bestärkenden Konzepts, somit eine Unternehmenspolitik der Diskriminierung und Exklusion von einzelnen Mitarbeitern begünstigt. Dem stehen diametral das mit der Wirtschaftsstraftätertypenbildung angegebene Ziel der Kriminalprävention und der Zweck sozialer Kontrolle, der Integration, entgegen.

Die Nutzung der Tätertypologien als Baustein von Compliance-Maßnahmen kann zwar auch ein Ausdruck davon sein, dass Unternehmen versuchen, durch ihre intensive Ausgestaltung von Compliance-Maßnahmen und eine verstärkte Unternehmensethik in der Gesellschaft Anerkennung zu gewinnen. Während mit der Bestimmung von Wirtschaftsstraftätertypen folglich eine exkludierende Praxis verbunden ist, zielt ein Unternehmen, das einen Mitarbeiter als Wirtschaftsstraftätertypus ausschließt, auf die Einhaltung von Compliance-Standards und damit auf gesellschaftliche Akzeptanz.[601] Daraus resultiert jedoch eine gewisse Paradoxie der Tätertypenbestimmung, indem auf der einen Seite Unternehmensmitarbeiter exkludiert werden und auf der anderen

---

599 Vgl. zu diesen Tätertypen, die ex post einer Straftat bestimmt werden, Kapitel B. II. 1.

600 „Liegen bestimmte Risikofaktoren gehäuft bei einer sozialen Gruppe vor, wird dieser das Merkmal ‚gefährlich' als Grundlage für den Vollzug des Ausschlusses zugeschrieben", *Singelnstein/Stolle*, 3. Aufl. (2012), Die Sicherheitsgesellschaft, S. 64, 69 f., 72.

601 Auch eine Bestrafung „der Anderen" kann ein Gefühl der Inklusion erzeugen, vgl. *Singelnstein*, Kritische Justiz 2011, 7 (10).

Seite eine Compliance-Maßnahme mit dem Ziel der Inklusion in der Wirtschaftsbranche erstrebt wird. Ausgehend von der Anomietheorie *Durkheims*[602] und dem Konzept der positiven Generalprävention kann auch angenommen werden, dass die Exklusion von einzelnen Mitarbeitern zu einer Normverdeutlichung für die anderen Unternehmensmitarbeiter führt und damit gleichzeitig eine inkludierende Wirkung zeigt. Da bei der Tätertypenbestimmung jedoch nicht an verhaltensbezogene, sondern an personenbezogene Merkmale angeknüpft wird, kann jedenfalls hinsichtlich der Bestimmung von konkreten Tätertypen keine Änderung der Eigenschaften von anderen Tätertypen bewirkt werden. Überspitzt ausgedrückt könnten lediglich die nicht einem Tätertypus entsprechenden Personen in ihrem Zusammenhalt als „Nicht-Wirtschaftsstraftätertypen" bestärkt werden.

Die Konzentration auf die Bestimmung des typischen Wirtschaftsstraftäters lässt allerdings unberücksichtigt, dass nach gelegenheitstheoretischen Voraussetzungen grundsätzlich jeder als Wirtschaftsstraftäter in Betracht kommt. Da personelle Differenzierungen keinen kriminalpräventiven Erfolg versprechen, wird von der Relevanz der strukturellen Ursachenforschung abgelenkt.[603] Es erfolgt eine Reduzierung oder zumindest Konzentrierung der Kriminalitätsursachen auf die Person des Täters.[604] Die Unternehmen, die mit der Tätertypenbestimmung Schäden durch Wirtschaftskriminalität von sich abwenden wollen, können durch die anhand des Labeling Approach aufgezeigten, nicht intendierten Effekte gute Mitarbeiter aus dem Unternehmen fernhalten oder ausschließen und somit letzten Endes sich selbst schädigen. Damit ist eine wirtschaftskriminologische Tätertypenbestimmung nicht nur wie in den vorangegangenen beiden Abschnitten aufgezeigt nicht aussagekräftig und damit unternehmerisch nicht sinnvoll, sie kann durch das Fernhalten oder den Ausschluss guter Mitarbeiter auch zu finanziellen Einbußen führen. Denn einige der Attribute, die Wirtschaftsstraftätertypen zugeschrieben werden, wie eine erhöhte Risikobereitschaft oder eine gute Ausbildung, sind für viele Wirtschaftspositionen erforderlich oder zumindest von den Unternehmen erwünscht. Dadurch kann der angestrebte Effekt einer Unterbindung von Schäden durch Wirtschaftskriminalität in das Gegenteil verkehrt werden.

---

602 *Durkheim*, in: Sack, Fritz (Hrsg.), Kriminalsoziologie, 2. Aufl. (1974), S. 3 (8).

603 Vgl. dazu die Untersuchungsergebnisse in Kapitel D. III. Vgl. so im Ansatz auch *Lösel*, in: *Kaiser* (Hrsg.), Kleines kriminologisches Wörterbuch, 1993, S. 529.

604 Vgl. *Lösel*, in: *Kaiser* (Hrsg.), Kleines kriminologisches Wörterbuch, 1993, S. 529 (529 f.).

Mit der Tätertypenbildung und den damit verbundenen Compliance-Programmen wird auch eine Verlagerung der Unternehmensverantwortung auf den einzelnen Mitarbeiter begünstigt. Der Fokus wird weg von kriminalitätsbegünstigenden Faktoren innerhalb der Unternehmensorganisation wie den Betriebs- und Kontrollabläufen gerichtet. Auf diese Weise kann sogar vom imageschädigenden und auch bußgeldrelevanten Organisationsverschulden abgelenkt werden.[605]

Von den aufgeführten möglichen Fehlwirkungen sind Compliance-Maßnahmen zu unterscheiden, die nicht auf Tätertypen zielen und allgemein empfohlen werden. Diese bieten sich nach der Untersuchung zu Werteeinstellung im vorangegangen Abschnitt grundsätzlich an, um einen Beitrag zur Unterbindung von Wirtschaftskriminalität zu leisten.[606] Die Problematik liegt bei der Tätertypenbestimmung vielmehr darin, dass mit der präventiv legitimierten Tätertypenbestimmung nur ein bestimmter Personenkreis kontrolliert werden soll.

3. Ergebnisse

Mit *Kunz* ist zu konstatieren, dass täterorientierte Ansätze einer Sinnestäuschung des „lombrosianischen Mythos“[607] erliegen, wenn sie in der Person eines Straftäters besondere kriminogene Eigenschaften wahrnehmen. Die Angabe von personenbezogenen Eigenschaften ist nach dem Labeling Approach vielmehr das Produkt einer durch die Gesellschaftsstruktur geformten Interaktion, welche einer Person die Eigenschaften zuweist. Täterbezogene Eigenschaften sind das Endprodukt einer sozialen Prägung und nicht die tragende Ursache in den sozialen Rahmenbedingungen.[608]

---

605 Vgl. zu diesem als „Verantwortungstransfer“ bezeichneten Vorgang von Unternehmen auf Mitarbeiter, *Theile*, StV 31 (2011), 381 (382).

606 Inwiefern von einer Tätertypenbildung losgelöste Compliance-Maßnahmen einen kriminalpräventiven Erfolg versprechen, ist Gegenstand verschiedener aktueller Forschungsprojekte, vgl. z.B. *PricewaterhouseCoopers/Martin-Luther-Universität Halle-Wittenberg*, Wirtschaftskriminalität und Unternehmenskultur 2013; *Bock*, in: *Rotsch* (Hrsg.), Wissenschaftliche und praktische Aspekte der nationalen und internationalen Compliance-Diskussion, 2012, S. 63; *Steßl*, Effektives Compliance Management in Unternehmen, 2012; *Bussmann*, in: *Hellmann/Christian Schröder* (Hrsg.), Festschrift für Hans Achenbach, 2011, S. 57; *PricewaterhouseCoopers/Martin-Luther-Universität Halle Wittenberg*, Compliance und Unternehmenskultur, 2010.

607 *Kunz*, 4. Aufl. (2004), Kriminologie, S. 176.

608 *Kunz*, 4. Aufl. (2004), Kriminologie, S. 175 f.

Der Labeling Approach ist in die Kategorien Etikettierungseffekt, Definitionsmacht und Selektivität des Definitionsprozesses unterteilt worden. Die Untersuchung hat einen Labeling-Effekt einer wirtschaftskriminellen Tätertypenbildung festgestellt, der sich primär auf die präventiv legitimierten Tätertypologien bezieht. Der Labeling-Effekt führt dabei aufgrund der Stigmatisierung auch zu einer negativen Diskriminierungsgefahr für Personen, die einem Wirtschaftsstraftätertypus entsprechen. Die vorliegende Analyse hat gezeigt, dass mit dem Labeling-Effekt eine Exklusionsgefahr für die dem typischen Wirtschaftsstraftäter entsprechende Personen besteht. Die Untersuchung von wirtschaftskriminologischen Tätertypologien als Labels hat zudem ergeben, dass die Definitionsmacht über die Tätertypologisierung bei den die Tätertypen bildenden Institutionen liegt, insbesondere bei den Wirtschaftsprüfungsgesellschaften. Dies liegt darin begründet, dass die Unternehmen zwar die Entscheidungsmacht über die Anwendung der Tätertypenbestimmung haben, hierbei aber auf die Vorgaben der tätertypenbildenden Institutionen zurückgreifen. Die Tätertypenbestimmung ist ebenfalls selektiv, da zwischen Wirtschaftsstraftätern und Nicht-Wirtschaftsstraftätern unterschieden wird, die unterschiedlich behandelt werden sollen.

Durch die Suche nach der Verantwortlichkeit für Wirtschaftskriminalität in bestimmten Tätertypen wird die Aufmerksamkeit von den Unternehmensstrukturen abgelenkt. Dies kann es Unternehmen ermöglichen zu zeigen, dass sie gegen Wirtschaftskriminalität vorgehen. So kann das Vertrauen in das Unternehmen gegenüber Vertragspartnern gestärkt werden. Auch besteht die Möglichkeit, dass sich Unternehmensverantwortliche im Haftungsfall aufgrund der mit der Tätertypisierung empfohlenen Compliance-Maßnahmen exkulpieren können. Da die im vorangegangenen Untersuchungsabschnitt durchgeführte Analyse jedoch ergeben hat, dass die wirtschaftskriminologische Tätertypenbestimmung kein probates Instrument zur Prävention von Wirtschaftskriminalität darstellt, kann langfristig das Schädigungspotential für Unternehmen größer sein als der Schutz vor den gefürchteten Schäden. Denn mit der Etikettierung bestimmter Unternehmensmitarbeiter als schädigend besteht gleichzeitig die Gefahr, gute Mitarbeiter zu verlieren.

V. Zusammenfassung

Im vorangegangenen Kapitel sind die intendierten und nicht intendierten Effekte einer wirtschaftskriminologischen Tätertypenbildung als Instrument sozialer Kontrolle sowie die damit verbundenen Auswirkungen untersucht worden.

Im ersten Abschnitt zu Wirtschaftsstraftätertypen als präventiv legitimiertes Instrument privater sozialer Kontrolle wurde gezeigt, dass diese maßgeblich im Rahmen von Compliance-Maßnahmen als Instrument sozialer Kontrolle fungieren sollen. Compliance-Maßnahmen wurden dabei als ein formelles Instrument sozialer Kontrolle mit Wechselwirkung zur privatwirtschaftlichen Kontrolle eingeordnet. Der Kontrollmechanismus von Compliance-Regelungen ist, durch die je nach Staat variierenden Vorgaben zur Einführung von Compliance-Programmen für Unternehmen, als regulierte Selbstregulierung bestimmt worden. Die Einordung von Compliance-Maßnahmen als formelles oder informelles Instrument sozialer Kontrolle hat gezeigt, dass zwischen der Vorgabe der Einführung entsprechender Maßnahmen und der konkreten Ausgestaltung dieser Maßnahmen zu differenzieren ist. Mangels staatlicher Vorgaben zur Ausrichtung von Compliance-Programmen auf Tätertypologien ist die Tätertypenbildung zur Prävention von Wirtschaftskriminalität als privatwirtschaftlicher Baustein von Compliance-Maßnahmen qualifiziert worden. Dabei wurde festgestellt, dass Wirtschaftsstraftätertypologien bei Compliance-Maßnahmen nur als Kriminalpräventionsinstrument genutzt werden können, wenn Personen auch als Tätertypen individualisiert werden. Anderenfalls kann die mit der Tätertypenbildung verbundene kriminalpräventive Zielsetzung nicht typenspezifisch ausgerichtet werden.

Davon ausgehend wurde im zweiten Abschnitt dieses Kapitels zu Wirtschaftsstraftätertypen als Instrument zur Kriminalprävention das methodologische und methodische Vorgehen der empirischen Studien nach festgelegten Prüfkriterien untersucht, um die Aussagekraft der ausgewählten Studien zu beurteilen. Die Analyse des methodologischen und methodischen Vorgehens hat gezeigt, dass die Ergebnisse der dargestellten empirischen Studien zu Wirtschaftsstraftätertypen nicht aussagekräftig sind. Abgesehen von den im Einzelfall ermittelten Schwierigkeiten der empirischen Studien zu wirtschaftskriminologischen Tätertypologien sprechen eine Vielzahl grundsätzlicher Probleme gegen die präventiv legitimierte Tätertypenbestimmung. Allgemeine Schwierigkeiten bestehen insbesondere aufgrund der gewählten Untersuchungsmethode, der fehlenden einheitlichen Definition von Wirtschaftskriminalität, des großen Dunkelfelds, der fehlenden Repräsentativität sowie dem mangelhaften Nachweis der Kausalität. Auch werden die überwiegend im Rahmen von Befragungen gewonnenen Daten nur begrenzt auf mögliche Fehlerquellen hin überprüft. Zwar wird von einigen wenigen Autoren bei Befragungen eine Kontrolle bestimmter Variablen vorgenommen, etwa auf sozial erwünschtes Antwortverhalten, oder es werden in einzelnen Fällen Vergleichsgruppen herangezogen. Die Mehrzahl der Autoren befragt jedoch Probanden, ohne die Daten mit denen einer Vergleichsgruppe zu kontrollieren. Gleiches gilt für diejenigen, welche ihre Ergebnisse auf eine Aktenanalyse stützen. Aufgrund des großen Dunkelfeldes und der geringen Basis-

Rate im Bereich der Wirtschaftskriminalität dient selbst die in wenigen Studien vorgenommene Kreuzvalidierung nur bedingt der Ergebniskontrolle. Da die Befragungen auf freiwilliger Basis erfolgen und die meisten Befragten noch im Unternehmen arbeiten, kann eine Vielzahl von Faktoren das Antwortverhalten beeinflussen, wie etwa Geheimhaltungsverpflichtungen oder Befürchtungen um die Reputation des Unternehmens. Auch der Einfluss situativer Variablen oder die Problematik der Auftragsforschung werden entweder gar nicht oder nur unzureichend berücksichtigt. Dass die gewonnenen Ergebnisse der wirtschaftskriminologischen Tätertypenforschung keinen kriminalpräventiven Nutzen versprechen, liegt neben der fehlenden Aussagekraft auch in dem Grundwiderspruch einer mit Typologien angestrebten Täterindividualisierung. Während Typologien grundsätzlich zur Komplexitätsreduktion realer Sachverhalte dienen und über den Einzelfall hinausgehende, generalisierende Aussagen treffen, erfordert die Bestimmung von Wirtschaftsstraftätern gerade einen konkreten individuellen Bezug. Die fehlende Aussagekraft der durch die dargestellten empirischen Studien gewonnenen Ergebnisse zur Bestimmung von Wirtschaftsstraftätertypen hat zur Folge, dass darauf basierende Persönlichkeitstests mit einer erheblichen Zahl an *false positives* rechnen müssen.

Daraufhin ist die Frage untersucht worden, ob Tätertypologien generell ein probates Instrument zur Prävention von Wirtschaftskriminalität darstellen. Dies wurde anhand der überwiegend für die Unterscheidung zwischen Wirtschaftsstraftätertypen und Nicht-Wirtschaftsstraftätertypen herangezogenen Kriterien der Sozialdaten, Persönlichkeitseigenschaften und Werteeinstellungen überprüft. Mithilfe konstruktivistischer Erklärungsansätze und aktueller Ergebnisse der Persönlichkeitsforschung konnte aufgezeigt werden, dass die Argumente für Präventionsansätze auf der strukturellen Ebene eines Unternehmens überwiegen. Die kriminalpräventive Personenindividualisierung anhand von Sozialdaten, Persönlichkeitseigenschaften oder Werteeinstellungen ist davon ausgehend für untauglich befunden worden.

Die Analyse der Tätertypologien sub specie des Labeling Approach hat ergeben, dass die Tätertypisierung in der Wirtschaftskriminologie einen Labeling-Effekt mit sich bringt. Der Labeling-Effekt wiederum führt zu einer Selektion und verstärkt eine negative Diskriminierung zwischen Wirtschaftsstraftätertypen und sonstigen im Wirtschaftsleben agierenden Personen. Unternehmensmitarbeiter, welche einem typischen Wirtschaftsstraftäter entsprechen, müssen als Folge des Etikettierungseffekts mit unternehmerischen Maßnahmen bis hin zur Exklusion aus dem Unternehmen rechnen.

Die Untersuchung des Labeling-Effekts einer Tätertypisierung hat sich auch auf die damit verbundenen Auswirkungen für Unternehmen konzentriert. Es wurde festgestellt, dass die Unternehmen, die mit der Tätertypenbestimmung das Ziel verfolgen, durch Wirtschaftskriminalität verursachte Schäden zu verhindern, dadurch möglicherweise mehr Schäden verursachen. Dies liegt darin begründet, dass eine zuverlässige Tätertypenbestimmung nach der vorangegangen Untersuchung nicht erfolgsversprechend ist und mit einer derartigen Personalauswahl auch besonders kompetente Mitarbeiter vom Unternehmen ferngehalten werden können, die dem Unternehmen mehr Profit als Schaden bringen.

E. Kritische Würdigung

Im vorangegangenen Kapitel wurde festgestellt, dass der wirtschaftskriminologischen Tätertypenbestimmung, die maßgeblich anhand von Sozialdaten, Persönlichkeitseigenschaften oder Werteeinstellungen erfolgt, keine kriminalpräventive Wirkung zukommt. Darüber hinaus wurde herausgefunden, dass mit der Tätertypenbestimmung auch nicht intendierte Effekte einhergehen können, wie der Labeling-Effekt.

Fraglich ist, ob die insbesondere in der Unternehmenspraxis entwickelte Wirtschaftsstraftätertypenbestimmung überhaupt rechtlich zulässig ist. In diesem Kapitel wird daher zunächst auf die allgemeine rechtliche Zulässigkeit einer präventiv legitimierten wirtschaftskriminologischen Tätertypenbestimmung eingegangen. Aufgrund des persönlichkeitsorientierten Ansatzes zur Prävention von Straftaten sind insbesondere datenschutzrechtliche Vorschriften zu berücksichtigen. Aus normativer Perspektive wird zudem untersucht, ob die präventiv legitimierte Wirtschaftsstraftätertypenbestimmung grundsätzlich für das Strafrecht nutzbar gemacht werden könnte. Hierzu wird insbesondere auf grundlegende strafrechtliche sowie verfassungsrechtliche Prinzipien eingegangen. Im Anschluss daran wird ausgehend von den festgestellten Auswirkungen der Tätertypenbildung und der rechtlichen Analyse auf bestehende kriminalpolitische und kriminologische Bedenken eingegangen.

I. Bedenken gegen eine präventiv legitimierte Wirtschaftsstraftätertypenbestimmung aus rechtlicher Perspektive

Die mit der Tätertypologisierung erstrebte Kontrolle von Wirtschaftskriminalität liegt im Trend einer zunehmend ökonomisierten und privatisierten Verbrechenskontrolle, die weniger auf Gefängnisstrafen setzt, sondern außerhalb der staatlichen Strafanstalten nach Regelungen sucht.[609] Das Bestreben von Unternehmen, sich optimal vor Wirtschaftskriminalität zu schützen und dafür Personen im Vorfeld einer Straftat zu identifizieren, verursacht ein Spannungsverhältnis zwischen den Persönlichkeitsrechten der Mitarbeiter sowie dem Kontrollinteresse der Unternehmen. Die Problematik der Persönlichkeitstests

609 Vgl. etwa die strafprozessuale Diversion oder der Deal. Siehe zu dieser grundsätzlichen Tendenz, *Garland*, The Culture of Control, 2001.

zur Bestimmung von Wirtschaftsstraftätertypen besteht darin, dass sich ein Bewerber diesen kaum entziehen kann, ohne seine Chancen auf eine Einstellung zu vernichten.[610] Hierdurch werden alle potentiellen Mitarbeiter, oder bei einer Tätertypenbestimmung im Unternehmen auch bereits eingestellte Mitarbeiter, mithilfe eines selektiven Kontrollverfahrens überprüft. Für die rechtliche Würdigung wird am Beispiel des deutschen Rechts auf einfachgesetzliche Regelungen eingegangen sowie auf verfassungsrechtliche Vorgaben. Diese Prüfungsreihenfolge ist an der derzeit ausschließlichen Anwendung der präventiv legitimierten Tätertypenbestimmung in der Privatwirtschaft orientiert.[611]

1. Einfachgesetzliche Bestimmungen

In diesem Unterabschnitt werden mögliche einfachgesetzliche Konflikte bei der Nutzung einer präventiv legitimierten Wirtschaftsstraftätertypenbestimmung in der Praxis aufgezeigt. Für die Individualisierung potentieller Wirtschaftsstraftätertypen werden personenbezogene Daten erhoben, deren Zulässigkeit von der Einhaltung der Bestimmungen des Bundesdatenschutzgesetzes (BDSG) abhängt.[612] Das BDSG konkretisiert das grundrechtlich geschützte Allgemeine Persönlichkeitsrecht in Art. 2 Abs. 1 i.V.m. Art. 1 Abs. 1 GG. Das Allgemeine Persönlichkeitsrecht hat die Aufgabe, „im Sinne des obersten Konstitutionsprinzips der Würde des Menschen (Art. 1 Abs. 1 GG) die engere persönliche Lebenssphäre und die Erhaltung ihrer Grundbedingungen zu gewährleisten".[613] Aufgrund des verfassungsrechtlich geschützten Allgemeinen Persönlichkeitsrechts, setzt

610 Vgl. *Böhm*, 6. Aufl. (2003), Bewerberauswahl und Einstellungsgespräch, S. 155, 157.

611 Für die Unternehmen und deren Mitarbeiter werden daher primär die einfachgesetzlichen Vorschriften von Relevanz sein. Das in der Normenhierarchie übergeordnete Verfassungsrecht findet im Privatrecht hingegen nur bei einer mittelbaren Drittwirkung eine direkte Anwendung, denn die Grundrechte stellen in erster Linie Abwehrrechte des Bürgers gegen den Staat dar. Als objektive Werteentscheidung haben die Grundrechte auch im Privatrecht Bedeutung und können eine mittelbare Drittwirkung entfalten, vgl. *BVerfGE* 7, 198, 205 ff.; *Herdegen*, in: *Maunz/Dürig* (Hrsg.), Grundgesetz, 2014 (31 ff.); *Jarass/Pieroth*, Grundgesetz für die Bundesrepublik Deutschland, 13. Aufl. (2014), S. 59 f. m.w.Nachw.

612 Bundesdatenschutzgesetz in der Fassung der Bekanntmachung vom 14. Januar 2003 (BGBl. I S. 66), das zuletzt durch Art. 1 des Gesetzes vom 14. August 2009 (BGBl. I S. 2814) geändert worden ist.

613 *BVerfGE* 54, 148, 153; *Epping*, 6. Aufl. (2015), Grundrechte, S. 281 f.

das BDSG strenge Voraussetzungen für die Zulässigkeit der Erhebung, Verarbeitung oder Nutzung personenbezogener Daten.[614]

Da für die Tätertypenbestimmung Persönlichkeitstests besonders für den Bereich der Personaleinstellung empfohlen werden,[615] sind die Voraussetzungen des § 32 BDSG zu beachten.[616] Nach *Stamer* und *Kuhnke* unterliegt insbesondere die „Durchführung medizinischer Untersuchungen und psychologischer Tests“[617] den Vorgaben des § 32 BDSG. Für nicht als Beschäftigte geltende Personen i.S.v. § 32 BDSG, etwa Organe wie Geschäftsführer und Vorstände eines Unternehmens, soll zumindest § 28 Abs. 1 BDSG[618] als

614 Vgl. § 1 Abs. 1 BDSG: „Zweck dieses Gesetzes ist es, den Einzelnen davor zu schützen, dass er durch den Umgang mit seinen personenbezogenen Daten in seinem Persönlichkeitsrecht beeinträchtigt wird.“ Das BDSG ist dabei nur insoweit anwendbar, als keine spezielleren Vorschriften greifen. Die Subsidiarität tritt dabei jedoch nur ein, „wenn eine Tatbestandskongruenz vorliegt, d. h. wenn die speziellere Regelung inhaltlich einen Regelungsgegenstand des BDSG umfasst. Werden bestimmte Sachverhalte durch die spezifischen Regelung nicht erfasst, so bleibt das BDSG insofern – lückenfüllend – anwendbar. Irrelevant ist, ob das speziellere Gesetz enger oder weiter als das BDSG ist“, *Däubler*, 3. Aufl. (2010), Bundesdatenschutzgesetz, S. 110.

615 So heißt es etwa bei *The AuditFactory* „Integritätstests sind Messverfahren auf wissenschaftlicher Basis zur Beurteilung von Menschen hinsichtlich ihres Charakters und ihrer Persönlichkeit. Integre Mitarbeiter unterscheiden sich in bestimmten Einstellungen und Persönlichkeitsmerkmalen von solchen, die zu betriebsschädigendem Verhalten neigen. Dies kann man vor der Einstellung gezielt zu einer Messung nutzen.“ http://www.forum-wirtschaftskriminalitaet.org/ (Stand: 16.08.2014).

616 Vgl. so grundlegend auch *Stanitzek*, Die Bedeutung von Criminal Compliance für das Strafrecht bei der Bekämpfung von Wirtschaftskorruption, 2013.

617 *Stamer/Kuhnke*, in: *Plath/Becker* (Hrsg.), BDSG, 2013, S. 741 (770).

618 Die Ausführungen zu § 32 BDSG gelten deshalb für § 28 Abs. 1 BDSG sinngemäß. § 28 Abs. 1 BDSG besagt: „Das Erheben, Speichern, Verändern oder Übermitteln personenbezogener Daten oder ihre Nutzung als Mittel für die Erfüllung eigener Geschäftszwecke ist zulässig
1. wenn es für die Begründung, Durchführung oder Beendigung eines rechtsgeschäftlichen oder rechtsgeschäftsähnlichen Schuldverhältnisses mit dem Betroffenen erforderlich ist,
2. soweit es zur Wahrung berechtigter Interessen der verantwortlichen Stelle erforderlich ist und kein Grund zu der Annahme besteht, dass das schutzwürdige Interesse des Betroffenen an dem Ausschluss der Verarbeitung oder Nutzung überwiegt, oder
3. wenn die Daten allgemein zugänglich sind oder die verantwortliche Stelle sie veröffentlichen dürfte, es sei denn, dass das schutzwürdige Interesse des Betroffenen

Schutzvorschrift greifen.[619] Zu klären ist, ob die Datenerhebung zu kriminalpräventiven Zwecken unter § 32 Abs. 1 S. 1 oder § 32 Abs. 1 S. 2 BDSG fällt. Nach § 32 Abs. 1 S. 1 BDSG dürfen personenbezogene Daten eines Beschäftigten[620]

> „für Zwecke des Beschäftigungsverhältnisses erhoben, verarbeitet oder genutzt werden, wenn dies für die Entscheidung über die Begründung eines Beschäftigungsverhältnisses oder nach Begründung des Beschäftigungsverhältnisses für dessen Durchführung oder Beendigung erforderlich ist".

Nach § 32 Abs. 1 S. 2 BDSG dürfen

> „zur Aufdeckung von Straftaten personenbezogene Daten eines Beschäftigten nur dann erhoben, verarbeitet oder genutzt werden, wenn zu dokumentierende tatsächliche Anhaltspunkte den Verdacht begründen, dass der Betroffene im Beschäftigungsverhältnis eine Straftat begangen hat, die Erhebung, Verarbeitung oder Nutzung zur Aufdeckung erforderlich ist und das schutzwürdige Interesse des Beschäftigten an dem Ausschluss der Erhebung, Verarbeitung oder Nutzung nicht überwiegt, insbesondere Art und Ausmaß im Hinblick auf den Anlass nicht unverhältnismäßig sind".

Während § 32 Abs. 1 S. 2 BDSG folglich die Datengewinnung zur Aufdeckung einer bereits begangenen Straftat regelt, erfasst § 32 Abs. 1 S. 1 BDSG die Datenerhebung zur Begründung, Durchführung oder Beendigung eines Beschäftigtenverhältnisses. Wirtschaftsstraftätertypen sollen anhand von Persönlichkeitstests vorwiegend nicht zur repressiven Straftataufklärung bestimmt werden, sondern zur Unterbindung von Wirtschaftskriminalität im Vorfeld einer Straftat. Bei stichprobenartigen Kontrollen zur Prävention von Straftaten oder zur Aufdeckung anderer Pflichtverletzungen richtet sich die Zulässigkeit deshalb nach § 32 Abs. 1 S. 1 BDSG. Kontrollen zur Prävention von Straftaten werden für zulässig erachtet, sofern „die Zahl der zu kontrollierenden Personen sowie die Dauer

---

an dem Ausschluss der Verarbeitung oder Nutzung gegenüber dem berechtigten Interesse der verantwortlichen Stelle offensichtlich überwiegt.
Bei der Erhebung personenbezogener Daten sind die Zwecke, für die die Daten verarbeitet oder genutzt werden sollen, konkret festzulegen."

619 *Stamer/Kuhnke*, in: *Plath/Becker* (Hrsg.), BDSG, 2013, S. 741 (749).

620 Nach § 3 Abs. 11 BDSG sind Beschäftigte: „1. Arbeitnehmerinnen und Arbeitnehmer, 2. zu ihrer Berufsbildung Beschäftigte, 3. Teilnehmerinnen und Teilnehmer an Leistungen zur Teilhabe am Arbeitsleben sowie an Abklärungen der beruflichen Eignung oder Arbeitserprobung (Rehabilitandinnen und Rehabilitanden), [...] 6. Personen, die wegen ihrer wirtschaftlichen Unselbständigkeit als arbeitnehmerähnliche Personen anzusehen sind; zu diesen gehören auch die in Heimarbeit Beschäftigten und die ihnen Gleichgestellten, 7. Bewerberinnen und Bewerber für ein Beschäftigungsverhältnis sowie Personen, deren Beschäftigungsverhältnis beendet ist [...]".

der Kontrolle auf ein Minimum"[621] beschränkt wird. „Dient die Kontrolle [aller Mitarbeiter] dagegen lediglich der Prävention von Straftaten und Pflichtverletzungen, ist nur eine stichprobenartige Kontrolle zulässig".[622]

Da für die Feststellung von Eigenschaften, die künftiges wirtschaftskriminelles Verhalten begründen sollen, ein umfangreiches Testen der Persönlichkeit erforderlich ist, das über die notwendigen Informationen zur Begründung, Durchführung oder Beendigung eines Arbeitsverhältnisses hinausgeht, ist von einer Unzulässigkeit nach § 32 Abs. 1 S. 1 beziehungsweise § 28 Abs. 1 BDSG auszugehen. Damit ist *Stamer* und *Kuhnke* zuzustimmen, wenn sie konstatieren:

> „Psychologische Eignungstests müssen sich vor dem Hintergrund der Achtung der Privatsphäre des Bewerbers auf das Abprüfen von Fähigkeiten und Eigenschaften beschränken, die für die Ausübung der späteren Tätigkeit von Bedeutung sind. Unspezifische allgemeine Intelligenztests oder umfassende Persönlichkeitsprofile stellen einen übermäßigen und damit unzulässigen Eingriff in die Privatsphäre dar."[623]

Darüber hinaus haben Grundrechte als objektive Werteentscheidung auch im Privatrecht bei der Auslegung von Normen oder im Rahmen von Generalklauseln Bedeutung und können eine mittelbare Drittwirkung entfalten.[624] Gerade im arbeitsrechtlichen Bereich ist von einem asymmetrischen Machtverhältnis zwischen Arbeitgeber als stärkerer und Arbeitnehmer als schwächerer Partei auszugehen, was eine besondere Berücksichtigung der Grundrechte als überlagerte Werteordnung erfordert. Daher ist bei der Auslegung des § 32 Abs. 1 S. 1 beziehungsweise § 28 Abs. 1 BDSG die Ausstrahlungswirkung des Allgemeinen Persönlichkeitsrechts aus Art. 2 Abs. 1 GG i.V.m. Art. 1 Abs. 1 GG als Grenze

---

621 *Stamer/Kuhnke*, in: *Plath/Becker* (Hrsg.), BDSG, 2013, S. 741 (805 f.).

622 *Stamer/Kuhnke*, in: *Plath/Becker* (Hrsg.), BDSG, 2013, S. 741 (805 f.). Vgl. auch *Franzen*, in: *Müller-Glöge* (Hrsg.), Erfurter Kommentar zum Arbeitsrecht, 2014 (Rn. 30) „Abs. 1 S. 2 dient repressiven Zwecken, also der Aufklärung entspr. Vorgänge und schließt präventive Maßnahmen zur Vermeidung von Straftaten und sonstigen Pflichtverletzungen nicht aus; diese lassen sich auf § 32 I 1 stützen."

623 *Stamer/Kuhnke*, in: *Plath/Becker* (Hrsg.), BDSG, 2013, S. 741 (770). Vgl. so auch *Franzen*, in: *Müller-Glöge* (Hrsg.), Erfurter Kommentar zum Arbeitsrecht, 2014 (Rn. 9) „Wegen eines übermäßigen Eingriffs in die Persönlichkeitssphäre des AN werden allg. Intelligenztests, die Erstellung von Persönlichkeitsprofilen, Stressinterviews sowie Genomanalysen generell für unzulässig gehalten".

624 *BVerfGE* 7, 198, 205 ff.; *Herdegen*, in: *Maunz/Dürig* (Hrsg.), Grundgesetz, 2014 (31 ff.); *Jarass/Pieroth*, Grundgesetz für die Bundesrepublik Deutschland, 13. Aufl. (2014), S. 59 f. m.w.Nachw.

für persönlichkeitsorientierte Präventionsmaßnahmen zu berücksichtigen.[625] Das Allgemeine Persönlichkeitsrecht schützt die Privatsphäre und insbesondere das Recht auf informationelle Selbstbestimmung.[626] Die Datenerhebung von persönlichkeitsbezogenen Informationen zur Tätertypenbestimmung stellt eine Verletzung des Allgemeinen Persönlichkeitsrechts dar. Dies ist auch dann anzunehmen, wenn der jeweils Betroffene in das Testen seiner Persönlichkeit einwilligt. Denn wenn ein Bewerber nur eine Chance hat in einem Unternehmen eingestellt zu werden, wenn er bestimmte Informationen preisgibt, handelt es sich um eine Zwangslage. Eine Einwilligung in einer Zwangslage ist nach dem *Bundesverfassungsgericht* (*BVerfG*) als unwirksam anzusehen.[627]

Das Allgemeine Persönlichkeitsrecht steht entsprechend Art. 2 Abs. 1 GG unter dem Gesetzesvorbehalt der verfassungsmäßigen Ordnung.[628] Eine formelle gesetzliche Grundlage, die unter bestimmten Voraussetzungen einen Eingriff in Art. 2 Abs. 1 i.V.m. Art. 1 Abs. 1 GG erlaubt, ist § 32 Abs. 1 S. 1 beziehungsweise § 28 Abs. 1 BDSG. Die Anwendung der einschlägigen Vorschrift ergibt auch bei einer Abwägung kein überwiegendes Interesse eines Unternehmens gegenüber dem Betroffenen. Je gravierender der Eingriff in das Allgemeine Persönlichkeitsrecht für den Betroffenen ist, desto bedeutender müssen die Interessen sein, die den Eingriff rechtfertigen sollen.[629] Persönlichkeitseigenschaften oder Werteeinstellungen sind im Gegensatz zu etwa Informationen über Bildungsqualifikationen, Berufserfahrung oder Sozialdaten für die Sozialversicherung grundsätzlich nicht unerlässlich für die Durchführung eines Arbeitsverhältnisses. Persönlichkeitseigenschaften und Werteeinstellungen eines Menschen fallen zumindest in den Bereich der Privatsphäre. Bereits bei einer Datengewinnung von Informationen aus dem Persönlichkeitsbereich sind nach dem *BVerfG* an die Zulässigkeit hohe Anforderungen zu stellen.[630] Eine Interessenabwägung ergibt, dass die Belange von Unternehmen als Arbeitgeber an einer Auskunft über individuelle

---

625 Vgl. so vom Grundsatz *BVerfGE*, Beschl. v. 11. Juni 1991 – 1 BvR 239/90 –, *BVerfGE* 84, 192, 194 f.; *Jarass/Pieroth*, Grundgesetz für die Bundesrepublik Deutschland, 13. Aufl. (2014), S. 82 f.

626 *BVerfG*, Urt. v. 15.12.1983 – 1 BvR 209/83, 1 BvR 269/83, 1 BvR 362/83, 1 BvR 420/83, 1 BvR 440/83, 1 BvR 484/83 –, *BVerfGE* 65, 1, 43.

627 *BVerfG*, Beschl. v. 18.08.1981 – 2 BvR 166/81; NJW 1982, 375; *Manssen*, 11. Aufl. (2014), Staatsrecht II, S. 73.

628 *BVerfG*, Urt. v. 15.12.1983 – 1 BvR 209/83, 1 BvR 269/83, 1 BvR 362/83, 1 BvR 420/83, 1 BvR 440/83, 1 BvR 484/83 –, *BVerfGE* 65, 1, 44.

629 Vgl. *Manssen*, 11. Aufl. (2014), Staatsrecht II, S. 73.

630 *BVerfG*, Beschl. v. 14.09.1989 – 2 BvR 1062/87 –, *BVerfGE* 80, 367, 373 f.

Persönlichkeitseigenschaften hinter denen des Betroffenen an der Wahrung von Informationen über den Zustand seiner Persönlichkeit zurückstehen. Aus Sicht der Unternehmen spricht für die Tätertypenbestimmung das Interesse an einer Unterbindung von Wirtschaftskriminalität. Aus Sicht der Beschäftigten spricht jedoch das Interesse an einer Geheimhaltung von bestimmten Persönlichkeitseigenschaften oder Werteeinstellungen gegen diese Anwendung. Die Tätertypenbestimmung hat sich als untaugliches Instrument zur präventiv legitimierten Differenzierung zwischen Wirtschaftsstraftätertypen und Nicht-Wirtschaftsstraftätertypen herausgestellt.[631] Der die Tätertypenbestimmung legitimierende Zweck kann folglich nicht erfüllt werden. Demnach ist die Durchführung von Persönlichkeitstests, um einen potentiellen Straftäter zu identifizieren, ein grundsätzlich nicht gerechtfertigter Eingriff in das Allgemeine Persönlichkeitsrecht.[632]

Zu denken ist bei einer präventiv legitimierten Tätertypenbestimmung noch an mögliche Friktionen mit den Vorschriften des Allgemeinen Gleichbehandlungsgesetzes (AGG). Das AGG soll nicht nur bestimmte Gruppen, sondern jeden vor einer diskriminierenden Benachteiligung schützen, die an eines der in § 1 AGG bezeichneten Merkmale anknüpft und die privatrechtliche Gleichbehandlung aller Menschen sicherstellen.[633]

Nach § 1 AGG ist das Ziel des Gesetzes,

> „Benachteiligungen aus Gründen der Rasse oder wegen der ethnischen Herkunft, des Geschlechts, der Religion oder Weltanschauung, einer Behinderung, des Alters oder der sexuellen Identität zu verhindern oder zu beseitigen".

Das AGG stellt folglich Diskriminierungsverbote auf: „Die Diskriminierungsverbote und die diese konkretisierenden oder unterstützenden Regelungen des AGG haben also eine abwehrende und eine präventive Funktion"[634]. Die in § 1 AGG genannten Benachteiligungsgründe sind dabei abschließend.[635] Die Tätertypenbestimmung könnte daher anhand der festgestellten Kriterien – Sozialdaten, Persönlichkeitseigenschaften oder Werteeinstellungen – eine

631 Zum Verbot von Persönlichkeitsprofilen allgemein, vgl. *Däubler*, 3. Aufl. (2010), Bundesdatenschutzgesetz, S. 88 ff. m.w.Nachw.

632 Vgl. so im Ergebnis auch *Krüger*, in: *Dölling/Jehle* (Hrsg.), Täter, Taten, Opfer, 2013, S. 403 (410).

633 *Gaier/Wendtland*, Allgemeines Gleichbehandlungsgesetz, AGG, 2006, S. 30 f., 34.

634 Dies soll bei der Auslegung des AGG berücksichtigt werden, vgl. *Wendeling-Schröder/Stein*, Allgemeines Gleichbehandlungsgesetz, 2008, S. 48.

635 *Bauer/Göpfert/Krieger*, 2. Aufl. (2008), Allgemeines Gleichbehandlungsgesetz, S. 53.

Benachteiligung im Sinne des AGG darstellen, sofern Unternehmensmitarbeiter nach täterspezifischen Merkmalen differenziert werden.

Nach § 7 AGG dürfen Beschäftigte nicht wegen eines in § 1 genannten Grundes benachteiligt werden. Eine Benachteiligung nach § 7 i.V.m. § 1 AGG kommt aufgrund einer Unterscheidung zwischen Wirtschaftsstraftätertypen und Nicht-Wirtschaftsstraftätertypen anhand von Sozialdaten in Betracht. Nach § 6 Abs. 1 AGG findet § 7 AGG nicht nur auf Arbeitnehmerinnen und Arbeitnehmer Anwendung, sondern auch auf Bewerberinnen und Bewerber. Eine Benachteiligung i.S.v. § 1 AGG ist denkbar, wenn eine Person, die einem Wirtschaftsstraftätertypus entspricht, etwa wegen ihrer deutschen Nationalität oder ihres männlichen Geschlechts, bei Bewerbungen oder im Unternehmen ausgeschlossen wird.

Bei der Auslegung des AGG, ob eine unzulässige Diskriminierung aufgrund der dort genannten Merkmale erfolgt, kann zudem die in Art. 3 Abs. 1 GG festgelegte Werteentscheidung des allgemeinen Gleichbehandlungsgrundsatzes zu berücksichtigen sein. Eine Verletzung des allgemeinen Gleichbehandlungsgrundsatzes kommt aufgrund der festgestellten diskriminierenden Wirkung der Bestimmung von Wirtschaftsstraftätertypen im Verhältnis zu sonstigen Bewerbern oder Mitarbeitern eines Unternehmens in Betracht. Dies wäre dann der Fall, wenn eine rechtlich relevante Ungleichbehandlung vorliegt.[636] Eine rechtlich relevante Ungleichbehandlung ist anzunehmen, wenn wesentlich Gleiches ungleich behandelt wird.[637] Bei der präventiv legitimierten Tätertypenbestimmung werden Bewerber oder Mitarbeiter eines Unternehmens in Wirtschaftsstraftätertypen und Nicht-Wirtschaftsstraftätertypen unterschieden. Eine Ungleichbehandlung liegt also vor. Die Ungleichbehandlung ist grundsätzlich verfassungswidrig, wenn diese unverhältnismäßig ist.[638] Die vorangegangene Untersuchung hat gezeigt, dass eine zuverlässige Unterscheidung zwischen den beiden Gruppen nicht möglich ist. Die zur Interessenabwägung beim Allgemeinen Persönlichkeitsrecht gemachten Ausführungen gelten hier entsprechend. Das Unternehmensinteresse an einer präventiv legitimierten Tätertypenbestimmung zur Unterbindung von Wirtschaftskriminalität hat aufgrund der geringen

---

636 Vgl. *Manssen*, 11. Aufl. (2014), Staatsrecht II, S. 249 ff.

637 *Epping*, 6. Aufl. (2015), Grundrechte, S. 349; *Pieroth/Schlink*, Grundrechte. Staatsrecht II, 2010, S. 109 f.

638 Prüfungsmaßstab hierfür ist die sog. neue Formel des *BVerfG*, vgl. dazu *BVerfGE* 55, 72, 88. Mit der neuen Formel hat das *BVerfG* seine Willkürformel für die Definition von Verstößen gegen den Gleichheitssatz verschärft, *Epping*, 6. Aufl. (2015), Grundrechte, S. 356.

Erfolgsaussichten hinter dem Interesse der Mitarbeiter an der Geheimhaltung persönlichkeitsbezogener Informationen zurückzustehen.[639] Das Überwiegen des Geheimhaltungsinteresses gilt insbesondere vor dem Hintergrund des mit einer Tätertypenbestimmung festgestellten Etikettierungseffekts sowie den damit einhergehenden stigmatisierenden und exkludierenden Reaktionen.[640] Ein solches Testen einzelner Personen mit Blick auf die potentielle Begehung von Straftaten ist ohne konkrete Anhaltspunkte, wie etwa Verdachtsmomente hinsichtlich einer bereits begangenen Wirtschaftsstraftat, sachlich nicht gerechtfertigt.[641] Bei einer Ungleichbehandlung von Personen aufgrund von Sozialdaten bestärkt auch eine im Lichte des Art. 3 Abs. 1 GG vorgenommene Auslegung die rechtliche Unzulässigkeit nach § 7 i.V.m. § 1 AGG.

2. Verfassungsrechtliche Prinzipien aus normativer Perspektive

Die präventiv legitimierte Bestimmung von Wirtschaftsstraftätertypen ist nach der vorangegangenen Untersuchung ein Phänomen, das derzeit außerhalb des Strafrechts, maßgeblich in der Privatwirtschaft auftritt. Es ist allerdings grundsätzlich in Betracht zu ziehen, dass der Versuch unternommen werden kann, diese Tätertypologien auch für das Strafrecht nutzbar zu machen. Gegen eine Implementierung von Wirtschaftsstraftätertypen in das Strafrecht, wie sie anhand von aktuellen Studien gebildet werden, bestehen grundsätzliche verfassungsrechtliche Bedenken. Diese werden aufgrund des hypothetischen Charakters aus normativer Perspektive betrachtet. Die Gefahr verfassungsrechtlicher Friktionen erklärt sich durch die fehlende Gewissheit,

> „dass ohne Prävention eintreten würde, was durch einschlägige Maßnahmen zu verhindern bezweckt wird. Darüber hinaus entspricht es dem Wesen von außerstrafrechtlicher Prävention, dass (begründete) Vermutungen oder Besorgnisse, nicht aber ein Verdacht auch nur i.S. von § 152 Abs. 2 StPO handlungsleitend sind, sodass diejenigen Personen, die von einschlägigen Maßnahmen betroffen sind, sich strafverfahrensrechtlich nicht zur Wehr setzen können. Um aber den von einschlägigen Maßnahmen ggf. ausgehenden

---

639 Es erfolgt hier unter Berücksichtigung der neuen Formel des *BVerfG* eine allgemeine Abwägung als Prüfungsmaßstab bei mittelbarer Drittwirkung der Grundrechte.

640 Vgl. zu diesen Auswirkungen einer wirtschaftskriminologischen Tätertypenbestimmung, Kapitel D. IV. 2.

641 Vgl. so auch i.E. *Richardi*, 3. Aufl. (2009), Münchener Handbuch zum Arbeitsrecht; 1. Individualarbeitsrecht, S. 1360. Bei der im Rahmen von Integritätstests erfolgenden „Stigmatisierung im Prozess der Personalrekrutierung“ auch bei langjährigen Kollegen und Mitarbeitern, wird zudem ist eine ethische Vertretbarkeit für fragwürdig gehalten, vgl. *Schuchter*, ZRFC 2010, 80 (83).

Negativwirkungen oder auch (verdeckten) Stigmatisierungen begegnen zu können, sind bei Anordnung und Durchführung konkreter Maßnahmen rechtsstaatliche Prinzipien zu berücksichtigen".[642]

Eine Rechtsnorm, welche die Tätertypenbestimmung anhand von Sozialdaten, Persönlichkeitseigenschaften oder Werteeinstellungen erfasst, ist der geltenden Rechtsordnung nicht zu entnehmen. Gegen die Zulässigkeit der gesetzlichen Regelung einer präventiv legitimierten wirtschaftskriminologischen Tätertypenbestimmung sprechen verschiedene verfassungsrechtliche Grundsätze. In erster Linie kann dies auf das aus der Verfassung resultierende Verbot eines reinen Gesinnungsstrafrechts zurückgeführt werden.[643]

> „Versteht man die Entwicklung des Grundgesetzes als eine dezidierte Antwort auf die Zeit des Nationalsozialismus, wird man sich auf das Strafrecht bezogen nicht allein mit dem in Art. 103 Abs. 2 GG verankerten formellen Verbrechensbegriff begnügen dürfen. Vielmehr läßt eine historische sowie gesamtsystematische Verfassungsinterpretation nur den Schluß zu, daß eine gesinnungsethische Konzeption des Strafrechts als verfassungswidrig anzusehen wäre. Sie widerspräche dem Menschenbild des Grundgesetzes, das sich eine personale Staats- und Rechtsauffassung zu eigen gemacht hat, in dem der Staat auf den Wert der Würde des Menschen (Art. 1 GG) gegründet wird und das im schroffen Gegensatz zu dem zum Objekt des Kollektivs degradierten Menschen des nationalsozialistischen Systems steht".[644]

Zwar existieren Paragraphen wie der § 211 StGB, der Gesinnungseigenschaften aufführt,[645] maßgeblich ist jedoch die Verknüpfung der dort genannten Kriterien mit einem bestimmten Verhalten. So begründen bloße Gedanken, die beispielsweise den niedrigen Beweggründen des § 211 StGB entsprechen, grundsätzlich noch keine Strafbarkeit. Deshalb sind Maßnahmen aus dem privatwirtschaftlichen Bereich, die einen gesinnungsstrafrechtlichen Charakter haben, kritisch zu betrachten. Bei einer Tätertypenbestimmung zu kriminalpräventiven Zwecken wird gerade an persönlichkeitsorientierte Faktoren angeknüpft, allerdings losgelöst von einem bestimmten Verhalten. Auch wenn bei der Gleichsetzung von Persönlichkeitseigenschaften bzw. Werteeinstellungen und Gesinnung als Anknüpfungspunkt für eine Strafbarkeit überlegt werden kann, ob dies gerechtfertigt ist, oder ob die präventiv legitimierte Wirtschaftsstraftätertypen-

642 Vgl. so im Allgemeinen, *Eisenberg*, 6. Aufl. (2005), Kriminologie, S. 833 f.

643 Vgl. zum Begriffsverständnis von Gesinnung im Strafrecht, *Kelker*, Zur Legitimität von Gesinnungsmerkmalen im Strafrecht: eine strafrechtlich-rechtsphilosophische Untersuchung, 2007, S. 131 ff.

644 *Hefendehl*, StV 25 (2005), 156 (160).

645 Vgl. zur aktuellen Debatte um die Abschaffung des § 211 StGB, Kapitel B. II. 1.

bestimmung über die Unterscheidung anhand der Gesinnung hinaus geht, ist diese im Ergebnis jedoch gerechtfertigt. Denn Persönlichkeitseigenschaften bzw. Werteeinstellungen bestimmen das menschliche Verhalten auch wenn, wie nach der vorangegangenen Untersuchung festgestellt, dieses von Dritten nicht aussagekräftig im Vorfeld einer Straftat vorhergesagt werden kann. Auch das Gesinnungsstrafrecht knüpft an die Motivation einer Person an, die so als Täter ausgemacht werden soll.

Neben dem Verbot eines Gesinnungsstrafrechts sind weitere verfassungsrechtliche Prinzipien zu berücksichtigen, die gegen eine gesetzliche Legitimierung einer präventiven wirtschaftskriminologischen Tätertypenbestimmung sprechen. Bei einer Tätertypenbestimmung im Vorfeld einer Straftat kommt wertungsmäßig ein Verstoß gegen das Autonomieprinzip in Betracht.[646] Dem Autonomieprinzip liegt der Gedanke zugrunde, dass jeder Mensch sich grundsätzlich „frei" entscheiden kann, ob er eine Straftat begeht oder nicht. Die Annahme, dass bestimmte Persönlichkeitseigenschaften regelmäßig zur Begehung von Wirtschaftsstraftaten führen, steht einem autonomen Menschenbild diametral entgegen.

Des Weiteren ist aus normativer Perspektive der Grundsatz von nullum crimen sine lege zu berücksichtigen.[647] Denn mit der präventiv legitimierten Tätertypenbestimmung soll auf Personen eingewirkt werden, bei denen anhand von Sozialdaten, Persönlichkeitseigenschaften oder Werteeinstellungen vermutet wird, dass sie eine Wirtschaftsstraftat begehen könnten. Dies ist eine Reaktion auf eine noch nicht begangene Straftat, da weder objektiv noch subjektiv zur Verwirklichung eines Straftatbestandes angesetzt wurde (vgl. § 22 StGB). Eine strafrechtliche Reaktion aufgrund der bloßen Existenz bestimmter Sozialdaten, Persönlichkeitseigenschaften oder Werteeinstellungen würde nicht an ein

646 Das Autonomieprinzip wird aus Art. 2 Abs. 1 GG abgeleitet, vgl. *Ruffert*, Vorrang der Verfassung und Eigenständigkeit des Privatrechts: eine verfassungsrechtliche Untersuchung zur Privatrechtswirkung des Grundgesetzes, 2001, S. 245. Zum Autonomieprinzip als abgeleitetes Recht aus der Würde des Menschen und zur Autonomie des Willens als äußere und innere Freiheit nach Kant, vgl. *Schachtschneider*, Prinzipien des Rechtsstaates, 2006, S. 28 ff.; *Schachtschneider*, Staatsunternehmen und Privatrecht, 1986, S. 99 ff.

647 *Hilgendorf*, in: *Kudlich/Montiel/Schuhr* (Hrsg.), Gesetzlichkeit und Strafrecht, 2012, S. 17 ff.; *Kudlich/Montiel/Schuhr*, in: *Kudlich/Montiel /Schuhr* (Hrsg.), Gesetzlichkeit und Strafrecht, 2012, S. 11 ff.; *Beulke*, 40. Aufl. (2010), Strafrecht, allgemeiner Teil, S. 12.

bestimmtes Verhalten anknüpfen, sondern an die Existenz, Persönlichkeit oder Gesinnung von Menschen.

Die präventiv legitimierte Vorverlagerung von Strafmaßnahmen wird in Bezug auf das allgemeine Strafrecht aktuell kontrovers diskutiert. Während *Klaus Lüderssen* die „Prävention künftigen strafbaren Verhaltens des Beschuldigten schon in die Dogmatik der Zurechnung einzubeziehen“ fordert,[648] verweist *Hans Theile* auf die damit einhergehenden Schwierigkeiten einer Grenzziehung zwischen positiver Spezialprävention und „Gesinnungsterror“[649]. Als anschauliches Bespiel dient der Science Fiction Film „Minority Report“[650], in dem durch sogenannte Präkognition Verbrechen im Vorfeld einer Tat erkannt und verhindert werden sollen.[651] Folge einer solchen effektiven Prävention wäre die möglichst frühzeitige Identifikation und Reaktion auf eine risikobegründende Situation oder im Falle der Tätertypologien auf risikobegründende Täter.

Die von *Theile* aufgezeigten Bedenken hinsichtlich eines losgelöst von der Tatschuld ausschließlich auf präventiven Erwägungen ausgerichteten Strafrechts weisen dabei Berührungspunkte mit den Argumenten auf, die gegen das von *Günther Jakobs* propagierte Feindstrafrecht[652] vorgetragen werden. Unter dem Feindstrafrecht wird eine Art Sonderstrafrecht zur Bekämpfung von Feinden verstanden, „das bestimmte Straftäter nicht mehr als Bürger, sondern als Feind betrachtet, für den verfassungsrechtliche Garantien möglicherweise nicht mehr (oder nur eingeschränkt) gelten“.[653] So ist *Roland Hefendehl* der Ansicht, dass ein Feindstrafrecht nur zur legitimieren wäre, wenn man das Strafrecht rein spezialpräventiv versteht.

---

648 *Lüderssen*, StV 31 (2011), 377 (380).

649 *Theile*, StV 34 (2014), 310 (311).

650 *Minority Report*. Regie *Steven Spielberg*. Drehbuch: *Scott Frank, Jon Cohen*. USA: Twentieth Century Fox 2002. DVD. 145 Minuten.

651 *Theile*, StV 34 (2014), 310 (312); vgl. dort insbesondere die Ausführungen zum Paradigma der Prävention im Strafrecht und Strafverfahrensrecht.

652 *Jakobs*, HRRS 7 (2006), 289; *Jakobs*, HRRS 5 (2004), 88; vgl. bereits *Jakobs*, ZStW 97 (1985), 751.

653 *Heger*, Das „Feindstrafrecht“, http://www.google.de/url?sa=t&rct=j&q=&esrc=s&source=web&cd=4&sqi=2&ved=0CDIQ FjAD&url=http%3A%2F%2Fheger.rewi.hu-berlin.de%2Fdoc%2Fap%2FHandout_F-StR.pdf&ei=dCygVNO4NsqeywPnyICoDg& usg=AFQjCNG_IQQyQ1kNnUZWuXElrbU28lVaGw&bvm=bv.82001339,d.bGQ (Stand: 28.12.014).

> „Das konkrete Verbrechen könnte lediglich insoweit Interesse beanspruchen, wie es eine bestimmte Täterpersönlichkeit offenbart. Konsequent wäre es vor diesem Hintergrund, auch vor derartigen Taten zu agieren, sie also im Vorfeld zu verhindern."[654]

Diese Problematik eines rein am Täter ausgerichteten spezialpräventiven Strafrechts ist im Bereich der präventiv legitimierten wirtschaftskriminologischen Tätertypenbildung von großer Relevanz. Denn es besteht die Möglichkeit, dass Wirtschaftsstraftätertypen als Feinde betrachtet und so aus normativer Perspektive rechtsstaatliche Prinzipien unterlaufen werden.[655] Gegen ein präventiv ausgerichtetes Feindstrafrecht werden Bedenken vorgetragen, dass einem solchen Strafrecht kein Maßprinzip zugrunde liegt, da in diesem Falle nicht die Schuld die Strafe begründet, sondern die Prävention vor künftigen Straftaten des einzelnen Täters maßgeblich ist. Das Strafmaß wird folglich nicht mehr durch die Schuld begrenzt,[656] sondern ohne Relation zur Tat am Täter ausgerichtet. Eine exakte Prognose eines künftigen Legalverhaltens ist jedoch weder in der allgemeinen Kriminalprognose[657] noch im Besonderen bei der Bestimmung von Wirtschaftsstraftätertypen möglich, wie die vorangegangene Untersuchung gezeigt hat.

Da sich allenfalls bestimmte Taten aufklären lassen und sich nicht die Person des Täters bestimmen lässt, werden auch gegen ein Täterstrafrecht von *Hefendehl* erhebliche rechtsstaatliche Bedenken vorgetragen.

> „Dies erkennt man an den Problemen, welche bereits die Feststellung psychischer Momente wie des Vorsatzes oder bestimmter Absichten bereitet. Hier behilft man sich symptomatischerweise häufig mit Rückschlüssen aus äußeren Gegebenheiten oder psychologischen Erfahrungssätzen. Während ein solches Verfahren bereits höchst angreifbar, weil pauschalierend erscheint, ist es schlicht unmöglich, noch weitergehende Schlüsse ziehen zu wollen, ob und inwieweit eine bestimmte Tat der Persönlichkeit des Täters entspricht. Zudem würden es prinzipielle Gründe verbieten, einen Menschen dafür haftbar zu machen, wie er ist, statt für das, was er getan hat".[658]

---

654 *Hefendehl*, StV 25 (2005), 156 (159).

655 Vgl. zum allgemeinen Strafrecht insbesondere *Jakobs*, HRRS 5 (2004), 88; „Denn der Feind ist nicht eine Straftat, sondern derjenige, der sie begeht", vgl. so kritisch, *Hefendehl*, StV 25 (2005), 156 (159).

656 Grundlage unseres Strafrechts ist das Schuldprinzip „als Mittel zur Begrenzung der Strafe", *Roxin*, 3. Aufl. (1997), Strafrecht; 1. Grundlagen, der Aufbau der Verbrechenslehre, S. 59 ff.

657 Vgl. hierzu ausführlich, *Stratenwerth/Kuhlen*, 5. Aufl. (2004), Strafrecht, Allgemeiner Teil; 1. Die Straftat, S. 10 f.

658 *Hefendehl*, StV 25 (2005), 156 (159).

Diese Einschätzung wird durch die Ergebnisse bestätigt, nach denen Unterscheidungskriterien zwischen Wirtschaftsstraftätern und Nicht-Wirtschaftsstraftätern im Vorfeld einer Straftat nicht aussagekräftig sind. Der rechtlichen Zulässigkeit der wirtschaftskriminologischen Tätertypenbestimmung stehen folglich sowohl datenschutzrechtliche als auch verfassungsrechtliche Bestimmungen entgegen.

3. Ergebnisse

Die vorangegangene Untersuchung hat gezeigt, dass bei der präventiv legitimierten Tätertypenbestimmung durch Persönlichkeitstests und den damit verbundenen Auswirkungen rechtliche Bedenken bestehen. Dies liegt in dem Spannungsverhältnis zwischen der Tätertypenbestimmung als Legitimation für Compliance-Maßnahmen zur Unterbindung von Wirtschaftskriminalität und dem Persönlichkeitsrecht der einzelnen Mitarbeiter begründet.[659]

Die Bestimmung von präventiv legitimierten wirtschaftskriminologischen Tätertypen anhand von Persönlichkeitstests verstößt gegen § 32 Abs. 1 S. 1 beziehungsweise § 28 Abs. 1 BDSG. Dabei kommt der Einhaltung der datenschutzrechtlichen Vorgaben aufgrund der Konkretisierung des Allgemeinen Persönlichkeitsrecht aus Art. 2 Abs. 1 i.V.m. Art. 1 Abs. 1 GG durch das BDSG ein besonderes Gewicht zu. Sofern eine Benachteiligung von Personen, die aufgrund ihrer Sozialdaten, wie Herkunft oder Geschlecht, einem Wirtschaftsstraftätertypus zugeordnet werden, liegt möglicherweise auch ein Verstoß gegen § 7 i.V.m. § 1 AGG vor.

Darüber hinaus bestehen bei einer präventiv legitimierten Tätertypenbestimmung aus normativer Perspektive Friktionen mit verfassungsrechtlichen Vorgaben. Denn das Ziel einer Täterbestimmung im Vorfeld einer Straftat beinhaltet kein Maßprinzip und ist von der Tatschuld gänzlich losgelöst.

---

659 Vgl. so vom Ansatz her, *Stamer/Kuhnke*, in: *Plath/Becker* (Hrsg.), BDSG, 2013, S. 741 (779 f.).

II. Bedenken gegen eine präventiv legitimierte Tätertypenbestimmung aus diskursiver Perspektive

Um die Auswirkungen einer wirtschaftskriminologischen Tätertypenbildung über die Unternehmensebene hinaus abzuschätzen, werden in diesem Abschnitt aus einer diskursiven Perspektive die möglichen Einflüsse auf die Kriminalpolitik und kriminologische Forschung aufgezeigt. Nach den eingangs aufgeführten Steuerungsmechanismen sozialer Kontrolle, ausgehend von der Analyse der Verbrechenskontrolle *Garlands*, anknüpfend an den Gouvernementalitätsansatz *Foucaults*, wird von staatlicher Seite im Bereich der Kriminalitätskontrolle zunehmend versucht, aus der Distanz zu regieren, indem private Instanzen zum Tätigwerden mobilisiert werden.[660] Die Verbrechenskontrolle kann dabei neben staatlichen Strafinstanzen durch Diskurse auch von nicht-staatlichen Stellen beeinflusst werden.[661]

Unter Diskursen werden „strukturierte, sich wandelnde, überindividuelle Wissensvorräte verstanden, die im Zusammenspiel mit nicht-diskursiven Praktiken in Form von Handlungen, Sichtbarkeiten und Vergegenständlichungen soziale Wirklichkeit konstituieren und so das Handeln und Denken der Subjekte leiten"[662]. Diskursen wird die Eigenschaft zugeschrieben, Realität zu erzeugen und zu strukturieren.[663] So wird durch die Zuschreibung der Bedeutung gewisser Begriffe, etwa die Definition eines „Kranken" oder „Kriminellen", der Diskurs über diese bestimmt.[664] Die Definitionsmacht geht dabei von unterschiedlichen gesellschaftlichen Institutionen aus.[665] Grenzen im Bereich der Verbrechenskontrolle können demnach nicht allein durch staatliche Strafinstanzen gesetzt, sondern auch von nicht-staatlichen Stellen beeinflusst werden.[666] Diesem Ansatz kommt deshalb besondere Bedeutung für die Analyse der kriminalpolitischen

---

660 Vgl. so die Grundannahme des Gouvernementalitätsansatzes von *Foucault*, Kapitel B. II. 3.

661 *Garland*, Kultur der Kontrolle, 2008, S. 306 f., 309, 311 f.

662 *Singelnstein*, Diskurs und Kriminalität, 2009, S. 14. Es gibt jedoch eine Vielzahl von verschiedenen Strömungen des Diskursverständnisses, vgl. z.B. *Habermas*, (1984), Vorstudien und Ergänzungen zur Theorie des kommunikativen Handelns, S. 130 f.; *Foucault*, 4. Aufl. (1990), Archäologie des Wissens, S. 70–74.

663 *Singelnstein*, Diskurs und Kriminalität, 2009, S. 26.

664 *Keller*, Wissenssoziologische Diskursanalyse, 2005, S. 190 f. Für die Definitionsmacht etwa von psychiatrischen Gutachten steht beispielhaft der Fall Mollath, http://www.sueddeutsche.de/thema/Fall_Mollath (Stand: 07.09.2014).

665 Vgl. so i.E., *Keller*, Wissenssoziologische Diskursanalyse, 2005, S. 204 ff.

666 *Garland*, Kultur der Kontrolle, 2008, S. 306 f., 309.

und kriminologischen Effekte der Tätertypenbildung auf die Wirtschaftskriminologie sowie auf die Kriminalpolitik zu.[667]

1. Kriminologische Bedenken

Der wirtschaftskriminologische Diskurs wird bereits sichtbar durch die Tätertypenbildung geprägt. In der kriminologischen Literatur finden sich mittlerweile viele von den Studien übernommene Beschreibungen über den typischen Wirtschaftsstraftäter, ohne dass dabei reflektiert eine Auseinandersetzung über die dort dargestellte Stereotypisierung erfolgt.[668] Auch werden Bilder von Wirtschaftsstraftätertypen, wenn auch bewusst überzeichnet, veröffentlicht.[669] Die Vermarktung von Compliance-Maßnahmen durch Wirtschaftsprüfungsgesellschaften, die auf den typischen Wirtschaftsstraftäter ausgerichtet sind, verstärkt die Ansicht von einem tatunabhängig bestimmbaren Wirtschaftsstraftätertypus.

Dass der wirtschaftskriminologische Diskurs bereits die Bilder vom gefährlichen Wirtschaftsstraftäter oder „Wirtschaftsstraftäter als Feind",[670] wie es *Samson* und *Langrock* formulieren, adaptiert hat, geht auch aus Artikeln wie „Erste Hilfe gegen Wirtschaftsstraftäter"[671] hervor. Im Bereich sozialer Kontrolle wird angenommen, dass besonders „harte" Strategien sich darauf reduzieren lassen, basierend auf Risikoprofilen „gefährliche Typen" auszumachen und auszuschließen.[672] Der Stigmatisierungscharakter einer etikettierenden Tätertypologisierung scheint demnach aus der Perspektive der Unternehmen der von

---

667 Eine diskurstheoretische Perspektive ist gewissermaßen mit dem Labeling Approach und der Gouvernementalitätsperspektive verwoben, da mit den Diskursen, die „Kranke" oder „Kriminelle" bestimmen, unmittelbar die Frage nach der Macht über diese Definitionen verknüpft ist. Von wem und wie die Definitionsmacht über Wirtschaftsstraftätertypen maßgeblich ausgeübt wird, ist mithilfe des Gouvernementalitätsansatzes und des Labeling Approach bereits geklärt worden. Vgl. dazu Kapitel D. II 1.

668 So finden sich Beschreibungen des Wirtschaftsstraftäters etwa bei *Schwind*, 20. Aufl. (2010), Kriminologie: Eine praxisorientierte Einführung mit Beispielen, S. 454–456; *Schneider*, in: *Bock* (Hrsg.), Kriminologie, 2008, S. 418 (423 ff.); *Amend*, Prävention von Wirtschaftskriminalität in Unternehmen, 2008, S. 18 ff.

669 *RölfsPartner/Universität Leipzig*, Der Wirtschaftsstraftäter in seinen sozialen Bezügen, 2009, S. 10 f., 14–19.

670 *Samson/Langrock*, Der Betrieb 60 (2007), 1684 (1689).

671 http://www.berliner-zeitung.de/archiv/erste-hilfe-gegen-wirtschaftsstraftaeter,10810590,10525698.html (Stand: 07.04.2014).

672 *Krasmann*, in: *Honneth* (Hrsg.), Michel Foucault – Zwischenbilanz einer Rezeption, 2004, S. 94 Vgl. *Peters*, (2002), Soziale Probleme und soziale Kontrolle, S. 189 f.

Garland aufgezeigten „Kriminologie des Anderen" zu entsprechen.[673] Dieser Ansicht von Wirtschaftsstraftätern als „gefährlichen Anderen" steht zwar die gesellschaftliche Auffassung gegenüber, die Wirtschaftsstraftäter nach wie vor als von den Instanzen der Strafjustiz privilegiert ansieht.[674] Es scheint sich jedoch bei den die Tätertypenbestimmung nutzenden Unternehmen eine „Culture of Control" zu etablieren, welche mit Feindbildern „des Wirtschaftskriminellen" genährt wird.[675]

2. Kriminalpolitische Bedenken

Wirtschaftskriminalität kann durch inkludierende oder exkludierende soziale Kontrolle und diese Kontrolle prägende Diskurse in bestimmte Bahnen gelenkt werden. Die klassische soziale Kontrolle hat die gesellschaftliche Integration zum Ziel, also die Inklusion etwaiger Abweichler.[676] Die Idee zur Inklusion als kriminalpräventive Maßnahme wurde bereits mit dem Leitsatz „Sozialpolitik ist die beste Kriminalpolitik" propagiert.[677] Wie durch die jüngste Politik im Bereich des Jugendstrafrechts[678] oder die aktuelle Terrorgesetzgebungsplanung[679] deutlich zum Ausdruck kommt, ist ein nachhaltiges sozialpolitisches Agieren allerdings nicht „en Vogue" und wird durch strafschärfende Gesetzgebung in den Hintergrund gedrängt.[680] Damit wird deutlich, dass Inklusion in der heutigen kriminalpolitischen Praxis nicht als „bestes" Präventionsinstrument

---

673 Zur „Kriminologie des Anderen" nach *Garland,* siehe Kapitel B. I.

674 So z.B. aktuell im Fall *Ecclestone*, trotz der abstrakten Höhe der Geldauflage, vgl. http://anwaltverein.de/interessenvertre tung/pressemitteilungen/pm-25-14 (Stand: 27.10.2014).

675 Vgl. zu diesem Ansatz in Bezug auf das Phänomen des „Whistleblowing", *Hefendehl*, JZ 2006, 119 (120).

676 Siehe Kapitel B. II. 3.

677 *Liszt*, Strafrechtliche Aufsätze und Vorträge (1970b), S. 230, 246, wenn auch Liszt von seinem spezialpräventiven Verständnis die „Unschädlichmachung" der Unverbesserlichen mitumfasste. Mit „Unschädlichmachung" meinte dieser die „Einschließung auf unbestimmte Zeit", *v. Liszt*, Strafrechtliche Aufsätze und Vorträge (1970a), S. 164 f., 170.

678 Vgl. zuletzt das „Gesetz zur Erweiterung der jugendgerichtlichen Handlungsmöglichkeiten", vom 04.09.2012 BGBl. I, S. 1854.

679 http://www.zeit.de/politik/deutschland/2013-08/antiterrorgesetz-bka-regierungskommission (Stand: 13.03.2014).

680 Vgl. *Prantl*, Der Terrorist als Gesetzgeber, 2008.

angesehen wird.[681] Vielmehr zeugen legislative Akte von einer Kriminalpolitik der Exklusion,[682] die der amerikanischen Politik der „three strikes and you are out“ oder der Parole „wegschließen und zwar für immer“ entspricht.[683] In diese Entwicklung der Verbrechenskontrolle fügen sich nach der vorangegangenen Untersuchung auch die möglichen Auswirkungen einer präventiv legitimierten wirtschaftskriminologischen Tätertypenbestimmung.

Neben der Bestärkung einer exklusiven kriminalpolitischen Debatte bestehen auch Bedenken gegen eine präventiv legitimierte Bestimmung von Wirtschaftsstraftätertypen aufgrund der verfassungsrechtlich festgestellten Wertung vom Verbot eines Gesinnungsstrafrechts. Das StGB ist auf Taten bezogen und vom Grundsatz her integrativ und resozialisierend ausgerichtet.[684] Ein präventiv ausgerichtetes Strafrecht wird zwar wie ausgeführt in der kriminalpolitischen Debatte behandelt,[685] es besteht jedoch kein dementsprechendes positives Recht. Es gilt der Grundsatz des cogitationis poenam nemo patitur, nachdem bloße Gedanken noch keine Strafbarkeit begründen.[686] Einer präventiv legitimierten Tätertypenbestimmung, motiviert durch die finanziellen Verluste durch Wirtschaftskriminalität, stehen folglich die dadurch möglichen gesellschaftlichen Verluste gegenüber.

Darüber hinaus läuft eine Tätertypenbestimmung im personalen Einstellungsverfahren auch der aktuellen Gleichstellungsdebatte entgegen,[687] die durch

---

681 Bei einer Umfrage in der Bevölkerung über die Bedeutung von Inklusion wird sogar erwartet, dass kaum einer dies beantworten kann, vgl. *Becker*, in SZ vom 10.04.2013, http://www.sueddeutsche.de/bildung/unterricht-von-behinderten-mit-nichtbehinderten-trick-mit-der-moral-1.1645109 (Stand: 12.04.2013).

682 *Dünkel*, Kriminalität, Kriminalpolitik, strafrechtliche Sanktionspraxis und Gefangenenraten im europäischen Vergleich, 2010, S. 878.

683 *Zimring/Hawkins/Kamin*, Punishment and Democracy: Three Strikes and You're Out in California, 2003. http://www.zeit.de/online/2007/18/sicherungsverwahrung (Stand: 12.03.2014).

684 Zum Resozialisierungsgedanken als leitendem Ziel rechtsstaatlichen Strafens, vgl. *BVerfGE* 35, 202, 235 und *BVerfGE* 98, 169, 200 f., sowie § 2 StVollZG.

685 Vgl. dazu Kapitel E. I. 2.

686 Ulpian, Digesten 48. 19. 18.

687 „Chancengleichheit kann durch neue Rekrutierungsstrategien wie die anonymisierte Bewerbung vorangebracht werden. Arbeitgeber und Arbeitgeberinnen, die dieses Verfahren nicht einführen wollen, sollten zumindest den Verzicht auf Bewerbungsfotos erwägen“, vgl. BT-Drs. 17/14400 vom 13.08.2013, http://passthrough.fw-notify.net/static/422296/downloader.html (Stand: 30.12.2014); Gesetz zur Verwirklichung der Chancengleichheit von Frauen und Männern im öffentlichen Dienst des Landes Baden-Württemberg (Chancengleichheitsgesetz – ChancenG), GBl. 2005, 650;

eine anonymisierte Bewerbung darauf abzielt, die Chancengleichheit von Bewerbern zu gewährleisten. Aufgrund der Bestärkung einer exkludierenden, gesinnungsstrafrechtlichen und den Gleichstellungsbestrebungen zuwiderlaufenden Debatte bestehen deshalb erhebliche kriminalpolitische Bedenken gegen eine präventiv legitimierte Bestimmung von Wirtschaftsstraftätertypen.

Von besonderer Brisanz ist die Feststellung, dass die Vorbehalte, die gegen ein rein spezialpräventiv ausgerichtetes Strafrecht vorgetragen werden, auch im Rahmen des Diskurses über Wirtschaftsstraftätertypologien von Bedeutung sind. Denn dieser konzentriert sich auf die Person des Wirtschaftsstraftäters als Ursache für die Begehung einer Straftat. Wenn man dieser Tätertypenbestimmung folgt, ist als logische Konsequenz künftig von einer zunehmend spezialpräventiven und täterorientierten Ausrichtung des Wirtschaftsstrafrechts auszugehen. Mit der wirtschaftskriminologischen Tätertypenbildung wird folglich wegen der fehlenden zuverlässigen Individualisierung im Vorfeld einer Straftat nicht nur der ökonomische Zweck[688] als solches nicht erreicht, es wird auch eine kriminalpolitisch bedenkliche Debatte befeuert.[689]

3. Ergebnisse

Die aus diskursiver Perspektive durchgeführte Analyse der präventiv legitimierten Tätertypenbestimmung hat anhand von Beispielen in Zeitungen und Lehrbüchern gezeigt, dass der „typische Wirtschaftsstraftäter" zunehmend in der gesellschaftlichen Wahrnehmung verankert und zum feststehenden Begriff wird. Es wurde festgestellt, dass die wirtschaftskriminologische Tätertypisierung eine kriminologische Debatte begünstigt, die zur Stereotypisierung bestimmter Verbrechertypen führt. Die Stereotypisierung von Wirtschaftsstraftätern wird vielfach unreflektiert übernommen und verstärkt dadurch die mit der wirtschaftskriminologischen Tätertypenbildung einhergehenden Labeling-Effekte.[690] Diese Stereotypisierung des Wirtschaftsstraftäters liegt dabei ganz im

http://www.tagesspiegel.de/ber lin/anonyme-bewerbung-personalchefs-sehen-besser-mit-verbundenen-augen/9758284.html (Stand: 30.12.2014).

688 Denn die Analyse der möglichen Auswirkungen einer wirtschaftskriminologischen Tätertypisierung ergab, dass durch ein hierauf gründendes Personalauswahlverfahren der Verlust von guten Mitarbeitern droht und damit auch finanzielle Einbußen einhergehen können, vgl. Kapitel D. IV. 2.

689 Möglich erscheinen jedoch von der Tätertypenbestimmung losgelöste, kriminalpräventive Effekte aufgrund von einzelnen Compliance-Maßnahmen.

690 So übernimmt etwa *Schwind* einfach das bei *Schneider* beschriebene Bild des typischen Wirtschaftsstraftäters mit den fehlenden unsanierten Zähnen und der

Trend einer Kultur der Verbrechenskontrolle, die *Garland* in seiner Untersuchung „The Culture of Control" festgestellt hat.[691]

Darüber hinaus kann die kriminalpolitische Debatte über die Bestimmung von Wirtschaftsstraftätertypen im Vorfeld einer Straftat eine verstärkte exklusive Vorgehensweise gegenüber potentiellen Straftätern begünstigen. Des Weiteren bestehen kriminalpolitische Bedenken, da die Propagierung der präventiv legitimierten Wirtschaftsstraftätertypenbestimmung eine spezialpräventiv ausgerichtete Strafrechtsdebatte befeuern kann. Dem stehen aus normativer Perspektive die in der rechtlichen Analyse aufgezeigten verfassungsrechtlichen Prinzipien entgegen. Insbesondere lenkt die präventiv legitimierte Wirtschaftsstraftätertypenbestimmung die Debatte in diesem Bereich in eine gesinnungsstrafrechtliche Richtung, die dem aus guten Gründen heute geltenden Tatstrafrecht zuwiderläuft.

III. Zusammenfassung

Die rechtliche Überprüfung einer präventiv legitimierten wirtschaftskriminologischen Tätertypenbestimmung hat ergeben, dass die Durchführung von Persönlichkeitstests zur Eruierung von Wirtschaftsstraftätertypen geltenden Datenschutzbestimmungen zuwiderläuft. Festgestellt wurde dabei eine Unzulässigkeit des Vorgehens nach § 32 Abs. 1 S. 1 beziehungsweise § 28 Abs. 1 BDSG als besondere Ausprägung des Allgemeinen Persönlichkeitsrechts in Art. 2 Abs. 1 i.V.m. Art. 1 Abs. 1 GG. Bei einer Benachteiligung von Bewerbern oder Mitarbeitern eines Unternehmens aufgrund von Sozialdaten, wie deren Herkunft oder Geschlecht, wurde zudem eine Unzulässigkeit gemäß § 7 i.V.m. § 1 AGG festgestellt. Darüber hinaus hat die rechtliche Untersuchung ergeben, dass die präventiv legitimierte Tätertypenbestimmung aus normativer Perspektive auch grundlegenden Prinzipen der Verfassung zuwiderläuft. Bei der Annahme der rechtlich zulässigen Bestimmung von Täterpersönlichkeiten müsste etwa das aus der Verfassung abgeleitete Autonomieprinzip für Wirtschaftsstraftätertypologien

---

generellen äußerlichen Unauffälligkeit, ohne die Aussagekraft einer solchen Tätertypisierung in Frage zu stellen, vgl. *Schwind*, 20. Aufl. (2010), Kriminologie: Eine praxisorientierte Einführung mit Beispielen, S. 454 ff.

691 Vgl. *Garland*, Kultur der Kontrolle, 2008, S. 54: „Das gängige wohlfahrtsstaatliche Bild vom Delinquenten als benachteiligtem, bedürftigem, aus der Not heraus handelnden Menschen ist fast völlig verschwunden. Stattdessen wird die neue Gesetzgebung begleitet von den stereotypen Darstellungen disziplinloser Jugendlicher, gefährlicher Räuber und unverbesserlicher Berufsverbrecher."

verneint und für Wirtschaftsstraftäter ein deterministisches Menschenbild zugrunde gelegt werden. Denn die Konsequenz bei der Bestimmung des typischen Wirtschaftsstraftäters zu präventiven Zwecken ist, dass die Angaben im Vorfeld einer Straftat genutzt werden, um diese zu verhindern.[692] Der präventiv legitimierten Wirtschaftsstraftätertypenbestimmung stehen jedoch nach den Ergebnissen der vorangegangenen Untersuchung methodologische und methodische Schwierigkeiten sowie allgemeine Argumente gegen die Erfolgsaussichten eines solchen Vorgehens entgegen. Darüber hinaus ist nach der rechtlichen Würdigung ein personenindividualisierter Präventionsansatz rechtlich unzulässig.

Nach der Analyse der Tätertypenforschung und deren möglichen Auswirkungen bestehen zudem aus diskursiver Perspektive Bedenken hinsichtlich einer Prägung der kriminalpolitischen Praxis. Die Betrachtung aus diskursiver Perspektive ist deshalb relevant, da populäre Forschungsergebnisse durch ihre gesellschaftliche Kommunikation Einfluss auf die Rechtssetzungs- und Rechtsprechungsprozesse entfalten können.[693] So wird etwa anstelle einer integrativen Kriminalpolitik, eine exklusive soziale Kontrolle gefördert. Der Diskurs über die Bestimmung von Wirtschaftsstraftätertypen kann darüber hinaus mit seinem Labeling-Effekt die Stigmatisierung von einzelnen Personen begünstigen. Dies wird dadurch bestärkt, dass vorgegeben wird, eine Person sei im Vorfeld einer strafrechtlich relevanten Handlung als Straftäter bestimmbar. Die vielfach in der Wirtschaftspraxis propagierten Charakterisierungen von typischen Wirtschaftsstraftätern werden zunehmend in der kriminologischen Literatur rezipiert und erscheinen in der wirtschaftsunternehmerischen Praxis zunehmend populär. Das Risiko von fälschlicherweise als Wirtschaftsstraftätertypen etikettierten Personen wird damit billigend in Kauf genommen.

692 *Hefendehl*, StV 25 (2005), 156 (159).

693 Vgl. hierzu ausführlich *Singelnstein*, Diskurs und Kriminalität, 2009.

F. Schlussbetrachtung

Ziel der Untersuchung war es, den tatsächlichen Nutzen einer wirtschaftskriminologischen Tätertypenbestimmung als Instrument sozialer Kontrolle zu analysieren sowie die damit verbundenen Risiken aufzuzeigen. Die zentrale Fragestellung der Untersuchung hierzu lautete: Wie fungieren Wirtschaftsstraftätertypologien als Instrument sozialer Kontrolle und welche Auswirkungen sind hiermit verbunden? Der Untersuchung wurde dabei ein konstruktivistisches Verständnis von Kriminalität zugrunde gelegt.

Die Untersuchung hat gezeigt, dass neben der einleitend nach *Schneider* zitierten sozialen Unauffälligkeit keine Unterscheidungsmerkmale bekannt sind, nach denen Wirtschaftsstraftäter zuverlässig von Nicht-Wirtschaftsstraftätern unterschieden werden können. Für die Untersuchung des Phänomens der wirtschaftskriminologischen Tätertypenbestimmung wurden auf diesem Feld erstellte Studien analysiert. Dazu wurden deutsch- und englischsprachige Publikationen nach vorab festgelegten Kriterien ausgewählt, die in Datenbanken unter den Suchbegriffen „Wirtschaftskriminalität", „Wirtschaftskriminologie", „Wirtschaftsstraftäter", „white-collar crime", „white-collar criminal", „Tätertypus" sowie „Tätertypologie" gefunden wurden.

Mit dem durch *Sutherland* geprägten Begriff des „white-collar crime" ist der Typus des „white-collar criminal" in die kriminalpolitische Debatte eingezogen. Da der white-collar criminal heute verbreitet im Zusammenhang mit der Bezeichnung von Wirtschaftsstraftätern verwendet wird, wurde zunächst untersucht, ob dieser als eigener Tätertypus einzuordnen ist. Die Untersuchung ergab, dass der white-collar criminal von *Sutherland* nicht als Wirtschaftsstraftätertypus zu verstehen ist, sondern vielmehr als sozialisationstheoretischer Ansatz konzipiert ist, um einen Beleg für die Theorie der differenziellen Assoziation zu liefern.

Daran anschließend wurden drei konzeptionelle und acht empirische Studien zur Bestimmung von Wirtschaftsstraftätertypen nach festgelegten Prüfkriterien ausgewählt und mithilfe der zusammenfassenden Inhaltsanalyse dargestellt. Die Untersuchung hat gezeigt, dass die Studien typische Wirtschaftsstraftäter maßgeblich anhand von Sozialdaten, Persönlichkeitseigenschaften oder Werteeinstellungen bestimmen. Ein Vergleich der empirischen Studien zu Wirtschaftsstraftätertypen ergab, dass diese anwendungsbezogen und auf die privatwirtschaftliche Prävention von Wirtschaftskriminalität ausgerichtet sind, mit Ausnahme einer theoriebasierten Studie.

Die differenzierte Betrachtung, welche Art von Wirtschaftskriminalität unterbunden werden soll, hatte je nach Tätertypologie Unternehmenskriminalität oder Betriebskriminalität zum Gegenstand. Bereits bei der Zuordnung des konkreten Kriminalitätsphänomens zeigten sich Ambivalenzen bei den Wirtschaftsstraftätertypologien. Bei dem Erstreben persönlicher Vorteile lassen sich diese sowohl der Betriebs- als auch der Unternehmenskriminalität zuordnen. Denn auch über ein kriminelles Handeln im Interesse des Unternehmens können letztendlich persönliche Vorteile erzielt werden.

Die täterspezifischen kriminalpräventiven Ansätze richten sich hauptsächlich auf Personen und weniger auf die strukturelle Ursachenanalyse von Wirtschaftskriminalität, welche die Unternehmen stärker als Verantwortliche in den Fokus rücken würde. Neben der sozialen Kontrolle von Wirtschaftskriminalität sind als Motive für eine Tätertypenbestimmung überwiegend kommerzielle Gründe festgestellt worden – und zwar sowohl bei den Wirtschaftsprüfungsgesellschaften als auch bei den die Tätertypen nutzenden Unternehmen.

Nach der Darstellung des aktuellen Forschungsstandes zur wirtschaftskriminologischen Tätertypenforschung und den damit verfolgten Zielen ergab die Untersuchung zu den möglichen Wirkungsmechanismen von Tätertypologien als Kriminalpräventionsinstrument, dass diese als Baustein von Compliance-Programmen eingesetzt werden. Grundannahme ist dabei vorwiegend gewesen, dass eine Tätertypenbestimmung nur anhand von Persönlichkeitstests erfolgen kann und erst durch die Individualisierung eines Wirtschaftsstraftätertypus auf diesen kriminalpräventiv eingewirkt werden kann. Die angestrebten kriminalpräventiven Mechanismen mit der Tätertypenbestimmung im Rahmen von Compliance-Programmen wurden als regulierte Selbstregulierung eingeordnet, da Unternehmen aufgrund der zunehmend staatlich angeleiteten Notwendigkeit zur Einführung von Compliance-Maßnahmen angehalten werden, sich selbst zu kontrollieren. Dieses Prinzip der Anleitung zur unternehmensinternen Kriminalitätsregulierung entspricht dem *Foucaultschen* Gouvernementalitätsansatz der „Führung der Führungen".

Die Analyse des methodologischen und methodischen Vorgehens der Studien zur Bestimmung typischer Wirtschaftsstraftäter hat eine Vielzahl von Schwierigkeiten aufgedeckt. Den konzeptionellen und empirischen Studien liegt ein ökonomisches Menschenbild zugrunde, bei dem das Handeln durch eine Kosten-Nutzen-Abwägung geleitet ist. Gleichzeitig gehen die Studien von der Bestimmbarkeit künftigen Handelns anhand von Sozialdaten, Persönlichkeitseigenschaften oder Werteeinstellungen aus. Während die Studien auf der einen Seite suggerieren, Entscheidungen seien durch bestimmte, personenspezifische

Dispositionen determiniert, gehen sie auf der anderen Seite von einem Entscheidungsmodell aus, das losgelöst von personenspezifischen Eigenschaften zu situationsabhängigen Ergebnissen führt. Die Bestimmung von Täterpersönlichkeiten steht folglich dem Gedanken einer individuellen Kosten-Nutzen-Analyse eines Täters entgegen.

Das Ergebnis der Analyse war, dass neben den konzeptionellen Widersprüchlichkeiten keine der empirischen Studien hinsichtlich der präventiv legitimierten Tätertypenbestimmung valide Ergebnisse vorweisen konnte. Die Analyse des methodologischen Vorgehens der einzelnen empirischen Studien hat ergeben, dass diese überwiegend realtypisch, anhand von unterschiedlichen qualitativen Messverfahren bestimmt werden. Aufgrund der bei allen Studien fehlenden Repräsentativität, der oft fehlenden Replizierbarkeit und Kreuzvalidierung sowie der fehlenden Kontrolle von situativen Variablen oder des sozial erwünschten Antwortverhaltens wurde die Aussagekraft der Ergebnisse zu wirtschaftskriminologischen Tätertypen verneint. Signifikante Unterscheidungsmerkmale zwischen Wirtschaftsstraftätern und sonstigen Vergleichspersonen konnten nicht nachgewiesen werden. Daten zur Überprüfung der angestrebten Kriminalprävention durch die Bestimmung wirtschaftskriminologischer Tätertypologien werden nicht erwähnt.

Um über die einzelnen untersuchten Studien hinaus Aussagen über die Eignung zur Bestimmung eines typischen Wirtschaftsstraftäters zu kriminalpräventiven Zwecken zu treffen, wurde zudem eine umfassende Abwägung der von den Studien ausgewählten Kriterien – Sozialdaten, Persönlichkeitseigenschaften und Werteeinstellungen – zur Bestimmung eines Wirtschaftsstraftäters vorgenommen. Hierzu wurde argumentativ auf aktuelle Ergebnisse der Persönlichkeitsforschung und ergänzend auf konstruktivistische Handlungs- und Kriminalitätstheorien Bezug genommen.

Gegen die Individualisierung von Wirtschaftsstraftätertypen anhand von Sozialdaten sprach die fehlende Unterscheidungsmöglichkeit von anderen Vergleichspersonen, denn diese grenzen lediglich eine ganze Berufsgruppe in bestimmten Unternehmenspositionen ein. Die Persönlichkeitseigenschaften haben sich, trotz ihrer grundsätzlichen Eignung, als Distinktionskriterium ebenfalls als untauglich zur Unterscheidung zwischen Wirtschaftsstraftätertypen und in vergleichbaren beruflichen Positionen arbeitenden Personen gezeigt. Bei Persönlichkeitseigenschaften ist zu berücksichtigen, dass diese keine konstanten Eigenschaften darstellen und vor der Tat, während der Tatausführung und nach der Tat divergieren können, insbesondere, wenn zwischen den maßgeblichen Situationen längere Zeitspannen liegen. Bestimmte Persönlichkeitseigenschaften sagen nichts darüber aus, ob diese bei Wirtschaftsstraftätern und vergleichbaren Personengruppen konvergieren. Insbesondere in Unternehmen werden Personen mit finanzieller Verantwortung grundsätzlich Eigenschaften wie Narzissmus oder Hedonismus aufweisen, um erfolgreich agieren zu können. Deshalb wird auch verbreitet die Aussage von *Bussmann* zitiert, wonach der typische Wirtschaftsstraftäter „der normale erfolgreiche Manager" sei.[694] Etwas anders gelagert waren die Untersuchungsergebnisse zur Werteeinstellung typischer Wirtschaftsstraftäter. Für die Relevanz von Werteeinstellungen als Charakteristikum von Wirtschaftsstraftätertypen spricht die grundsätzliche Bedeutung von Werten bei der Einhaltung von Normen. Dies folgt aus theoretischen Aussagen wie der allgemeinen Handlungstheorie von *Parsons*, der Kontrolltheorie von *Hirschi* und gelegenheitstheoretischen Ansätzen wie dem Fraud-Triangle von *Cressey*, die alle die Werteeinstellung als handlungsleitend bei der Befolgung von Normen anführen. Aber auch die in Unternehmen durchgeführte aktuelle Werteforschung weist auf die Bedeutung von Werten im Zusammenhang mit Kriminalität hin. Allerdings kann aus der generellen positiven Wirkung von Werten noch keine Aussage über die Bedeutung bei der Bestimmung von Wirtschaftsstraftätertypen ausgesagt werden. Für die Individualisierung von potentiellen Wirtschaftsstraftätern ist vielmehr zu konstatieren, dass Werte und Persönlichkeitseigenschaften keine konstanten Merkmale sind und je nach Umfeld stark variieren können. Insbesondere ist durch die grundsätzlich profitorientierte Ausrichtung von kommerziell agierenden Unternehmen auch hier davon auszugehen, dass die *kantianischen* Gesinnungswerte den kapitalistischen Werteeinstellungen unterliegen und bei in der Wirtschaft agierenden Personen meist ähnlich ausgeprägt sind.[695] Da eine Kausalität zwischen Merkmalen einer Person und wirtschaftskriminellem Verhalten von keiner der untersuchten Studien festgestellt werden konnte und darüber hinaus die Argumente zur Persönlichkeits- und Werteforschung keine signifikante Unterscheidung von Wirtschaftsstraftätertypen ermöglichen, spricht vieles dafür, die Ursachen für Wirtschaftskriminalität nicht in den Personen, sondern den Strukturen eines Unternehmens zu suchen.

Da nach den Ergebnissen der vorliegenden Untersuchung die Bestimmung von Tätertypen kein probates Instrument zur Prävention von Wirtschaftskriminalität darstellt, sind über die Intentionalität der Studien hinausgehende nichtintendierte Effekte und Auswirkungen der Tätertypologisierung analysiert worden.

---

694 *Bussmann*, zfwu 5 (2004), 35 (40); *Bussmann*, Personalwirtschaft 2004, 20 (20); bestätigend z.B. *Hefendehl*, JZ 2006, 119 (124).

695 Vgl. zu dieser Unternehmenskultur, *Schünemann*, in: *Hefendehl* (Hrsg.), Empirische und dogmatische Fundamente, kriminalpolitischer Impetus, 2005, S. 349 (361).

Anhand des Labeling Approach, nach dem die Definition einer Handlung maßgeblich dafür ist, ob diese als kriminell anzusehen ist, wurden Wirtschaftsstraftätertypologien als ein definitorisches Konstrukt eingeordnet. Davon ausgehend kam die Untersuchung zu dem weiteren Ergebnis, dass mit der Bildung von wirtschaftskriminologischen Tätertypen die Gefahr eines Etikettierungseffekts verbunden ist. Das Etikettieren von Personen als Tätertypus kann umfangreichen Auswirkungen für Unternehmensmitarbeiter, aber auch für Unternehmen selbst haben. Die Mitarbeiter müssen bei einer Etikettierung als Wirtschaftsstraftätertypus berufliche Konsequenzen bis hin zur Exklusion aus ihrem Beruf fürchten. Denn bereits mit der Einordung von Personen in Wirtschaftsstraftätertypen und Nicht-Wirtschaftsstraftätertypen kann eine Stigmatisierung und negative Diskriminierung einhergehen. Die Unternehmen mögen dies in Kauf nehmen, um möglichst umfassende Compliance-Maßnahmen für die Enthaftung der Unternehmensverantwortlichen sowie für die unternehmerische Reputation zu erzielen. Im Gegensatz zu einer unternehmenskriminellen Straftat kann die Verantwortung für den verursachten Schaden einer konkreten Person zugesprochen werden. Dies ermöglicht eine Ablenkung von den Unternehmensstrukturen als Ursache für Wirtschaftskriminalität. Unternehmen gehen allerdings aufgrund der festgestellten fehlenden Zuverlässigkeit einer Tätertypenbestimmung das Risiko ein, mit einer unzutreffenden Etikettierung von Mitarbeitern wertvolle Arbeitskräfte zu verlieren und so sich selbst zu schädigen.

Die kritische Auseinandersetzung mit den Ergebnissen der Studien hat die rechtlichen Problempunkte einer präventiv legitimierten Tätertypenbestimmung und die Konsequenzen für die kriminologische Forschungen sowie die Kriminalpolitik aufgezeigt. Die Untersuchung des Einsatzes von Wirtschaftsstraftätertypologien als Instrument sozialer Kontrolle hat gezeigt, dass der präventiv legitimierten Tätertypenbestimmung sowohl einfachgesetzliche als auch verfassungsrechtliche Bedenken entgegenstehen. Dies folgt bei der Tätertypenbestimmung anhand von Persönlichkeitsmerkmalen und Werteeinstellungen aus einem Verstoß gegen § 32 Abs. 1 S. 1 beziehungsweise § 28 Abs. 1 BDSG, als Konkretisierung des Allgemeinen Persönlichkeitsrechts. Bei einer Tätertypenbestimmung anhand von Sozialdaten, ist von einem Verstoß gegen § 7 i.V.m. § 1 AGG auszugehen. Eine präventiv legitimierte wirtschaftskriminologische Tätertypenbestimmung kann nach der objektiven Werteordnung des Grundgesetzes und den geltenden Grundsätzen im Strafrecht auch nicht gesetzlich geregelt werden. Aufgrund der kriminalpräventiven Zielrichtung bestehen zudem Bedenken, wie sie teilweise im Zuge der aktuellen Debatte um die spezialpräventive Ausrichtung des Strafrechts vorgetragen werden. So wird durch die Personalselektion aufgrund bloßer Persönlichkeitseigenschaften letztendlich auf die Gesinnung einer Person und nicht auf deren Tathandlung und Schuld reagiert. Durch personenimmanente Faktoren wird also versucht, fiktive wirtschaftsstrafrechtliche Handlungen für die Zukunft zu bestimmen. Das diesem Vorgehen zugrunde liegende Menschenbild ist ein deterministisches, nach dem menschliches Handeln bereits im Vorfeld der Handlung feststeht. Menschen können sich demnach nicht in jeder Situation frei verantwortlich zu einem Tun oder Unterlassen entschließen. Der Bildung von präventiv legitimierten Tätertypologien liegt damit die Prämisse zugrunde, dass bestimmte Menschen kriminell werden, während andere nicht der Gefahr ausgesetzt sind, gegen geltende Wirtschaftsstrafnormen zu verstoßen. Damit wird also den Studien die Annahme zugrunde gelegt, dass bei bestimmten Menschen kriminelles Verhalten veranlagt ist. Das Konzept der wirtschaftskriminologischen Tätertypenbildung steht unserem heutigen tatorientierten Strafrecht und dem in der Verfassung verankerten Autonomieprinzip diametral entgegen.

Einer präventiv legitimierten wirtschaftskriminologischen Tätertypenbestimmung stehen aus diskursiver Perspektive auch kriminologische und kriminalpolitische Bedenken gegenüber. Mit der Unterscheidung zwischen Wirtschaftsstraftätern und Nicht-Wirtschaftsstraftätern sowie den daraus abgeleiteten Reaktionen, wie der Nichteinstellung von Bewerbern im Unternehmen, wird eine Politik der Exklusion anstelle einer Inklusion begünstigt. Dies steht unserem integrativ und resozialisierend ausgerichteten Strafrecht ebenso wie den Grundprinzipien des heutigen Strafrechts entgegen, das sich, trotz der aktuellen Debatte um eine spezialpräventive Ausrichtung, nicht an der Gesinnung des Täters, sondern an der konkreten Tat orientiert. Das Bestreben einer Tätertypenbestimmung im Vorfeld einer Straftat läuft auch den sozialpolitischen Bestrebungen um eine vermehrte Gleichstellung bei Bewerbungen und im Beruf zuwider.

Im kriminologischen Diskurs bewirkt die Tätertypenbestimmung eine Stereotypisierung von wirtschaftskriminellen Personen, die nicht nur in den kriminologischen Lehrbüchern, sondern auch in den aktuellen Printmedien unkritisch übernommen und damit verfestigt wird. Das Bestreben, den typischen Wirtschaftsstraftäter zu bestimmen, bestärkt eine von *Garland* beschriebene „Culture of Control" der Verbrechenskontrolle, die es sich zum Ziel setzt, sich vor den sogenannten „gefährlichen Anderen" zu schützen. Die Untersuchung hat jedoch gezeigt, dass der angestrebte Schutz vor potentiellen Wirtschaftsstraftätern und die dadurch erhoffte Vermeidung von Schäden durch Wirtschaftskriminalität durch eine Tätertypenbestimmung nicht zuverlässig erreicht werden kann. Vielmehr überwiegen die Risiken und möglichen Schäden, die Unternehmen infolge einer Selektion von Wirtschaftsstraftätertypen erleiden können.

Die grundlegende Bedeutung der vorliegenden Untersuchung besteht daher darin, dass sie den tatsächlichen Nutzen sowie die Risiken einer wirtschaftskriminologischen Tätertypologisierung umfassend aufdeckt und kritisch beleuchtet. Die Untersuchung hat dabei eine Vielzahl von Widersprüchen bei Studien zu wirtschaftskriminologischen Tätertypenbestimmungen aufgedeckt. Die Stereotypisierung, nach der Wirtschaftsstraftäter durch bestimmte Persönlichkeitseigenschaften identifiziert werden können sollen, hat zur Folge, dass eine Vielzahl von Personen mit diesen Eigenschaften in das Raster des Kriminellen passt, ohne dass es tatsächliche Anhaltspunkte für eine Tat gibt. Nach den vorliegenden Ergebnissen ist eine Bestimmung von Wirtschaftsstraftätertypen im Vorfeld einer Straftat anhand von personenbezogenen Merkmalen willkürlich und ohne messbare kriminalpräventive Erfolgsaussichten. Die Unternehmens- und kriminalpolitischen Risiken einer präventiv legitimierten Tätertypenbestimmung überwiegen.

Die Aussagekraft der vorliegende Untersuchung betreffend ist anzumerken, dass diese die wirtschaftskriminologische Tätertypenforschung nur theoretisch analysiert. Zur Untermauerung der gewonnenen Ergebnisse sind daher empirische Erhebungen erforderlich. Eine Gesamtbetrachtung der Ergebnisse lässt allerdings bereits den Rückschluss zu, dass für die Prävention von Wirtschaftskriminalität nicht die Person des potentiellen Wirtschaftsstraftäters, sondern die Unternehmen und ihre Strukturen zu optimieren sind. Aufgrund der aufgezeigten erheblichen Risiken einer Bestimmung von Wirtschaftsstraftätertypen als Instrument sozialer Kontrolle können bereits jetzt Konsequenzen aus der Untersuchung gezogen werden. Unternehmen ist zu empfehlen, von der Inanspruchnahme von Persönlichkeitstests zur Bestimmung von präventiv legitimierten Wirtschaftsstraftätertypen Abstand zu nehmen, denn die möglichen Nachteile eines solchen Vorgehens überwiegen nach der vorliegenden Untersuchung die Vorteile. Vielmehr sollten die unternehmensinternen Strukturen als Keimzelle für mögliche Wirtschaftsstraftaten durchleuchtet und kritisch hinterfragt werden. Dabei ist nach den Untersuchungsergebnissen zur Bedeutung von Werten für die Einhaltung von Normen eine allgemeine, sich an alle Unternehmensmitarbeiter in gleicher Weise richtende Wertekommunikation vielversprechend.

Literaturverzeichnis

Abels, Heinz, Einführung in die Soziologie, Band 2: Die Individuen in ihrer Gesellschaft, 4. Aufl., Wiesbaden 2009

Achenbach, Hans, Wirtschaftskriminalität und Wirtschaftsstrafrecht – Gedanken zu einer terminologischen Bereinigung, in: *Feltes, Thomas/Schwind, Hans-Dieter* (Hrsg.), Kriminalpolitik und ihre wissenschaftlichen Grundlagen, Festschrift für Professor Dr. Hans-Dieter Schwind zum 70. Geburtstag, Heidelberg 2006, S. 177–190

Achenbach, Hans/Mosbacher, Andreas/Ransiek, Andreas, Handbuch Wirtschaftsstrafrecht, 3. Aufl., Heidelberg [u.a.] 2012

Albers, Willi (Hrsg.), Handwörterbuch der Wirtschaftswissenschaft, Bd. 9, Stuttgart [u.a.] 1982

Albrecht, Hans-Jörg, Perspektiven kriminologischer Forschung, Der Wandel im Konzept der Sicherheit und neue Aufgabenfelder der Kriminologie, in: *Liebl, Karlhans* (Hrsg.), Kriminologie im 21. Jahrhundert, Wiesbaden 2007, S. 177–201

Albrecht, Peter-Alexis, Kriminologie, eine Grundlegung zum Strafrecht; ein Studienbuch, 3. Aufl., München 2005

Alwart, Heiner, Unternehmensethik durch Sanktion?, Möglichkeiten und Grenzen des deutschen Straf- und Ordnungswidrigkeitenrechts, in: *Alwart, Heiner* (Hrsg.), Verantwortung und Steuerung von Unternehmen in der Marktwirtschaft, Bd. 3, München; Mering 1998, S. 75–89

Alwart, Heiner (Hrsg.), Verantwortung und Steuerung von Unternehmen in der Marktwirtschaft, Bd. 3, München; Mering 1998

Amelang, Manfred, Differentielle Psychologie und Persönlichkeitsforschung, 6. Aufl., Stuttgart 2006

Amend, André, Prävention von Wirtschaftskriminalität in Unternehmen, Hamburg 2008

Asendorpf, Jens, Psychologie der Persönlichkeit, 4. Aufl., Heidelberg 2007

Bannenberg, Britta, Korruption in Deutschland und ihre strafrechtliche Kontrolle, Eine kriminologisch-strafrechtliche Analyse, Neuwied; Kriftel 2002

Bannenberg, Britta/Jehle Jörg-Martin (Hrsg.), Wirtschaftskriminalität, Mönchengladbach 2010

Bauer, Jobst-Hubertus/Göpfert, Burkard/Krieger, Steffen, Allgemeines Gleichbehandlungsgesetz, Kommentar, 2. Aufl., München 2008

Beccaria, Cesare, Über Verbrechen und Strafen, Frankfurt am Main 1988

Beccaria, Cesare/Firpo, Luigi/Francioni, Gianni, Dei delitti e delle pene, Milano 1984

Becker, Gary Stanley, Der ökonomische Ansatz zur Erklärung menschlichen Verhaltens, 2. Aufl., Tübingen 1993

Becker, Howard Saul, Außenseiter, Zur Soziologie abweichenden Verhaltens, Frankfurt am Main 1973

Becker, Wolfgang/Holzmann, Robert, Verhaltensannahmen betriebswirtschaftlicher Theorien und Wirtschaftskriminalität, Theoriebasierte Typisierung wirtschaftskriminellen Verhaltens, zfwu 12 (2011), 354–376

Bernsdorf, Wilhelm (Hrsg.), Wörterbuch der Soziologie, 2. Aufl., Stuttgart 1969

Berthel, Ralph, Bedeutung und Erscheinungsformen der Wirtschaftskriminalität, Typisch für moderne Industriestrukturen oder Erscheinungsbild einer Umbruchsituation?, Gegenstrategien aus der Sicht eines Landeskriminalamtes, in: *Gropp, Walter* (Hrsg.), Wirtschaftskriminalität und Wirtschaftsstrafrecht in einem Europa auf dem Weg zu Demokratie und Privatisierung, Beiträge zur Leipziger Sommerakademie vom 15.-22. September 1996, Leipzig 1998, S. 51–202

Beulke, Werner, Strafrecht, allgemeiner Teil, Die Straftat und ihr Aufbau, 40. Aufl., Heidelberg [u.a.] 2010

Blickle, Gerhard/Schlegel, Alexander/Fassbender, Pantaleon/Klein, Uwe, Some Personality Correlates of Business White-Collar Crime, Applied Psychology: An International Review 55 (2006), 220–233

Bock, Dennis, Stand der strafrechtswissenschaftlichen Compliance-Diskussion in Deutschland, in: *Rotsch, Thomas* (Hrsg.), Wissenschaftliche und praktische Aspekte der nationalen und internationalen Compliance-Diskussion, Bd. 2, Baden-Baden 2012, S. 63–76

Bock, Michael (Hrsg.), Göppinger, Kriminologie, 6. Aufl., München 2008

Bock, Michael, Grundlagen und Methoden, in: *Bock, Michael* (Hrsg.), Göppinger, Kriminologie, 6. Aufl., München 2008, S. 1–83

Bock, Michael, Erscheinungsformen von Kriminalität, in: *Bock, Michael* (Hrsg.), Göppinger, Kriminologie, 6. Aufl., München 2008, S. 345–539

Boers, Klaus, Wirtschaftskriminologie, Vom Versuch mit einem blinden Fleck umzugehen, MschrKrim 84 (2001), 335–356

Boers, Klaus/Theile, Hans/Karliczek, Kari-Maria, Wirtschaft und Strafrecht – Wer reguliert wen?, Ritsumeikan Law Review 21 (2004), 109–124

Böhm, Wolfgang, Bewerberauswahl und Einstellungsgespräch, Psychologische und arbeitsrechtliche Grundlagen für die Praxis, 6. Aufl., Berlin 2003

Braithwaite, John, White Collar Crime, Annual Review of Sociology 11 (1985), 1–25

Burkatzki, Eckhard, Wirtschaftskriminalität als Folge wertbezogener Orientierungen?, Ergebnisse einer empirischen Untersuchung, FORUM Wirtschaftsethik 15 (2007), 25–37

Burkatzki, Eckhard, Das Problem der white-collar-crime Motivation, Korreferat zum Beitrag von Wolfgang Becker und Robert Holzmann, zfwu 12 (2011), 377–381

Business Keeper AG, Psychologische Integritätstests, www.business-keeper.com/psychologische-integritaetstests.html (Stand: 16.01.2014)

Bussmann, Kai-D., Business Ethics und Wirtschaftsstrafrecht, Zu einer Kriminologie des Managements, MschrKrim 86 (2003), 89–104

Bussmann, Kai-D., Kriminalprävention durch Business Ethics: Ursachen von Wirtschaftskriminalität und die besonderen Bedeutung von Werten, zfwu 5 (2004), 35–50

Bussmann, Kai-D., Werte schaffen Sicherheit, Personalwirtschaft (2004), 20–22

Bussmann, Kai-D., Der Faktor „Mensch" im Unternehmen, FORUM Wirtschaftsethik 15 (2007), 13–23

Bussmann, Kai-D., The Control-Paradox and the impact of business ethics: A Comparison of US and German companies, MschrKrim 90 (2007), 260–276

Bussmann, Kai-D., Wirtschaftskriminalität und Unternehmenskultur, in: *Bannenberg, Britta/Jehle Jörg-Martin* (Hrsg.), Wirtschaftskriminalität, Mönchengladbach 2010, S. 57–81

Bussmann, Kai-D., Sozialisation in Unternehmen durch Compliance, in: *Hellmann, Uwe/Christian Schröder* (Hrsg.), Festschrift für Hans Achenbach, zum 70. Geburtstag am 13. Oktober 2011, Heidelberg [u.a.] 2011, S. 57–82

Bussmann, Kai-D./England, Peter/Hienzsch, André, Risikofaktor Wirtschaft?, Forschungsergebnisse zur Bereicherungs- und Wirtschaftskriminalität, – in memoriam Detlev Frehsee –, MschrKrim 87 (2004), 244–260

Bussmann, Kai-D./Salvenmoser, Steffen, Internationale Studie zur Wirtschaftskriminalität, NStZ 26 (2006), 203–209

Butcher, James N., Oxford Handbook of Personality Assessment, Oxford, New York 2009

Cleff, Thomas/Luppold, Lisa/Naderer, Gabriele/Volkert, Jürgen, Tätermotivation in der Wirtschaftskriminalität, www.hs-pforzheim.de/De-de/Hochschule/PforzheimerBeitraege/Documents/Nr128.pdf (Stand: 03.01.2013)

Cleff, Thomas/Luppold, Lisa/Naderer, Gabriele/Volkert, Jürgen, Wirtschaftskriminalität, Eine Analyse der Motivstrukturen, http://www.pwc.de/de/risikomanagement/assets/Wirt schaftskriminalitaet_Feb09.pdf (Stand: 19.01.2013)

Cleff, Thomas/Naderer, Gabriele/Volkert, Jürgen, Motive der Wirtschaftskriminalität, Ergebnisse einer quantitativen und qualitativen Studie, MschrKrim 94 (2011), 4–16

Clinard, Marshall Barron, Criminal Behavior Systems, a Typology, 2. Aufl., New York 1973

Clinard, Marshall Barron/Quinney, Richard, Criminal Behavior Systems, a Typology, New York 1967

Cohen, Lawrence E./Felson, Marcus, Social Change and Crime Rate Trends: A Routine Activity Approach, American Sociological Review 44 (1979), 588–608

Coleman, James William, Toward an Integrated Theory of White-Collar Crime, American Journal of Sociology 93 (1987), 406–439

Collier, David/Gerring, John (Hrsg.), Concepts and Method in Social Science, The Tradition of Giovanni Sartori, New York 2009

Collins, Judith M./Schmidt, Frank L., Personality, integrity, and white collar crime: a construct validity study, Personnel Psychology 46 (1993), 295–311

Cressey, Donald Ray, Other people's money, a study in the social psychology of embezzlement, Repr., Montclair, N. J. 1973

Croall, Hazel, Understanding white collar crime, Buckingham [u.a.] 2001

Dahm, Georg/Schaffstein, Friedrich, Liberales oder autoritätes Strafrecht?, Hamburg 1933

Dannecker, Gerhard, Die Entwicklung des Wirtschaftsstrafrechts in der Bundesrepublik Deutschland, in: *Wabnitz, Heinz-Bernd/Janovsky, Thomas* (Hrsg.), Handbuch des Wirtschafts- und Steuerstrafrechts, 3. Aufl., München 2007, S. 1–101

Däubler, Wolfgang, Bundesdatenschutzgesetz, Kompaktkommentar zum BDSG; BDSG-Novellen 2009 eingearbeitet, 3. Aufl., Frankfurt am Main 2010

Dieterich, Thomas/Müller-Glöge, Rudi, Erfurter Kommentar zum Arbeitsrecht, 14. Aufl., München 2014

Dölling, Dieter, Kriminologie im „Dritten Reich", in: *Dreier, Ralf/Sellert, Wolfgang* (Hrsg.), Recht und Justiz im „Dritten Reich", Bd. 761, Frankfurt am Main 1989, S. 194–225

Dölling, Dieter/Jehle, Jörg-Martin (Hrsg.), Täter, Taten, Opfer, Grundlagenfragen und aktuelle Probleme der Kriminalität und ihrer Kontrolle, Mönchengladbach 2013

Dorsch, Friedrich (Hrsg.), Psychologisches Wörterbuch, 12. Aufl., Bern 1994

Dreier, Ralf/Sellert, Wolfgang (Hrsg.), Recht und Justiz im „Dritten Reich", Bd. 761, Frankfurt am Main 1989

Dreyfus, Hubert L., Michel Foucault, Jenseits von Strukturalismus und Hermeneutik, 2. Aufl., Weinheim 1994

Driver, Edwin D., A Critique of Typologies in Criminology, The Sociological Quarterly 9 (1968), 356–373

Dünkel, Frieder/Lappi-Seppälä, Tappi/Morgenstern, Christine/van Zyl Smit, Dirk, Kriminalität, Kriminalpolitik, strafrechtliche Sanktionspraxis und Gefangenenraten im europäischen Vergleich, Mönchengladbach 2010

Durkheim, Emile, Kriminalität als normales Phänomen, in: *Sack, Fritz* (Hrsg.), Kriminalsoziologie, 2. Aufl., Frankfurt a. M. 1974, S. 3–8.

RölfsPartner/Universität Leipzig, Der Wirtschaftsstraftäter in seinen sozialen Bezügen, Aktuelle Forschungsergebnisse und Konsequenzen für die Unternehmenspraxis, www.roelfspartner.de/PortalData/1/Resources/pdf/rp_studie_wikri-studie_final.pdf (Stand: 02.01.2013)

Eisenberg, Ulrich, Kriminologie, 6. Aufl., München 2005

Epping, Volker, Grundrechte, 6. Aufl., Heidelberg; Berlin 2015

Esser, Hartmut, Die Rationalität des Alltagshandelns, Eine Rekonstruktion des Alltagstheorie von Alfred Schütz, Zeitschrift für Soziologie 20 (1991), 430–445

Faust, Thomas, Compliance-Management - ein Patentrezept gegen Korruption?, Unternehmerischer Kampf gegen Bestechung und Bestechlichkeit, www.ethos-wirtschaft.de (Stand: 21.04.2013)

Feltes, Thomas/Schwind, Hans-Dieter (Hrsg.), Kriminalpolitik und ihre wissenschaftlichen Grundlagen, Festschrift für Professor Dr. Hans-Dieter Schwind zum 70. Geburtstag, Heidelberg 2006

Ferri, Enrico, Sociologia criminale, Das Verbrechen als soziale Erscheinung, autorisierte dt. Ausg., Leipzig 1896

Foucault, Michel, Archäologie des Wissens, 4. Aufl., Frankfurt am Main 1990

Foucault, Michel, Überwachen und Strafen, Die Geburt des Gefängnisses, 9. Aufl., Frankfurt am Main 1991

Foucault, Michel, Dits et écrits, 1976–1979, [Paris] 1994

Foucault, Michel, Wie wird Macht ausgeübt?, in: *Rabinow, Paul* (Hrsg.), Michel Foucault, Jenseits von Strukturalismus und Hermeneutik, 2. Aufl., Weinheim 1994, S. 251–261

Foucault, Michel, Der Mensch ist ein Erfahrungstier, Gespräch mit Ducio Trombadori, [Nachdr.], Frankfurt am Main 2003

Foucault, Michel, Geschichte der Gouvernementalität II, Die Geburt der Biopolitik, Vorlesung am Collège de France; 1978–1979, Frankfurt am Main 2004

Franzen, Martin, BDSG, § 32 Datenerhebung, -verarbeitung und -nutzung für Zwecke des Beschäftigungsverhältnisses, in: *Müller-Glöge, Rudi* (Hrsg.), Erfurter Kommentar zum Arbeitsrecht, Bd. 51, 14. Aufl., München 2014

Freisler, Roland, Die rassebiologische Aufgabe bei der Neugestaltung des Jugendstrafrechts, Monatsschrift für Kriminalbiologie und Strafrechtsreform (1939), 209–214

Fülleborn, Georg Gustav, Die Politik des Aristoteles, Übersetzt von Christian Garve, Breslau 1799

Gachowetz, Helmut, Typologie, in: *Dorsch, Friedrich* (Hrsg.), Psychologisches Wörterbuch, 12. Aufl., Bern 1994, S. 820–824

Gaier, Reinhard/Wendtland, Holger, Allgemeines Gleichbehandlungsgesetz, AGG, Eine Einführung in das Zivilrecht, München 2006

Galli, Andrea/Krüger, Paul, Präventive Compliance – Wahrheit, Information, Manipulation, Der systematische Umgang mit Informationen und Nachrichten, ZRFC (2009), 164–170

Garland, David, The Limits of the Sovereign State, Strategies of Crime Control in Contemporary Society, British Journal of Criminology 36 (1996), 445–471

Garland, David, 'Governmentality' and the Problem of Crime: Foucault, Criminology, Sociology, Theoretical Criminology 1 (1997), 173–214

Garland, David, The Culture of Control, Crime and social order in contemporary society, Oxford 2001

Garland, David, Kultur der Kontrolle, Verbrechensbekämpfung und soziale Ordnung in der Gegenwart, Frankfurt; New York 2008

Garofalo, Raffaele/Carelli, Luigi, Criminologia: studio sul delitto e sulla teoria della repressione, Turin 1891

Geis, Gilbert (Hrsg.), White-collar crime, Offenses in business politics and the professions, rev. ed., New York 1977

Gerst, Hans-Joachim, Profiler – Vom Täterprofilersteller in den USA und der Implementierbarkeit einzelner Aspekte seiner Tätigkeit in das deutsche Rechtssystem, 2. Aufl., München 2005

Gibbons, Don C., Changing the Lawbreaker, The Treatment of Delinquents and Criminals, Englewood Cliffs, N.J. 1965

Gibbons, Don C., Offender Typologies – two decades later, British Journal of Criminology 15 (1975), 140–156

Gläser, Jochen/Laudel, Grit, Experteninterviews und qualitative Inhaltsanalyse: als Instrumente rekonstruierender Untersuchungen, Wiesbaden 2009

Göppinger, Hans, Kriminologie, 4. Aufl., München 1980

Göppinger, Hans, Der Täter in seinen sozialen Bezügen, Ergebnisse aus der Tübinger Jungtäter-Vergleichsuntersuchung, Berlin; Heidelberg 1983

Gottfredson, Michael R./Hirschi, Travis, A General Theory of Crime, Stanford, Calif. 1990

Grieger, Jürgen, Ökonomisierung in Personalwirtschaft und Personalwirtschaftslehre, Theoretische Grundlagen und praktische Bezüge, Wiesbaden 2004

Grolman, Karl Ludwig v., Über die Begründung des Strafrechts und der Strafrechts-gesetzgebung,, nebst einer Entwicklung der Lehre von dem Maßstabe der Strafen und der juristischen Imputation, Gießen 1799

Gropp, Walter (Hrsg.), Wirtschaftskriminalität und Wirtschaftsstrafrecht in einem Europa auf dem Weg zu Demokratie und Privatisierung, Beiträge zur Leipziger Sommerakademie vom 15.-22. September 1996, Leipzig 1998

Grundies, Volker, Gibt es typische kriminelle Karrieren?, in: *Dölling, Dieter/Jehle, Jörg-Martin* (Hrsg.), Täter, Taten, Opfer, Grundlagenfragen und aktuelle Probleme der Kriminalität und ihrer Kontrolle, Mönchengladbach 2013, S. 36–52

Gschwend, Thomas/Schimmelfennig, Frank, Forschungsdesign in der Politikwissenschaft: Probleme – Strategien – Anwendungen, Frankfurt am Main [u.a.] 2007

Habermas, Jürgen, Vorstudien und Ergänzungen zur Theorie des kommunikativen Handelns, Frankfurt am Main 1984

Häcker, Hartmut, Ideographie, Typologie, Nomothetik, in: *Pawlik, Kurt* (Hrsg.), Grundlagen und Methoden der differentiellen Psychologie, Göttingen 1996, S. 158–204

Hähnchen, Susanne, Rechtsgeschichte: Von der Römischen Antike bis zur Neuzeit, Heidelberg [u.a.] 2012

Harbort, Stephan, Empirische Täterprofile, Ein Raster für die Ermittlung sexuell motivierter Mehrfach- und Serienmörder, Kriminalistik (1997), 569–572

Hartjen, Clayton A./Gibbons, Don C., An Empirical Investigation of a Criminal Typology, Sociology and Social Research (1969), 56–62

Hartmann, Jens/Hildebrand, Jan, Der Herr mit den schwarzen Kassen packt aus, www.welt.de/wirtschaft/article2035729/Der-Herr-der-schwarzen-Kassen-packt-aus.html (Stand: 17.09.2013)

Hefendehl, Roland, Kriminalitätstheorien und empirisch nachweisbare Funktionen der Strafe: Argumente für oder wider die Etablierung einer Unternehmensstrafbarkeit?, MschrKrim 86 (2003), 27–43

Hefendehl, Roland (Hrsg.), Empirische und dogmatische Fundamente, kriminalpolitischer Impetus, Symposium für Bernd Schünemann zum 60. Geburtstag, München 2005

Hefendehl, Roland, Organisierte Kriminalität als Begründung für ein Feind- oder Täterstrafrecht?, StV 25 (2005), 156–161

Hefendehl, Roland, Corporate Governance und Business Ethics: Scheinberuhigung oder Alternativen bei der Bekämpfung der Wirtschaftskriminalität?, JZ (2006), 119–125

Heger, Martin, Das „Feindstrafrecht", www.google.de/url?sa=t&rct=j&q=&esrc=s&source=web&cd=4&sqi=2&ved=0CDIQFjAD&url=http%3A%2F%2Fheger.rewi.hu-berlin.de%2Fdoc%2Fap%2FHandout_F-StR.pdf&ei=dCygVNO4NsqeywPnyICoDg&usg=AFQjCNG_IQQyQ1kNnUZWuXElrbU28lVaGw&bvm=bv.82001339,d.bGQ (Stand: 28.12.2014)

Heine, Günter, Plädoyer für ein Verbandsstrafrecht als „zweite Spur", in: *Alwart, Heiner* (Hrsg.), Verantwortung und Steuerung von Unternehmen in der Marktwirtschaft, Bd. 3, München; Mering 1998, S. 90–112

Heinz, Wolfgang, Begriffliche und strukturelle Besonderheiten des Wirtschaftsstrafrechts, Eine Übersicht über die Entwicklung des Wirtschaftsstrafrechts in der Bundesrepublik Deutschland, in: *Gropp, Walter* (Hrsg.), Wirtschaftskriminalität und Wirtschaftsstrafrecht in einem Europa auf dem Weg zu Demokratie und Privatisierung, Beiträge zur Leipziger Sommerakademie vom 15.-22. September 1996, Leipzig 1998, S. 13–50

Heißner, Stefan, Erfolgsfaktor Integrität, Wirtschaftskriminalität und Korruption erkennen, aufklären, verhindern, Wiesbaden 2014

Hellmann, Uwe/Christian Schröder (Hrsg.), Festschrift für Hans Achenbach, zum 70. Geburtstag am 13. Oktober 2011, Heidelberg [u.a.] 2011

Herdegen, Matthias, Art. 1 GG, in: *Maunz, Theodor/Dürig, Günter* (Hrsg.), Grundgesetz, Kommentar, Stand: Juli 2014 (72. Erg.-Lfg.), München 2014

Hermann, Dieter, Leitwerte einer erfolgsorientierten kriminalpräventiven Unternehmensethik, in: *Löhr, Albert/Burkatzki, Eckhard* (Hrsg.), Wirtschaftskriminalität, Institutionenordnung und Ethik, München, Mering 2009, S. 123–139

Hermann, Dieter, Werte und Kriminalität – Konzeption der voluntaristischen Kriminalitätstheorie und Ergebnisse empirischer Studien, in: *Dölling, Dieter/Jehle, Jörg-Martin* (Hrsg.), Täter, Taten, Opfer, Grundlagenfragen und aktuelle Probleme der Kriminalität und ihrer Kontrolle, Mönchengladbach 2013, S. 432–450

Herrmann, Theo/Lantermann, Ernst-Dieter (Hrsg.), Persönlichkeitspsychologie, Ein Handbuch in Schlüsselbegriffen, München 1985

Hess, Henner (Hrsg.), Kontrollkulturen, Texte zur Kriminalpolitik im Anschluss an David Garland, Bd. 39, 9. Beiheft, Weinheim 2007

Hilgendorf, Eric, Gesetzlichkeit als Instrument der Freiheitssicherung – Zur Grundlegung des Gesetzlichkeitsprinzips in der französischen Aufklärungsphilosophie und bei Beccaria, in: *Kudlich, Hans/Montiel, Juan Pablo/Schuhr, Jan C.* (Hrsg.), Gesetzlichkeit und Strafrecht, Berlin 2012, S. 17–34

Hoffmann, Jens, Auf der Suche nach der Struktur des Verbrechens, Theorien des Profilings, in: *Musolff, Cornelia/Hoffmann, Jens* (Hrsg.), Täterprofile bei Gewaltverbrechen, Mythos, Theorie, Praxis und forensische Anwendung des Profilings, 2. Aufl., Heidelberg 2006, S. 65–87

Hofmann, Stefan, Handbuch Anti-Fraud-Management: Bilanzbetrug erkennen – vorbeugen – bekämpfen, Berlin 2008

Honneth, Axel (Hrsg.), Michel Foucault – Zwischenbilanz einer Rezeption, Frankfurt am Main 2004

Hülsberg, Frank/Engels, Oliver, Wirtschaftskriminalität und Compliance, „Who is the typical fraudster"?, Zwei aktuelle KPMG-Studien, ZWH (2011), 14–18

Jahn, Matthias/Pietsch, Franziska, Der NRW-Entwurf für ein Verbandsstrafgesetzbuch, Eine Einführung in das Konzept und seine Folgefragen, ZIS 10 (2015), 1–4

Jakobs, Günther, Kriminalisierung im Vorfeld einer Rechtsgutsverletzung, ZStW 97 (1985), 751

Jakobs, Günther, Bürgerstrafrecht und Feindstrafrecht, HRRS 5 (2004), 88–95

Jakobs, Günther, Feindstrafrecht?, – Eine Untersuchung zu den Bedingungen von Rechtlichkeit, HRRS 7 (2006), 289–297

Jarass, Hans D./Pieroth, Bodo (Hrsg.), Grundgesetz für die Bundesrepublik Deutschland, Kommentar, 13. Aufl., München 2014

Kahneman, Daniel/Tversky, Amos, Prospect Theory: An Analysis of Decision under Risk, Econometrica 47 (1979), 263–291

Kaiser, Günther (Hrsg.), Kleines kriminologisches Wörterbuch, 3. Aufl., Heidelberg 1993

Kaiser, Günther, Kriminologie, Eine Einführung in die Grundlagen, 9. Aufl., Heidelberg 1993

Kaiser, Günther, Kriminologie, Ein Lehrbuch, 3. Aufl., Heidelberg 1996

Kaiser, Günther, Kriminologie, Eine Einführung in die Grundlagen, 10. Aufl., Heidelberg 1997

Karliczek, Kari-Maria (Hrsg.), Kriminologische Erkundungen: Wissenschaftliches Symposium aus Anlass des 65. Geburtstages von Klaus Sessar, Münster 2004

Karliczek, Kari-Maria, Strukturelle Bedingungen von Wirtschaftskriminalität, Eine empirische Untersuchung am Beispiel der Privatisierungen ausgewählter Betriebe der ehemaligen DDR, Münster 2007

Kelker, Brigitte, Zur Legitimität von Gesinnungsmerkmalen im Strafrecht: eine strafrechtlich-rechtsphilosophische Untersuchung, Frankfurt am Main 2007

Kelle, Udo, Vom Einzelfall zum Typus, Fallvergleich und Fallkontrastierung in der qualitativen Sozialforschung, Opladen 1999

Keller, Reiner, Wissenssoziologische Diskursanalyse, Grundlegung eines Forschungsprogramms, Wiesbaden 2005

Kinch, John W., Continuities in the Study of Delinquent Types, The Journal of Criminal Law, Criminology, and Police Science 53 (1962), 323–328

Kleinfeld, Annette, Lebenslauf, http://www.kleinfeld-cec.com/ueber-uns/team.html (Stand: 10.04.2014)

Kluge, Susann, Empirisch begründete Typenbildung, Zur Konstruktion von Typen und Typologien in der qualitativen Sozialforschung, Opladen 1999

Kluge, Susann, Empirisch begründete Typenbildung in der qualitativen Sozialforschung, Qualitative Social Research 1 (2000), Art. 14, www.google.de/url?sa=t&rct=j&q=&esrc=s&source=web&cd=1&ved=0CCYQFjAA&url=http%3A%2F%2Fwww.qualitative-research.net%2Findex.php%2Ffqs%2Farticle%2FviewFile%2F1124%2F2498&ei=aaD5VJXVGcj8ywOI0oCwAQ&usg=AFQjCNGrt8m1IGvEo90VeAZkjO3wxsBthg&bvm=bv.87611401,d.bGQ (Stand: 06.03.2015)

Knecht, Thomas, Persönlichkeit von Wirtschaftskriminellen, Je mehr psychopathische Kerneigenschaften, desto düsterer die Kriminalprognose, Psychiatrie 9 (2009), 25–29

Kölbel, Ralf, Criminal Compliance – Ein Missverständnis des Strafrechts?, ZStW 125 (2013), 499–535

KPMG AG Wirtschaftsprüfungsgesellschaft, Wirtschaftskriminalität in Deutschland 2012, Eine empirische Studie zur Wirtschaftskriminalität im Mittelstand und in den 100 größten Unternehmen, www.google.de/url?sa=t&rct=j&q=&esrc=s&source=web&cd=4&ved=0CEUQFjAD&url=http%3A%2F%2Fgeschaeftsstellenfinder.eulerhermes.de%2Fde%2Fdokumente%2Fwirtschaftskriminalitaet-2012.pdf&ei=bF1AU62NKM2Rswa7pIAg&usg=AFQjCNEDD9pWuiPpCVHoVl6VQ4XrLpWuVA&bvm=bv.64367178,d.Yms (Stand: 05.04.2014)

KPMG AG Wirtschaftsprüfungsgesellschaft, Wirtschaftskriminalität, Deutschland, Österreich, Schweiz im Vergleich, Wirtschaftskriminalität in Großunternehmen und dem Mittelstand, www.google.de/url?sa=t&rct=j&q=&esrc=s&source=web&cd=1&ved=0CDAQFjAA&url=http%3A%2F%2Fwww.kpmg.at%2Fuploads%2Fmedia%2Fpub-20130313-wirtschaftskriminalitaet-de.pdf

&ei=pmBAU6S7G4iUtAaT94CwBQ&usg=AFQjCNFPY2Uc5vXpQkrwnCO2uXvN1Gdadw&bvm=bv.64367178,d.Yms (Stand: 05.04.2014)

KPMG Deutschland, Studie 2006 zur Wirtschaftskriminalität in Deutschland, www.google.de/url?sa=t&rct=j&q=&esrc=s&source=web&cd=4&ved=0CD8QFjAD&url=http%3A%2F%2Fwww.risknet.de%2Ffileadmin%2Ftemplate_risknet%2Fdokumente%2FStudien%2FKPMG-Studie-2006-Wirtschaftskriminalitaet.pdf&ei=1_nfUfnYJovBtAakloCgBA&usg=AFQjCNGWilvO_sWb3qd_BOfh4xs5QBW2qA (Stand: 12.07.2013)

KPMG Deutschland, Profile of a Fraudster, Studie 2007, www.kpmg.de/docs/Profile_of_a_Fraudster_2007.pdf (Stand: 22.04.2013)

KPMG International, Who is the typical Fraudster? KPMG Analysis of Global Patterns of Fraud, www.google.de/url?sa=t&rct=j&q=&esrc=s&source=web&cd=4&ved=0CEMQFjAD&url=http%3A%2F%2Fwww.kpmg.com%2FUS%2Fen%2FIssuesAndInsights%2FArticlesPublications%2FDocuments%2Fwho-is-the-typical-fraudster.PDF&ei=7T7hUb6YKMbXtAaZ6IDoAg&usg=AFQjCNFseYkcnUtaoMoiYGhNTGs1dvdAlA (Stand: 13.07.2013)

KPMG International, Global profiles of the fraudster, White-collar crime – present and future, 2013, www.kpmg.com/Global/en/IssuesAndInsights/ArticlesPublications/global-profiles-of-the-fraudster/Pages/global-profiles-of-the-fraudster.aspx (Stand: 16.03.2014)

Krasmann, Susanne, Regieren über Freiheit, Zur Analyse der Kontrollgesellschaft in foucaultscher Perspektive, Kriminologisches Journal (1999), 107–121

Krasmann, Susanne, Kriminelle Elemente regieren – und produzieren, in: *Honneth, Axel* (Hrsg.), Michel Foucault – Zwischenbilanz einer Rezeption, Frankfurt am Main 2004, S. 94–114

Kretschmer, Ernst, Körperbau und Charakter, Untersuchungen zum Konstitutionsproblem und zur Lehre von den Temperamenten, 24. Aufl., Berlin [u.a.] 1956

Kröber, Hans-Ludwig/Wendt, Frank, Medizinisch-psychiatrische Befunde und Zusammenhänge, in: *Bock, Michael* (Hrsg.), Göppinger, Kriminologie, 6. Aufl., München 2008, S. 85–118

Kröber, Hans-Ludwig/Wendt, Frank, Kriminologische Theorien und Forschungsrichtungen, in: *Bock, Michael* (Hrsg.), Göppinger, Kriminologie, 6. Aufl., München 2008, S. 85–118

Krüger, Christine, Motivation und Situation – Der Wirtschaftsstraftäter im Blickpunkt der Kriminologie, in: *Dölling, Dieter/Jehle, Jörg-Martin* (Hrsg.), Täter, Taten, Opfer, Grundlagenfragen und aktuelle Probleme der Kriminalität und ihrer Kontrolle, Mönchengladbach 2013, S. 403–420

Kudlich, Hans/Montiel, Juan Pablo/Schuhr, Jan C. (Hrsg.), Gesetzlichkeit und Strafrecht, Berlin 2012

Kudlich, Hans/Montiel, Juan Pablo/Schuhr, Jan C., Einleitung, in: *Kudlich, Hans/ Montiel, Juan Pablo/Schuhr, Jan C.* (Hrsg.), Gesetzlichkeit und Strafrecht, Berlin 2012, S. 11–16

Kuhlen, Lothar, Strafrechtliche Haftung von Führungskräften, in: *Maschmann, Frank* (Hrsg.), Corporate Compliance und Arbeitsrecht, Mannheimer Arbeitsrechtstag 2009, Baden-Baden 2009, S. 11–30

Kunz, Karl-Ludwig, Kriminologie, Eine Grundlegung, 4. Aufl., Bern [u.a.] 2004

Lamnek, Siegfried, Neue Theorien abweichenden Verhaltens, München 1994

Lampe, Ernst-Joachim, Wirtschaftsstrafrecht, in: *Albers, Willi* (Hrsg.), Handwörterbuch der Wirtschaftswissenschaft, Bd. 9, 1982, S. 310–326

Lemert, Edwin M., Social pathology, a systematic approach to the theory of sociopathic behavior, New York [u.a.] 1951

Lemert, Edwin M., Der Begriff der sekundären Devianz, in: *Lüderssen, Klaus/ Sack Fritz* (Hrsg.), Seminar Abweichendes Verhalten, Bd. 1, Die selektiven Normen der Gesellschaft, Bd. 84, Frankfurt am Main 1975, S. 433–476

Lemke, Thomas, Eine Kritik der politischen Vernunft, Foucaults Analyse der modernen Gouvernementalität, 4. Aufl., Berlin 2003

Lemke, Thomas/Krasmann, Susanne/Bröckling, Ulrich (Hrsg.), Gouvernementalität der Gegenwart, Studien zur Ökonomisierung des Sozialen, Frankfurt am Main 2000

Lemke, Thomas/Krasmann, Susanne/Bröckling, Ulrich, Gouvernementalität, Neoliberalismus und Selbsttechnologien, Eine Einleitung, in: *Lemke, Thomas/ Krasmann, Susanne/Bröckling, Ulrich* (Hrsg.), Gouvernementalität der Gegenwart, Studien zur Ökonomisierung des Sozialen, 1. Aufl., Frankfurt am Main 2000, S. 7–40

Lenk, Kurt, Soziologische Typologie, in: *Bernsdorf, Wilhelm* (Hrsg.), Wörterbuch der Soziologie, 2. Aufl., Stuttgart 1969, S. 1088–1090

Liebl, Karlhans, Die bundesweite Erfassung von Wirtschaftsstraftaten nach einheitlichen Gesichtspunkten, Ergebnisse und Analysen für die Jahre 1974 bis 1981, Freiburg im Breisgau 1984

Liebl, Karlhans, Bekämpfung der Wirtschaftskriminalität, Ein Programm und seine Auswirkungen auf die kriminologische Forschung, MschrKrim 87 (2004), 1–21

Liebl, Karlhans (Hrsg.), Kriminologie im 21. Jahrhundert, Wiesbaden 2007

Lindesmith, A. R./Dunham, H. Warren, Some Principles of Criminal Typology, Social Forces 19 (1941), 307–314

Liszt, Franz von, Strafrechtliche Aufsätze und Vorträge, 1875 bis 1891, Berlin 1970a

Liszt, Franz von, Strafrechtliche Aufsätze und Vorträge, 1892 bis 1904, Berlin 1970b

Löhr, Albert/Burkatzki, Eckhard (Hrsg.), Wirtschaftskriminalität, Institutionenordnung und Ethik, München; Mering 2009

Lombroso, Cesare, Der Verbrecher, Hamburg 1894

Lombroso, Cesare, Neue Verbrecherstudien, Halle a. S. 1907

Lösel, Friedrich, Täterpersönlichkeiten, in: *Kaiser, Günther* (Hrsg.), Kleines kriminologisches Wörterbuch, 3. Aufl., Heidelberg 1993, S. 529–540

Lüderssen, Klaus, Karl Ludwig Wilhelm von Grolman, in: *Stammler, Wolfgang/ Erler, Adalbert/Kaufman, Ekkehard* (Hrsg.), Handwörterbuch zur deutschen Rechtsgeschichte, Bd. 1, Berlin 1971, Sp. 1808–1814

Lüderssen, Klaus, Präventionsorientierte Zurechnung – aktuelle Programme für die Strafverteidigung?, StV 31 (2011), 377–380

Lüderssen, Klaus/ Sack Fritz (Hrsg.), Seminar Abweichendes Verhalten; 1. Die selektiven Normen der Gesellschaft, Bd. 84, Frankfurt am Main 1975

Manssen, Gerrit, Staatsrecht II, Grundrechte, 11. Aufl., München 2014

Martín, Adán Nieto, Soziale Verantwortung, corporate governance, Selbstregulierung und Unternehmensstrafrecht, in: *Sieber, Ulrich/Tiedemann, Klaus/ Dannecker, Gerhard et al.* (Hrsg.), Strafrecht und Wirtschaftsstrafrecht, Dogmatik Rechtsvergleich Rechtstatsachen; Festschrift für Klaus Tiedemann zum 70. Geburtstag, Köln; München 2008, S. 485–501

Maschmann, Frank (Hrsg.), Corporate Compliance und Arbeitsrecht, Mannheimer Arbeitsrechtstag 2009, Baden-Baden 2009

Maunz, Theodor/Dürig, Günter (Hrsg.), Grundgesetz, Kommentar, Stand: Juli 2014 (72. Erg.-Lfg.), München 2014

Mayring, Philipp, Qualitative Inhaltsanalyse, Grundlagen und Techniken, 11. Aufl., Weinheim; Basel 2010

Meier, Bernd-Dieter, Kriminologie, 3. Aufl., München 2007

Meier, Bernd-Dieter, Kriminologie, 4. Aufl., München 2010

Mergen, Armand, Tat und Täter, Das Verbrechen in der Gesellschaft, München 1971

Mergen, Armand (Hrsg.), Aktuelle Beiträge zur Wirtschaftskriminalität, Bd. 4, Frankfurt am Main 1974

Mergen, Armand, Wirtschaftsverbrechen und Wirtschaftsverbrecher, in: *Mergen, Armand* (Hrsg.), Aktuelle Beiträge zur Wirtschaftskriminalität, Bd. 4, Frankfurt am Main 1974, S. 13–27

Mergen, Armand, Die Kriminologie, Eine systematische Darstellung, 2. Aufl., München 1978

Merton, Robert King, Sozialstruktur und Anomie, in: *Sack, Fritz* (Hrsg.), Kriminalsoziologie, 3. Aufl., Frankfurt am Main 1979, S. 283–313

Merton, Robert King, Soziologische Theorie und soziale Struktur, Berlin; New York, 1995

Mezger, Edmund, Das Typenproblem in Kriminologie und Strafrecht, Sitzungsberichte der Bayrischen Akademie der Wissenschaften 4 (1955), 3–30

Miebach, Bernhard, Soziologische Handlungstheorie: Eine Einführung, 3. Aufl., Wiesbaden 2010

Mokros, A., Facetten des Verbrechens, Entwicklung in der akademischen Täterprofilforschung, in: *Musolff, Cornelia/Hoffmann, Jens* (Hrsg.), Täterprofile bei Gewaltverbrechen, Mythos, Theorie, Praxis und forensische Anwendung des Profilings, 2. Aufl., Heidelberg 2006, S. 129–148

Moosbrugger, Helfried/Frank, Dirk, Clasteranalytische Verfahren zur typologischen Analyse, in: *Pawlik, Kurt* (Hrsg.), Grundlagen und Methoden der differentiellen Psychologie, Göttingen 1996, S. 731–774

Müller-Gugenberger, Christian, Wirtschaftsstrafrecht, Handbuch des Wirtschaftsstraf- und -ordnungswidrigkeitenrechts, 5. Aufl., Köln 2011

Münch, Ingo von, Gesetze des NS-Staates, Dokumente eines Unrechtssystems, 3. Aufl., Paderborn [u.a.] 1994

Musolff, Cornelia, Täterprofile und Fallanalyse, Eine Bestandsaufnahme, in: *Musolff, Cornelia/Hoffmann, Jens* (Hrsg.), Täterprofile bei Gewaltverbrechen, Mythos, Theorie, Praxis und forensische Anwendung des Profilings, 2. Aufl., Heidelberg 2006, S. 1–23

Musolff, Cornelia/Hoffmann, Jens (Hrsg.), Täterprofile bei Gewaltverbrechen, Mythos, Theorie, Praxis und forensische Anwendung des Profilings, 2. Aufl., Heidelberg 2006

Nestler, Claudia/Salvenmoser, Steffen/Bussmann, Kai, Wirtschaftskriminalität 2007, Sicherheitslage der deutschen Wirtschaft, www.google.de/url?sa=t&rct=j&q=&esrc=s&source=web&cd=1&ved=0CCoQFjAA&url=http%3A%2F%2Fwcms.uzi.uni-halle.de%2Fdownload.php%3Fdown%3D3528%26elem%3D1160783&ei=H6T5VL_jO4jcywPbz4KQAg&usg=AFQjCNHtHhQJyEaRW1ATTR3sl7_OpM0zpQ&bvm=bv.87611401,d.bGQ (Stand: 06.03.2015)

Nullmeier, Frank, Die Transformation der Sozialpolitik, Vom Sozialstaat zum Sicherungsstaat, Frankfurt/Main 1993

Parsons, Talcott, The Place of Ultimate Values in Sociological Theory, International Journal of Ethics 45 (1935), 282–316

Parsons, Talcott, The Structure of Social Action, A Study In Social Theory with Special References of a Group Recent European Writers, Glencoe; Illinois 1949

Parsons, Talcott, Entstehung und Richtung abweichendes Verhalten, in: *Sack, Fritz* (Hrsg.), Kriminalsoziologie, 2. Aufl., Frankfurt am Main 1974, S. 9–20

Paternoster, Raymond/Simpson, Sally, Sanction Threats and Appeals to Morality: Testing a Rational Choice Model of Corporate Crime, Law & Society Review 30 (1996), 549–583

Pawlik, Kurt, Differentielle Psychologie und Persönlichkeitsforschung: Grundbegriffe, Fragestellungen, Systematik, in: *Pawlik, Kurt* (Hrsg.), Grundlagen und Methoden der differentiellen Psychologie, Göttingen 1996, S. 4–32

Pawlik, Kurt (Hrsg.), Grundlagen und Methoden der differentiellen Psychologie, Göttingen 1996

Peters, Helge, Soziale Probleme und soziale Kontrolle, Wiesbaden 2002

Pfahler, Gerhard, System der Typenlehre, Grundlegung einer pädagogischen Typenlehre, 2. Aufl., Leipzig 1936

Pieroth, Bodo/Schlink, Bernhard, Grundrechte. Staatsrecht II, Heidelberg [u.a.] 2010

Pieth, Mark, Staatliche Intervention und Selbstregulierung der Wirtschaft, in: *Lüderssen, Klaus* (Hrsg.), Festschrift für Klaus Lüderssen, Zum 70. Geburtstag am 2. Mai 2002, Baden-Baden 2002, S. 317–326

Plath, Kai-Uwe/Becker, Thomas (Hrsg.), BDSG, Kommentar zum BDSG sowie den Datenschutzbestimmungen von TMG und TKG, Online-Ausg., Köln 2013

Plato, Der Staat, (Politeia), Stuttgart 2004

Prantl, Heribert, Der Terrorist als Gesetzgeber, Wie man mit Angst Politik macht, München 2008

PricewaterhouseCoopers/Martin-Luther-Universität Halle Wittenberg, Wirtschaftskriminalität 2005, Internationale und deutsche Ergebnisse (Autoren: *Nestler, Claudia; Salvenmoser, Steffen; Bussmann, Kai; Werle, Markus*), www.google.de/url?sa=t&rct=j&q=&esrc=s&source=web&cd=2&ved=0CEMQFjAB&url=http%3A%2F%2Fbussmann2.jura.uni-halle.de%2Feconcrime%2FStudie-WiKri2005.pdf&ei=-JD7Ur2EFOK47QbyjoGgBQ&usg=AFQjCNGiw3NerVUDpKa3Z4cD AxNHIhoYfA&bvm=bv.61190604,d.ZGU (Stand: 12.02.2014)

PricewaterhouseCoopers/Martin-Luther-Universität Halle Wittenberg, Wirtschaftskriminalität 2009, Sicherheitslage in deutschen Großunternehmen

(Autoren: *Bussmann, Kai; Krieg, Oliver; Nestler, Claudia; Salvenmoser, Steffen; Schroth, Andreas; Theile, Alex; Trunk, Daniela*), www.pwc.de/de/risikomanagement/assets/Studie-Wirtschaftskriminal-09.pdf (Stand: 20.01.2013)

PricewaterhouseCoopers/Martin-Luther-Universität Halle Wittenberg, Compliance und Unternehmenskultur, Zur aktuellen Situation in deutschen Großunternehmen (Autoren: *Bussmann, Kai; Krieg, Oliver; Nestler, Claudia; Salvenmoser, Steffen; Schroth, Andreas; Theile, Alex; Trunk, Daniela*), www.pwc.de/de/risiko-management/assets/studie_Compliance-und-Unternehmenskultur.pdf (Stand: 20.01.2013)

PricewaterhouseCoopers/Martin-Luther-Universität Halle-Wittenberg, Wirtschaftskriminalität und Unternehmenskultur 2013 (Autoren: *Bussmann, Kai; Nestler, Claudia; Salvenmoser, Steffen*), Katalog 2013

Prittwitz, Cornelius, Festschrift für Klaus Lüderssen, Zum 70. Geburtstag am 2. Mai 2002, Baden-Baden 2002

Ragatz, Laurie/Fremouw, William, A Critical Examination of Research on the Psychological Profiles of White-Collar Criminals, Journal of Forensic Psychology Practice 10 (2010), 373–402

Ransiek, Andreas, Effektivierung des Wirtschaftsstrafrechts, in: *Gropp, Walter* (Hrsg.), Wirtschaftskriminalität und Wirtschaftsstrafrecht in einem Europa auf dem Weg zu Demokratie und Privatisierung, Beiträge zur Leipziger Sommerakademie vom 15.-22. September 1996, Leipzig 1998, S. 203–212

Rathgeber, Christian, Criminal compliance, Kriminalpräventive Organisations- und Aufsichtspflichten am Beispiel der Wirtschaftskorruption, Baden-Baden 2012

Richardi, Reinhard, Münchener Handbuch zum Arbeitsrecht; 1. Individualarbeitsrecht, §§ 1–151, 3. Aufl., München 2009

Richter, Hans, Zur Wirtschaftskriminalität, in: *Alexander, Thorsten/Hebenstreit, Ulrich* (Hrsg.), Wirtschaftsstrafrecht, Handbuch des Wirtschaftsstraf- und -ordnungswidrigkeitenrechts, 5. Aufl., Köln 2011, S. 139–200

Ritter, Robert, Primitivität und Kriminalität, Monatsschrift für Kriminalbiologie und Strafrechtsreform (1940), 197–210

RölfsPartner, ehem., Wirtschaftskriminalität, www.roelfspartner.de/PortalData/1/Resources/pdf/report_2009_Herbstausgabe.pdf (Stand: 30.12.2012)

Rönnau, Thomas, Strafrecht und Selbstregulierung, in: *Schmidt, Karsten* (Hrsg.), Begegnungen im Recht, Ringvorlesung der Bucerius Law School zu Ehren von Karsten Schmidt anlässlich seines 70. Geburtstags, Tübingen 2011, S. 237–259

Ross, Edward Alsworth, Social Control, American Journal of Sociology 1 (1896), 513–535

Ross, Edward Alsworth, Social Control II. Law and Public Opinion, American Journal of Sociology 1 (1896), 753–770

Ross, Edward Alsworth, Social Control. III. Belief, American Journal of Sociology 2 (1896), 96–107

Ross, Edward Alsworth, Social Control. IV. Suggestion, American Journal of Sociology 2 (1896), 255–263

Rotsch, Thomas, Compliance, in: Handbuch Wirtschaftsstrafrecht, 3. Aufl., Heidelberg [u.a.] 2012, S. 45–75

Rotsch, Thomas (Hrsg.), Wissenschaftliche und praktische Aspekte der nationalen und internationalen Compliance-Diskussion, am 3. und 4. 12. 2010 im Rahmen der 1. Compliance-Tagung des CCC – Center for Criminal Compliance gehalten worden sind, Bd. 2, Baden-Baden 2012

Rotsch, Thomas (Hrsg.), Criminal Compliance, Handbuch, Baden-Baden 2015

Roxin, Claus, Strafrecht, Bd. 1, Grundlagen, der Aufbau der Verbrechenslehre, 3. Aufl., München 1997

Ruffert, Matthias, Vorrang der Verfassung und Eigenständigkeit des Privatrechts: eine verfassungsrechtliche Untersuchung zur Privatrechtswirkung des Grundgesetzes, Tübingen 2001

Sack, Fritz (Hrsg.), Kriminalsoziologie, 2. Aufl., Frankfurt am Main 1974

Sack, Fritz (Hrsg.), Kriminalsoziologie, 3. Aufl., Frankfurt am Main 1979

Sack, Fritz, Recht und soziale Kontrolle, in: *Kaiser, Günther* (Hrsg.), Kleines kriminologisches Wörterbuch, 3. Aufl., Heidelberg 1993, S. 416–421

Samson, Erich/Langrock, Marc, Bekämpfung Wirtschaftskriminalität im und durch Unternehmen, Der Betrieb 60 (2007), 1684–1689

Sartori, Giovanni, Guidelines for concept analysis, in: *Collier, David/Gerring, John* (Hrsg.), Concepts and Method in Social Science, The Tradition of Giovanni Sartori, New York 2009, S. 97–150

Schachtschneider, Karl Albrecht, Staatsunternehmen und Privatrecht, Kritik der Fiskustheorie exemplifiziert an § 1 UWG, Berlin 1986

Schachtschneider, Karl Albrecht, Prinzipien des Rechtsstaates, Berlin 2006

Schafer, Stephen, Theories in Criminology, Past and Present Philosophies of the Crime Problem, New York 1969

Scheerer, Eckart, Persönlichkeitspsychologie im Nationalsozialismus, in: *Herrmann, Theo/Lantermann, Ernst-Dieter* (Hrsg.), Persönlichkeitspsychologie, Ein Handbuch in Schlüsselbegriffen, München 1985, S. 59–69

Schlegel, Alexander, Wertehaltung inhaftierter Wirtschaftsdelinquenten, in: *Schlegel, Alexander* (Hrsg.), Wirtschaftskriminalität und Werte, Theoretische Konzepte, empirische Befunde, praktische Lösungen, Nordhausen 2003, S. 113–173

Schlegel, Alexander (Hrsg.), Wirtschaftskriminalität und Werte, Theoretische Konzepte, empirische Befunde, praktische Lösungen, Nordhausen 2003

Schlegel, Alexander/Schwarte, Reinhild, Prävention von Wirtschaftsdelinquenz durch Personalauswahl und -entwicklung, in: *Schlegel, Alexander* (Hrsg.), Wirtschaftskriminalität und Werte, Theoretische Konzepte, empirische Befunde, praktische Lösungen, Nordhausen 2003, S. 177–218

Schlegel, Kip/Weisburd, David (Hrsg.), White-Collar Crime Reconsidered, Richmond (Virginia) 1992

Schmidt, Karsten (Hrsg.), Begegnungen im Recht, Ringvorlesung der Bucerius Law School zu Ehren von Karsten Schmidt anlässlich seines 70. Geburtstags, Tübingen 2011

Schnatterly, Karen, Increasing firm value through detection and prevention of white-collar crime, Strategic Management Journal 24 (2003), 587–614

Schneider, Hans Joachim, Einführung in die Kriminologie, 3. Aufl., Berlin; New York 1993

Schneider, Hans Joachim, Kriminologie für das 21. Jahrhundert, Schwerpunkte und Fortschritte der internationalen Kriminologie; Überblick und Diskussion, Münster [u.a.] 2001

Schneider, Hendrik, Das Leipziger Verlaufsmodell wirtschaftskriminellen Handelns, Ein integrativer Ansatz zur Erklärung von Kriminalität bei sonstiger sozialer Unauffälligkeit, NStZ 27 (2007), 555–562

Schneider, Hendrik, Wirtschaftskriminalität, in: *Bock, Michael* (Hrsg.), Göppinger, Kriminologie, 6. Aufl., München 2008, S. 418–436

Schneider, Hendrik/John, Dieter, Der Wirtschaftsstraftäter in seinen sozialen Bezügen. Empirische Befunde und Konsequenzen für die Unternehmenspraxis, in: *Bannenberg, Britta/Jehle Jörg-Martin* (Hrsg.), Wirtschaftskriminalität, Mönchengladbach 2010, S. 159–169

Schnell, Rainer/Hill, Paul B./Esser, Elke, Methoden der empirischen Sozialforschung, 8. Aufl., München; Wien 2008

Schöch, Heinz, Klassifikation und Typologie, in: *Kaiser, Günther* (Hrsg.), Kleines kriminologisches Wörterbuch, 3. Aufl., Heidelberg 1993, S. 214–217

Schuchter, Alexander, Persönlichkeitsprofile von Wirtschaftsstraftätern, Bedeutung für die Prävention dieser Handlungen in Unternehmen, ZRFC (2010), 80–83

Schuchter, Alexander, Perspektiven verurteilter Wirtschaftsstraftäter, Erklärungsansatz der Entstehungsgründe von Wirtschaftskriminalität und deren Prävention in Unternehmen, Dissertation St. Gallen (Schweiz) 2012

Schünemann, Bernd, Unternehmenskriminalität und Strafrecht, eine Untersuchung der Verantwortlichkeit der Unternehmen und ihrer Führungskräfte nach geltendem und geplantem Straf- und Ordnungswidrigkeitenrecht, Köln [u.a.] 1979

Schünemann, Bernd, Strafrechtsdogmatische und kriminalpolitische Grundfragen der Unternehmenskriminalität, wistra 1 (1982), 41–50

Schünemann, Bernd, Brennpunkte des Strafrechts in der entwickelten Industriegesellschaft, Reflexionen zu den Beiträgen des Symposiums, in: *Hefendehl, Roland* (Hrsg.), Empirische und dogmatische Fundamente, kriminalpolitischer Impetus, Symposium für Bernd Schünemann zum 60. Geburtstag, München 2005, S. 349–377

Schwind, Hans-Dieter, Kriminologie: Eine praxisorientierte Einführung mit Beispielen, 20. Aufl., Heidelberg [u.a.] 2010

Seelig, Ernst/Weindler Karl, Die Typen der Kriminellen, Berlin 1949

Sessar, Klaus, Zu einer Kriminologie ohne Täter, oder auch: Die kriminogene Tat, MschrKrim 80 (1997), 1–24

Sessar, Klaus, Verbrechen und ihre soziale Konstruktion, Eine kriminologische Vorlesung, in: *Karliczek, Kari-Maria* (Hrsg.), Kriminologische Erkundungen: Wissenschaftliches Symposium aus Anlass des 65. Geburtstages von Klaus Sessar, Münster 2004, S. 32–77

Sieber, Ulrich, Grenzen des Strafrechts, ZStW 119 (2007), 1–68

Sieber, Ulrich, Compliance-Programme im Unternehmensstrafrecht, Ein neues Konzept zur Kontrolle von Wirtschaftskriminalität, in: *Sieber, Ulrich/Tiedemann, Klaus/Dannecker, Gerhard et al.* (Hrsg.), Strafrecht und Wirtschaftsstrafrecht, Dogmatik Rechtsvergleich Rechtstatsachen; Festschrift für Klaus Tiedemann zum 70. Geburtstag, Köln; München 2008, S. 449–484

Sieber, Ulrich/Tiedemann, Klaus/Dannecker, Gerhard/Kindhäuser, Urs/Vogel, Joachim/Walter, Tonio (Hrsg.), Strafrecht und Wirtschaftsstrafrecht, Dogmatik Rechtsvergleich Rechtstatsachen; Festschrift für Klaus Tiedemann zum 70. Geburtstag, Köln; München 2008

Singelnstein, Tobias, Diskurs und Kriminalität, Außergesetzliche Anwendungsregeln als diskursive Praktiken im Wechselverhältnis zwischen Kriminalisierungsdiskursen und Strafrechtsanwendung, Berlin 2009

Singelnstein, Tobias, Strafrecht und neoliberales Regieren, Entwicklungstendenzen des Strafrechts als Einschreibung von Regierungstechniken im Sinne der Gouvernementalität, Kritische Justiz (2011), 7–15

Singelnstein, Tobias/Stolle, Peer, Von der sozialen Integration zur Sicherheit durch Kontrolle und Ausschluss, Zum grundlegenden Wandel sozialer Kontrolle und seinen gesellschaftlichen Grundlagen, in: *Zurawski, Nils/Elsbergen, Gisbert van* (Hrsg.), Surveillance Studies, Perspektiven eines Forschungsfeldes, Opladen 2007, S. 47–66

Singelnstein, Tobias/Stolle, Peer, Die Sicherheitsgesellschaft, Soziale Kontrolle im 21. Jahrhundert, 3. Aufl., Wiesbaden 2012

Specht, Jule/Luhmann, Maike/Geiser, Christian, On the consistency of personality types across adulthood: Latent profile analyses in two large-scale panel studies, Journal of personality and social psychology 107 (2014), 540–556

Springer Gabler Verlag (Hrsg.), Gabler Wirtschaftslexikon, Stichwort: Unternehmen, online im Internet, http://wirtschaftslexikon.gabler.de/Archiv/2942/unternehmen-v11.html (Stand: 09.11.2014)

Stamer, Katrin/Kuhnke, Michael, § 32, in: *Plath, Kai-Uwe/Becker, Thomas* (Hrsg.), BDSG, Kommentar zum BDSG sowie den Datenschutzbestimmungen von TMG und TKG, Online-Ausg., Köln 2013, S. 741–820

Stammler, Wolfgang/Erler, Adalbert/Kaufman, Ekkehard (Hrsg.), Handwörterbuch zur deutschen Rechtsgeschichte, Bd. 1, Berlin 1971

Stanitzek, Rebekka, Die Bedeutung von Criminal Compliance für das Strafrecht bei der Bekämpfung von Wirtschaftskorruption, Hamburg 2013

Steßl, Antonia, Effektives Compliance Management in Unternehmen, Wiesbaden 2012

Stocké, Volker, Framing und Rationalität, Die Bedeutung der Informationsdarstellung für das Entscheidungsverhalten, München 2002

Stratenwerth, Günter/Kuhlen, Lothar, Strafrecht, Allgemeiner Teil, Bd. 1. Die Straftat, 5. Aufl., Köln [u.a.] 2004

Sutherland, Edwin H., White-Collar Criminality, American Sociological Review 5 (1940), 1–12

Sutherland, Edwin H., White collar crime, 2. Aufl., New York 1961

Sutherland, Edwin H., Die Theorie der differenziellen Kontakte, in: *Sack, Fritz* (Hrsg.), Kriminalsoziologie, 2. Aufl., Frankfurt am Main 1974, S. 395–400

Sutherland, Edwin H., Principles of criminology, 11. Aufl., Dix Hills; New York 1992

Sykes, Gresham M./Matza, David, Techniques of Neutralization: A Theory of Delinquency, American Sociological Review 22 (1957), 664–670

Tannenbaum, Frank, Crime and the Community, New York; London 1951

The AuditFactory, PIT-Persönlichkeitsinventar: integre und passende Mitarbeiter finden, www.auditfactory.de/integritaetstest/pit-persoenlichkeitsinventar.html (Stand: 17.01.2014)

Theile, Hans, Unternehmensrichtlinien – Ein Beitrag zur Prävention von Wirtschaftskriminalität?, ZIS 3 (2008), 406–418

Theile, Hans, Wirtschaftskriminalität und Strafverfahren, Systemtheoretische Überlegungen zum Regulierungspotential des Strafrechts, Tübingen 2009

Theile, Hans, »Internal Investigations« und Selbstbelastung, – Zum Verantwortungstransfer bei Akkumulation privater und staatlicher Ermittlungen –, StV 31 (2011), 381–386

Theile, Hans, Prävention und Zurechnung – Folgerungen für Strafverfahren und Beweisrecht, Ringpublikationsprojekt »Prävention und Zurechnung – Präventionsorientierte Zurechnung?« (Teil 2), StV 34 (2014), 310–317

Theile, Hans, Die Sanktionierung von Non-Compliance: Geldbuße (§§ 130, 30 OWiG) und Verfall (§§ 73 ff. StGB, 29a OWiG), in: *Rotsch, Thomas* (Hrsg.), Criminal Compliance, Handbuch, Baden-Baden 2015, S. 1448–1462

Theile, Hans, Unternehmensrichtlinien aus kriminologischer Sicht, in: *Rotsch, Thomas* (Hrsg.), Criminal Compliance, Handbuch, Baden-Baden 2015, S. 1219–1227

Tiedemann, Klaus (Hrsg.), Die Verbrechen in der Wirtschaft, neue Aufgaben für Strafjustiz und Strafrechtsreform, Bd. 10, Karlsruhe 1970

Tiedemann, Klaus, Wirtschaftsstrafrecht, Einführung und Allgemeiner Teil mit wichtigen Rechtstexten, 3. Aufl., Köln 2010

von zur Mühlen, Rainer H. H., Ausgewählte Probleme der Betriebskriminalität, Betriebswirtschaftliche Forschung und Praxis 37 (1985), 43–70

Wabnitz, Heinz-Bernd/Janovsky, Thomas (Hrsg.), Handbuch des Wirtschafts- und Steuerstrafrechts, 3. Aufl., München 2007

Weber, Max, Wirtschaft und Gesellschaft, 2. Aufl., Tübingen 1925

Weber, Max, Wirtschaft und Gesellschaft, Bd. 1, 5. Aufl., Tübingen 1976

Weber, Max, Wirtschaft und Gesellschaft, Grundriss der verstehenden Soziologie, 5. Aufl., Tübingen 1979

Weber, Max, Schriften 1894–1922, Stuttgart 2002

Weisburd, David/Waring, Elin/Chayet, Ellen F., White-Collar Crime and criminal Careers, Cambridge 2001

Weisburd, David/Waring, Elin/Wheeler, Stanton, Class, Status, and the Punishment of White-Collar Criminals, Law and Social Inquiry (1990), 223–243

Wendeling-Schröder, Ulrike/Stein, Axel, Allgemeines Gleichbehandlungsgesetz, Kommentar, München 2008

Wesel, Uwe, Geschichte des Rechts, Von den Frühformen bis zur Gegenwart, 3. Aufl., München 2006

Wheeler, Stanton, The Problem of White-Collar Crime Motivation, in: *Schlegel, Kip/Weisburd, David* (Hrsg.), White-Collar Crime Reconsidered 1992, S. 108–123

Wheeler, Stanton/Weisburd, David/Waring, Elin/Bode, Nancy, White Collar Crimes and Criminals, American criminal law review 25 (1988), 331–357

Winch, Robert F., Heuristic and Empirical Typologies: A Job for Factor Analysis, American Sociological Review 12 (1947), 68–75

Winkelmann, Johannes, Idealtypus, in: *Bernsdorf, Wilhelm* (Hrsg.), Wörterbuch der Soziologie, 2. Aufl., Stuttgart 1969, S. 438–441

Wolfe, David/Hermanson, Dana, The Fraud Diamond: Considering the Four Elements of Fraud, www.nysscpa.org/cpajournal/2004/1204/essentials/p38.htm (Stand: 06.02.2013)

Wolff, Jörg, Jugend und Strafrecht im Nationalsozialismus, Zeitschrift für Neuere Rechtsgeschichte (1991), 41–66

Zimring, Franklin E./Hawkins, Gordon/Kamin, Sam, Punishment and Democracy: Three Strikes and You're Out in California, New York 2003

Zurawski, Nils/Elsbergen, Gisbert van (Hrsg.), Surveillance Studies, Perspektiven eines Forschungsfeldes, Opladen 2007

Zwahr, Annette, Typus, in: *Zwahr, Annette/Andora* (Hrsg.), Meyers großes Taschenlexikon, In 26 Bänden, 9. Aufl., Mannheim 2003, S. 7751

Zwahr, Annette/Andora (Hrsg.), Meyers großes Taschenlexikon, In 26 Bänden, 9. Aufl., Mannheim 2003

SCHRIFTEN ZUM STRAFRECHT UND STRAFPROZESSRECHT

Herausgegeben von Manfred Maiwald und Carsten Momsen

Band 1 Christian-Peter Frees: Die steuerrechtliche Selbstanzeige. Zur kriminalpolitischen Zweckmäßigkeit des § 371 AO. 1991.

Band 2 Norbert Joachim: Der Hörensagenbeweis im Strafverfahren. 1991.

Band 3 Alfred A. Göbel: Die Einwilligung im Strafrecht als Ausprägung des Selbstbestimmungsrechts. 1991.

Band 4 Karl-Heinz Vehling: Die Abgrenzung von Vorbereitung und Versuch. 1991.

Band 5 Heiko Hartmut Lesch: Das Problem der sukzessiven Beihilfe. 1992.

Band 6 Dirk Schwerdtfeger: Besondere persönliche Unrechtsmerkmale. 1992.

Band 7 Stefan Göhring: Polizeiliche Kontrollstellen und Datenverarbeitung. § 163 d StPO und novellierte Polizeigesetze der Länder zwischen Strafverfolgung, Gefahrenabwehr und vorbeugender Straftatenbekämpfung. 1992.

Band 8 Werner Kemper: Horizontale Teilrechtskraft des Schuldspruchs und Bindungswirkung im tatrichterlichen Verfahren nach der Zurückverweisung. §§ 353, 354 Abs. 2 StPO. 1993.

Band 9 Ovvadias Namias: Die Zurechnung von Folgeschäden im Strafrecht. 1993.

Band 10 Jan Zopfs: Unfallflucht bei eindeutiger Haftungslage? Unverzüglichkeitsgebot und Wahlmöglichkeit in § 142 Abs. 2 und 3 StGB. 1993.

Band 11 Stefan Hiebl: Ausgewählte Probleme des Akteneinsichtsrechts nach § 147 StPO. 1994.

Band 12 Ralf Krack: List als Straftatbestandsmerkmal. Zugleich ein Beitrag zu Täuschung und Irrtum beim Betrug. 1994.

Band 13 Henning Radtke: Zur Systematik des Strafklageverbrauchs verfahrenserledigender Entscheidungen im Strafprozeß. 1994.

Band 14 Bernd J. A. Müssig: Schutz abstrakter Rechtsgüter und abstrakter Rechtsgüterschutz. Zu den materiellen Konstitutionskriterien sog. Universalrechtsgüter und deren normentheoretischem Fundament – am Beispiel der Rechtsgutsbestimmung für die §§ 129, 129a und 324 StGB. 1994.

Band 15 Heinz Koriath: Über Beweisverbote im Strafprozeß. 1994.

Band 16 Burkhard Niepoth: Der untaugliche Versuch beim unechten Unterlassungsdelikt. 1994.

Band 17 Karsten Altenhain: Die Strafbarkeit des Teilnehmers beim Exzeß. 1994.

Band 18 Ina Walbaum: Schuldspruch in der Revisionsinstanz nach freisprechendem Urteil des Tatgerichts. 1996.

Band 19 Birgit Dalbkermeyer: Der Schutz des Beschuldigten vor identifizierenden und tendenziösen Pressemitteilungen der Ermittlungsbehörden. 1994.

Band 20 Thomas Hackner: Der befangene Staatsanwalt im deutschen Strafverfahrensrecht. 1995.

Band 21 Hartmut Loritz: Kritische Betrachtungen zum Wert des strafprozessualen Zwischenverfahrens. 1996.

Band 22 Heinz-Hermann Berghof: Therapie und Strafe im Betäubungsmittelrecht. Recht und Wirklichkeit der Behandlung Drogenabhängiger unter besonderer Berücksichtigung der §§ 35 ff BtMG. 1995.

Band 23 Oliver Mertens: Strafprozessuale Grundrechtseingriffe und Bindung an den Wortsinn der ermächtigenden Norm. 1996.

Band 24 Sönke Bahnsen: Das Akteneinsichtsrecht der Verteidigung im Strafverfahren. Dogmatische Grundlagen und Einzelprobleme im Lichte einer rechtsstaatlichen Verfahrensgestaltung. 1996.

Band 25 Dirk Schwieger: Der Vorteilsbegriff in den Bestechungsdelikten des StGB. 1996.

Band 26 Stephanie Meinecke: Die Auswirkungen von Verfahrensfehlern auf die Strafbarkeit nach den Aussagedelikten. 1996.

Band 27 Ute Lambrecht: Strafrecht und Disziplinarrecht. Abhängigkeiten und Überschneidungen. 1997.

Band 28 Carsten Momsen: Verfahrensfehler und Rügeberechtigung im Strafprozeß. Die Strukturen der Revisionsberechtigung unter besonderer Berücksichtigung des Begriffs "Rechtsnormen, die lediglich zugunsten des Angeklagten gegeben sind" in § 339 StPO. 1997.

Band 29 Ursula Epp: Die Abgeordnetenbestechung – § 108 e StGB. 1997.

Band 30 Bernd Scheiff: Wann beginnt der Strafrechtsschutz gegen kriminelle Vereinigungen (§ 129 StGB)? 1997.

Band 31 Ulrike Fontaine: Max Grünhut (1893-1964). Leben und wissenschaftliches Wirken eines deutschen Strafrechtlers jüdischer Herkunft. 1998.

Band 32 Claudia Keiser: Das Kindeswohl im Strafverfahren. Zur Notwendigkeit eines am Kindeswohl orientierten Umgangs mit minderjährigen Opfern und Zeugen, den Möglichkeiten de lege lata und den Erfordernissen de lege ferenda. 1998.

Band 33 Wiebke Schürer-Mohr: Erlaubte Risiken. Grundfragen des "erlaubten Risikos" im Bereich der Fahrlässigkeitsdogmatik. 1998.

Band 34 Stephan Voigtel: Zum Freibeweis bei Entscheidungen der Strafvollstreckungskammer. Eine Untersuchung zu ausgewählten Fragen des Beweisrechts im gerichtlichen Verfahren in Strafvollstreckungs- und Strafvollzugssachen. 1998.

Band 35 Volkmar Wißgott: Das Beweisantragsrecht im Strafverfahren als Kompensation der richterlichen Inquisitionsmaxime. Die Judikatur des Reichsgerichts zum strafprozessualen Beweisrecht. 1998.

Band 36 Susanne Merz: Strafrechtlicher Ehrenschutz und Meinungsfreiheit. 1998.

Band 37 Uwe Schlömer: Der elektronisch überwachte Hausarrest. Eine Untersuchung der ausländischen Erfahrungen und der Anwendbarkeit in der Bundesrepublik Deutschland. 1998.

Band 38 Michael Liedke: Die Vermögensstrafe gemäß § 43a StGB in ihrer kriminalpolitischen Bedeutung. 1999.

Band 39 Danja Domeier: Gesundheitsschutz und Lebensmittelstrafrecht. Zur Konkretisierung der Verkehrspflichten und ihrer Strafbewehrung, insbesondere mit Blick auf §§ 8 ff. LMBG. 1999.

Band 40 Ritva Westendorf: Die Pflicht zur Verhinderung geplanter Straftaten durch Anzeige. Eine kritische Betrachtung der §§ 138, 139 StGB im Kontext der Unterlassungsdelikte. 1999.

Band 41 Hans Theile: Tatkonkretisierung und Gehilfenvorsatz. 1999.

Band 42 Nicole Lange: Vorermittlungen. Die Behandlung des staatsanwaltschaftlichen Vorermittlungsverfahrens unter besonderer Berücksichtigung von Abgeordneten, Politikern und Prominenten. 1999.

Band 43 Tanja Gunder: Der Umgang mit Kindern im Strafverfahren. Eine empirische Untersuchung zur Strafverfolgung bei Sexualdelinquenz. 1999.

Band 44 Sven-Markus Thiel: Die Konkurrenz von Rechtfertigungsgründen. 2000.

Band 45 Jan Schlüter: Die Strafbarkeit von Unternehmen in einer prozessualen Betrachtung nach dem geltenden Strafprozeßrecht. 2000.

Band 46 Detlef Heise: Der Insiderhandel an der Börse und dessen strafrechtliche Bedeutung. Eine Untersuchung des neuen deutschen Insiderrechts speziell unter Bezugnahme auf die strafrechtstheoretischen und strafrechtsdogmatischen Grundlagen. 2000.

Band 47 Hermann Wichmann: Das Berufsgeheimnis als Grenze des Zeugenbeweises. Ein Beitrag zur Lehre von den Beweisverboten. 2000.

Band 48 Rainer T. Cherkeh: Betrug (§ 263 StGB), verübt durch Doping im Sport. 2000.

Band 49 Kristian Hohn: Die Zulässigkeit materieller Beweiserleichterungen im Strafrecht. Eine Untersuchung über Erscheinungsformen und Grenzen der Lösung beweisrechtlicher Probleme im materiellen Strafrecht. 2000.

Band 50 Malte Rabe von Kühlewein: Der Richtervorbehalt im Polizei- und Strafprozeßrecht. 2001.

Band 51 Donata Meinecke: Die Gesetzgebungssystematik der Versuchsstrafbarkeit von Verbrechen und Vergehen im StGB. 2001.

Band 52 Joachim Bock: Begriff, Inhalt und Zulässigkeit der Beweislastumkehr im materiellen Strafrecht. 2001.

Band 53 Gabriele Rose: Grenzen der journalistischen Recherche im Strafrecht und Strafverfahrensrecht. 2001.

Band 54 Wiebke Reitemeier: Täuschungen vor Abschluß von Arbeitsverträgen. Zum Verhältnis zwischen dem Straftatbestand des Betrugs und dem Anfechtungsrecht wegen arglistiger Täuschung (§§ 263 Abs. 1 StGB, 123 Abs. 1 Alt. 1 BGB). 2001.

Band 55 Peter Rackow: Das DNA-Identitätsfeststellungsgesetz und seine Probleme. 2001.

Band 56 Frank Zschieschack: Geiselnahme und erpresserischer Menschenraub (§§ 239a, 239b StGB) im Zwei-Personen-Verhältnis. 2001.

Band 57 Natascha Sëyfi: Das Sicherungsverfahren (§§ 413 - 416 StPO). 2002.

Band 58 Dirk Seiler: Die *Sperrwirkung* im Strafrecht. 2002.

Band 59 Dorothee Sydow: Die actio libera in causa nach dem Rechtsprechungswandel des Bundesgerichtshofs. 2002.

Band 60 Inga Metrikat: Die Unterbringung in einer Entziehungsanstalt nach § 64 StGB – Eine Maßregel im Wandel? Eine vergleichende, empirische Untersuchung zur Entscheidung des Bundesverfassungsgerichts vom 16.03.1994, BVerfGE 91, 1 ff. 2002.

Band 61 Sabine Caroline Bechtoldt: Die Erledigungserklärung im Maßregelvollzug des § 63 StGB. Eine empirische Untersuchung der Erledigungserklärung und zugleich rechtsdogmatische Erörterung ihrer Rechtskraftproblematik. 2002.

Band 62 Sandra Schulte-Nover: Strafrichter in Deutschland und England. Ein systematischer Rechtsvergleich im Hinblick auf die richterlichen Kompetenzen im Strafverfahren. 2003.

Band 63 Tim Schurig: Belehrung und Beratung des Beschuldigten über sein Aussageverhalten. Eine gemeinsame Aufgabe von Gericht und Verteidigung? 2003.

Band 64 Markus Laski: Die strafrechtlichen Bezüge des Bundes-Bodenschutzgesetzes. 2003.

Band 65 Gunnar Lüer: Die Versäumung im Berufungsverfahren. Das strafprozessuale Anwesenheitsprinzip im Spannungsfeld von autonomer Subjektstellung und öffentlichen Interessen am Beispiel des § 329 Abs. 1,2 StPO. 2003.

Band 66 Thomas Grützner: Die Sanktionierung von Submissionsabsprachen. Eine Untersuchung der bestehenden Möglichkeiten einer Bekämpfung von Submissionsabsprachen unter besonderer Berücksichtigung des § 298 StGB. 2003.

Band 67 Bettina Noltenius: Kriterien der Abgrenzung von Anstiftung und mittelbarer Täterschaft. Ein Beitrag auf der Grundlage einer personalen Handlungslehre. 2003.

Band 68 Bettina Kraft: Tendenzen in der Entwicklung des Jugendstrafrechts seit der Jugendgerichtsbewegung. 2004.

Band 69 Jessica Däbritz: Die Bestimmung strafbaren fahrlässigen Verhaltens in der Forschung am Beispiel ärztlicher Humanerprobungen. Ein Beitrag zur methodischen Ermittlung und inhaltlichen Bestimmung von Sorgfaltspflichten in der Humanforschung. 2004.

Band 70 Maike Steenbock: Über die Unfallflucht als Straftat. Eine kritische Untersuchung zum Zusammenhang der Strafbarkeit der Unfallflucht mit den Besonderheiten des Straßenverkehrs. 2004.

Band 71 Holger Mann: Beschleunigungspotential im Jugendstrafverfahren. 2004.

Band 72 Dorothee Krutisch: Strafbarkeit des unberechtigten Zugangs zu Computerdaten und -systemen. 2004.

Band 73 Heinz-Helmut Fuhrmann: Das Begehen der Straftat gem. § 25 Abs. 1 StGB. Unter besonderer Berücksichtigung der sogenannten "eigenhändigen" Delikte. 2004.

Band 74 Gerwin M. Moldenhauer: Eine Verfahrensordnung für Absprachen im Strafverfahren durch den Bundesgerichtshof? 2004.

Band 75 Dirk Busch: Konzernuntreue. Eine Untersuchung spezifischer Untreuestrafbarkeit innerhalb von Konzernverbindungen mit Aktiengesellschaften und Gesellschaften mit beschränkter Haftung. 2004.

Band 76 Mitsuru Iijima: Die Entwicklung des strafrechtlichen Unrechtsbegriffs in Japan. Eine kritische Betrachtung aus strafrechtsdogmatischer und rechtsphilosophischer Perspektive. 2004.

Band 77 Lena Barbara Kötter: Private Elemente in der Strafvollstreckung. Zur Privatisierung von Bewährungshilfe, Gerichtshilfe und gemeinnütziger Arbeit. 2004.

Band 78 Martin Maria Laufen: Der Wucher (§ 291 Abs. 1 Satz 1 StGB). Systematische Einordnung und dogmatische Struktur. 2004.

Band 79 Maike Aselmann: Die Selbstbelastungs- und Verteidigungsfreiheit. Ein Beitrag zu den Garantiewirkungen von Verfahrensrechten im Hinblick auf die Beweiswürdigung, Strafzumessung und Strafbarkeit des Beschuldigten im Strafprozess. 2004.

Band 80 Ingmar Wolf: Graffiti als kriminologisches und strafrechtsdogmatisches Problem. 2004.

Band 81 Misuk Son: Straftatfolgen im deutschen und koreanischen Strafrecht. Ein prinzipieller Vergleich. 2004.

Band 82 Matthias Saal: Die Beteiligung an einer Schlägerei (§ 231 StGB). Ein Plädoyer für die Streichung der schweren Folge. 2004.

Band 83 Michael Stüber: Die Entwicklung des Prinzips der Unmittelbarkeit im deutschen Strafverfahren. 2005.

Band 84 Patrick Gerberding: Das Rechtsmittelsystem im US-amerikanischen Strafverfahren. Eine rechtsvergleichende Betrachtung. 2005.

Band 85 Rouven Seeberg: Aufgedrängte Nothilfe, Notwehr und Notwehrexzess. 2005.

Band 86 Andre Knoerchen: Schadenswiedergutmachung über anwaltliche Schlichtungsstellen. Rechtsökonomische Analyse eines Modellprojekts. 2005.

Band 87 Andreas Quante: Sanktionsmöglichkeiten gegen juristische Personen und Personenvereinigungen. 2005.

Band 88 Gundula Momsen-Pflanz: Die sportethische und strafrechtliche Bedeutung des Dopings. Störung des wirtschaftlichen Wettbewerbs und Vermögensrelevanz. 2005.

Band 89 Klaus Kleinbauer: Rechtsmittelverzicht und Rechtsmittelzurücknahme des Beschuldigten im Strafprozeß. 2006.

Band 90 Manuel Fumagalli: Rechtsprobleme vorgeburtlicher Diagnoseverfahren. Die personenrechtliche Begründung von Pränataldiagnostik und Präimplantationsdiagnostik. 2006.

Band 91 Matthias Dann: Staatliche Tatprovokation im deutschen, englischen und schottischen Recht. Rechtsvergleichende Untersuchung unter besonderer Berücksichtigung europäischer und internationaler Entwicklungslinien. 2006.

Band 92 Shahryar Ebrahim-Nesbat: Die Herausbildung der strafrechtlichen Teilnahmeformen im 19. Jahrhundert. 2006.

Band 93 Christoph Paglotke: Notstand und Notwehr bei Bedrohungen innerhalb von Prozesssituationen. 2006.

Band 94 Sebastian Olk: Die Abgabe von Sacherklärungen des Angeklagten durch den Verteidiger. 2006.

Band 95 Bernadette Pape: Legalverhalten nach Sexualdelinquenz. Eine empirische Analyse der Delinquenzkarrieren nach Sexualstraftaten an Kindern. 2007.

Band 96 Uttam Das: Möglichkeiten der Angleichung materiellen Strafrechts zwischen England und Deutschland im Rahmen des Art. K 31 EUV. 2007.

Band 97 Dennis Miller: Die Beteiligung am Verbrechen nach italienischem Strafrecht. Ein Beitrag zur Geschichte und Gegenwart von Einheits- und Differenzierungsmodellen der strafbaren Beteiligung mehrerer Personen. 2007.

Band 98 Michael Nehring: Kriminelle und terroristische Vereinigungen im Ausland. Auslegung und Analyse des im Zuge der Terrorismusbekämpfung nach dem 11. September 2001 geschaffenen § 129b Strafgesetzbuch. 2007.

Band 99 Bernadette Berger: Das Gesinnungsmoment im Strafrecht. 2008.

Band 100 Peter Rackow: Neutrale Handlungen als Problem des Strafrechts. 2007.

Band 101 Simone Mölders: Bestechung und Bestechlichkeit im internationalen geschäftlichen Verkehr. Zur Anwendbarkeit des § 299 StGB auf Sachverhalte mit Auslandsbezug. 2009.

Band 102 Anke David: Die Entwicklung des Mordtatbestandes im 19. Jahrhundert. 2009.

Band 103 Arne Habenicht: Die Beteiligung an sexuellen Gewalttaten. 2009.

Band 104 Marwan Hamdan: Drittmittelforschung in der Medizin. Eine Gratwanderung zwischen strafbarer Vorteilsannahme und verfassungsgarantierter Forschungsfreiheit. 2009.

Band 105 Carl-Friedrich von Scherenberg: Die sozialethischen Einschränkungen der Notwehr. 2009.

Band 106 Andreas Poppe: Die Akzessorietät der Teilnahme. Eine kritische Analyse der dogmatischen Grundlagen. 2011.

Band 107 Jonathan Burmeister: Die schuldangemessene Bewertung von Ehrenmorden im deutschen Strafrecht. Differenzierte Schuldmerkmale auf Tatbestandsebene bei sonstigen niedrigen Beweggründen. 2011.

Band 108 Philipp Reinhold: Amtsträgerbestechung. Unrechtsgehalt und Grenzen der §§ 331 ff. StGB. 2011.

Band 109 Simone Reiß: Verbotsirrtum und Subventionsbetrug. Unter Berücksichtigung der Besonderheiten bei der betrügerischen Erlangung von EU-Subventionen. 2012.

Band 110 Johannes Altenburg: Die Unlauterkeit in § 299 StGB. Ein Beitrag zur Harmonisierung von Strafrecht und Wettbewerbsrecht. 2012.

Band 111 Christoph Skoupil: Handeltreiben mit Betäubungsmitteln. Strafbarkeitsvorverlagerungen vor und nach der Entscheidung des Großen Senats für Strafsachen vom 26.10.2005. 2012.

Band 112 Frederike Wewerka: Internal Investigations. Private Ermittlungen im Spannungsfeld von strafprozessualen Grundsätzen und Anforderungen eines globalisierten Wirtschaftsstrafverfahrens. Eine Problemanalyse unter besonderer Berücksichtigung des Falles Siemens. 2012.

Band 113 Lena Witzmann: Die gemeinsame Verhandlung. Eine Untersuchung des Öffentlichkeitsgrundsatzes, des Opportunitätsprinzips, des Anwesenheitsrechts und des Fairnessgrundsatzes im verbundenen Verfahren. 2012.

Band 114 Lea Boller: Der unbefugte Gebrauch von Kraftfahrzeugen und Fahrrädern – § 248b StGB. 2013.

Band 115 Nina Wadle: Privatisierung im deutschen Strafvollzug. 2013.

Band 116 Annik Lamshöft: Das Modell des vereinfachten Ablehnungsverfahrens. Ein Gegenentwurf zur strafprozessualen Fristenlösung des Bundesgerichtshofs. 2013.

Band 117 Christine Marie Shavers: Criminal Law Dealing with Hate Crimes. Functional Comparative Law. 2014.

Band 118 Philipp Christoph Kleinherne: Garantenstellung und Notwehrrecht. Zugleich ein Beitrag zum Entstehen und Erlöschen von Garantenstellungen. 2014.

Band 119 Kerstin Petermann: Strafverteidigung in Wirtschaftsstrafverfahren zwischen Rechtsmissbrauch, Konflikt und Konsens. 2015.

Band 120 Michaela Gorius: Die Strafbarkeit des Prinzipals im Lichte des § 299 StGB. Eine Untersuchung de lege lata et ferenda unter besonderer Berücksichtigung des Rechtsguts der Norm und der Strafbarkeit von Organen der Kapital- und Personengesellschaften. 2015.

Band 121 Frédéric Schneider: Die Organ- und Vertreterhaftung im deutschen Strafrecht. Eine Untersuchung zur Konzeption der Rechtsfigur und deren Folgen in der praktischen Rechtsanwendung. 2015.

Band 122 Neele Marleen Schlenker: § 237 StGB – Das Verbot der Zwangsheirat. 2016.

Band 123 Julia Hugendubel: Tätertypologien in der Wirtschaftskriminologie. Instrument sozialer Kontrolle. 2016.

www.peterlang.com

www.ingramcontent.com/pod-product-compliance
Ingram Content Group UK Ltd.
Pitfield, Milton Keynes, MK11 3LW, UK
UKHW021848290926
8980IPUK00005B/721

9 783631 675960